思想
REFLEXION ⑲

香港：解殖與回歸

編輯委員會

總編輯：錢永祥

編輯委員：王超華、王智明、沈松僑、汪宏倫
　　　　　林載爵、周保松、陳宜中、陳冠中

聯絡信箱：reflexion.linking@gmail.com

網址：www.linkingbooks.com.tw/reflexion/

目次

香港：解殖與回歸

思想評論

思想即處理自身黑暗

關注民主、人權的人們，包括那些被官方視為敏感的人們，與這個社會中的其他人們一樣，並不擁有某種天生的免疫力，並不擁有任何特權，稱自己不需要警惕和剔除自身專制的陰影。

文學作為一種認識：從曹征路的「底層小說」所想到的

而今，當「真實」早已被排除於文學創作的視野之外，「形式」已成為評判文學作品的唯一標準的時候，曹征路等人的底層文學，卻使久違了的現實主義和左翼、真實和政治等問題，有了重新思考的契機。

恪守與超越：《宅茲中國》探討的問題及其相關的意義

日本學界當年興起的亞洲主義，是一段並不太遠的現成歷史。我們不禁追問，這樣的歷史案例，對於目前經濟強勢的中國，和它不乏鼓譟喧囂的國族主義論述者，有沒有什麼可以互相參照的意義？

擲地有聲還是高舉輕放？：評葛兆光《宅茲中國》

帝國遺產繼承的合法性與內部民主制度與否的這兩個核心問題，在今天的中國表現得更為嚴峻、緊迫。《宅茲中國》很不完全、避重就輕地回答了第一方面的問題，而完全迴避了制度民主性問題的思考。

思想人生

張灝：探索時代

「幽暗意識」有廣狹兩意，狹義是指我們需要正視與警覺人世間的種種陰暗面；廣義是指根據正視與警覺去認識與反思人性在知識與道德上的限制。

致讀者

舞動當代台灣：
從雲門歷史探看台灣社會變遷

吳忻怡

　　「雲門舞集」誕生在一個對藝術沒有什麼基本領受力的社會，幾乎沒有人會相信高蹈的現代舞蹈有任何機會在台灣生根。**現代藝術、現代舞蹈，和台灣庶民生活，是距離再遠不過的兩個世界。**

——楊照[1]

　　我是個獻曝的野人——因此常常使人發煩——少不經事，一廂情願草創雲門，像每個生命，每一種行業的人一樣，我接受分內的苦難與喜悅。幸運的是，雲門竟然活到了今天，這是創團時，我最狂野的想象也無法預料的。

——林懷民[2]

1　見〈林懷民的小說世界〉，《印刻文學生活誌》創刊前號，頁107。
　　2003年8月15日。需要特別說明的是，這本文學雜誌創刊之時，正
　　值「雲門」創團三十年之際。是以此創刊前號的特別企畫專題為「一
　　萬個雲揚的日子：雲門三十年」，用將近整本刊物一半的篇幅，來
　　呈現三十年來「雲門」以及創辦人林懷民在舞蹈、美學、文學等各
　　方面的成就。
2　見楊孟瑜《飆舞》（1998），林懷民序文〈也是思想起〉。

　　跳舞能改變社會嗎？如果雲門的舞曾經感動過三代的觀眾，去思考自己的來歷，改變自己看待困境的方式，那麼舞蹈不只是舞蹈，它可以改變人，改變社會，從二十六歲邁入六十歲，林懷民跳舞的方式，不只改變了舞蹈的社會地位，也改變了台灣現代舞在國際上的地位；**雲門用舞蹈做了三十三年的社會運動**，提示了年輕人歷史的重要，找自己的來歷，找自己的生命座標，做自己，然後創造歷史。

——盧健英[3]

一、前言

　　如果所謂的「文化存在」，如同一些後結構主義者所認定，是由一連串文本，經過不斷的聚合而產生。（Thomas 1995：15）那麼上述三段出自不同作者、不同時間的引言，或許可以連結成關於「雲門舞集」與台灣社會關係的提問與說明。

　　從1973年9月29號，林懷民在台中中興堂率領十二名舞者，進行首次公演開始，「雲門舞集」，這個標舉「中國人作曲，中國人編舞，中國人跳給中國人看」的台灣第一個職業舞團，同時也是華語世界第一個「當代」舞團，就從各種「不相信」、「不可能」、「無法想像」的疑問中，開始在國內、外舞台上，攫取眾人注目的焦點，展現了新的文化視域與可能。與此同時，也開啟了一部「雲門舞集」與當代台灣社會共構的文化史。

　　無論學術界或一般媒體，大多數論者談及「雲門」，多聚焦於

3　盧健英，前《PAR表演藝術雜誌》總編輯，本文見〈做自己——溫習雲門〉，http://www.cloudgate.org.tw/cg/cgnews/feature.php?id=437。

創辦人林懷民創立舞團時的才情、卓越與堅持,或者是探討雲門舞碼的文化意義(如黃尹瑩(2001)、(2005))。雖然部分舞蹈研究學者也將文化史的鋪陳與文化政治的分析帶入了雲門舞集的研究(如陳雅萍(2005)、趙玉玲(2001)、林亞婷(2004)等),但對於藝術場域的結構性分析,和相關場域之間的動態形構,則未從事更進一步的細緻耙梳。然則從文化社會學的學術關懷出發,從1970年代台灣社會這個特定的時空脈絡為起點,藝術家(林懷民)或藝術團體(雲門舞集)身處於特定的社會結構中,如何在結構的可能性與限制,甚至是政治、經濟、文化等等不同形式的權力鬥爭之下,在創作過程中表達對社會的理解,與對社會的回應,並對一般社會大眾進行具有教育或領導效果的言說,甚而創造出一種對結構產生影響力的集體力量,反而是更為有趣並值得深究的探索路徑。

因此,以下的雲門故事,並不只將「雲門」當成一個台灣現代舞團的成功範本。而是從「舞者如何出現?」、「公演如何可能?」、「誰來看舞?」、「誰會是支持者?」等等問題開始探究「雲門如何可能?」的解答過程。它不僅企圖凸顯文化藝術領域的特定運作法則,更展現了文化場域與政治、社會、經濟等不同場域對話與協商的過程與結果。「雲門舞集」作為當代台灣的社會現實與文化指標之所以值得特別關注,不僅是因為舞台上的編舞家與舞者,透過新型態的肢體語言舞出了為台下觀眾所能感知、分享與欣賞的敘事,更是因為雲門經驗揭示了當代台灣文化生產的特定社會過程,以及此一過程所相應、共塑的社會文化變遷。

二、幕啟之前:1960年代威權統治下的台灣現代舞蹈界

現代舞作為一種外來的、新興的、帶有自我表達與自我主張內

涵的表演藝術形式，在1960年代國民黨政府於政治、社會、文化各層面皆進行高壓監控的情況下，實際上一開始並未取得其文化正當性。它被詮釋為奇異的、有礙善良風俗的[4]，相對來說，也難以進入一般常民的生活或娛樂經驗之中。一直要到冷戰結構確立，美國政府選擇以文化外交作為鞏固盟邦的方式之一，並開始以現代舞向第三世界國家輸出，期待透過藝術成就的表現，達成宣揚國力的目的，現代舞在台灣的展演，才逐漸確立了正當性。從這個過程來看，現代舞由不同歷史路徑進入台灣社會的繼受過程，確實展現了文化生成與政治場域的對話與爭辯。

在武器與外交官之外，美國總統艾森豪面對冷戰情勢所選擇的另一種「作戰」工具，是1954年成立的「國際事務總統緊急基金」。因為這個基金的贊助，民眾有機會看到荷西・李蒙舞團(1961年)、艾文・艾利舞團(1962年)、保羅・泰勒舞團(1967年)等當時美國著名的現代舞團體來台表演。這些表演，不僅僅是點燃了一位台灣青年──林懷民，成為一名現代舞舞者的心願火種，在更為鉅觀的層次，它一方面帶進了新的表演藝術形式，拓展了一般民眾的文化視野，也為1960年代受到政治力嚴密監控而顯得貧乏的台灣文化圈，注入了一些新的可能性。更重要的是，就制度層面來說，這也讓國民黨政府對舞蹈的管制[5]，出現了鬆綁的機會，使現代舞從過去被禁

4　1957年劉鳳學帶領師大女學生於三軍球場表演第一首中國現代舞
　　創作《十面埋伏》、《最後的審判》等等，就被當時著名漫畫家牛
　　哥以大幅漫畫在報紙上針對該次公演之服裝、肢體動作，做出充滿
　　保守主義色彩的批評。

5　相關管制的原則與憑據是1952年成立的「民族舞蹈推行委員會」與
　　1953年10月所發布的「民生主義育樂兩篇補述」。前者在「反攻大
　　陸」的目標之下，將舞蹈視為振興官兵士氣、提供軍人娛樂、健全
　　軍人身心的工具；後者則將舞蹈歸類為「國民體育」的項目，與國

制、排斥的項目，透過「國際交流」、「文化觀摩」等由上而下的實作方式，取得了初步的正當性，甚至在日後逐漸翻轉成為被官方認可的高文化項目。

在這個時間點，政治場域的轉變，提供了社會行動者從事不同行動的可能性。不管是出生於台灣，師承「日本現代舞之父」石井漠的蔡瑞月；或是在中國長白師範學院體育系主修舞蹈，1949年來台灣後任教於國立師範大學體育系的劉鳳學，都透過他們個人的實作，為台灣現代舞場域開拓出更為寬廣的行動空間。例如：1966年蔡瑞月邀請旅美舞蹈家黃忠良回台授課，當年還是大學生的林懷民就曾是課堂上的一名學員；1967年，學院的劉鳳學也將其十年來致力於研究、創作的成果，以「古代與現代中國舞蹈」為題，在台北中山堂公演。同年，她還成立了「現代舞蹈中心」，希望能夠散播舞蹈教育理念，進一步培植人才。

上面這些例子說明：「雲門舞集」成立之前的1960年代，台灣現代舞的生存空間，一方面因為美國文化外交的叩門引介，使得政治的管制由緊箍而鬆綁，並逐步將現代舞納入了高文化、現代性表徵的範疇。同時，不同的舞蹈家也透過不同的策略與行動，打開了下一個階段現代舞在台灣、新生的可能性[6]。

三、1970年代雲門幕啟：文化與政治的對話、爭辯

（續）

　　民「身體的康樂」相關。

6　然而在林懷民對現代舞的敘事中，不管是對蔡瑞月或劉鳳學，乃至本文沒有提到的其他舞蹈前輩高棪、李彩娥，幾乎都是輕描淡寫，乃至跳過不談。頂多是表達一些「尊敬」，而少去深刻討論這些不同舞蹈家提供給台灣現代舞的不同養分。

社會學者蕭阿勤(2008：102)認為，如果我們要了解1970世代的年輕知識分子如何成為社會變遷的能動者，就必須理解他們所經歷的特殊歷史經驗，以及這些特殊經驗和他們所發展出共同意識的連帶關係。因此，探究雲門舞集在1970年代的創生，以及相關的社會、文化意義，我們有必要透過了解創辦人林懷民特殊的生命經驗，以及其所經歷的1970年代歷史，來進行解謎的工作。

(一)家庭背景提供的政治安全閥

就林懷民個人而言，出身嘉義新港世家，父親林金生是民國六十年代內閣中極為少數的台籍人士。這樣的成長背景，某種程度解釋了他個人所具有的政治敏感度；同時，在黨國統治的威權時代，則無疑象徵著特定的政治與社會資本，預示了他可能有的社會位置。林懷民自己就曾經提過：「如果我不出去，不走別的路，而一路在中央社發展下去，我想，我就會變成『吹台青』。」(楊孟瑜，2003：160)不過對林懷民與1970年代初啓的「雲門」來說，這層政治關係更重要的意義在於其「安全閥」的效果，在一定程度上緩和了政治力對林懷民個人之社會行動與舞團、舞碼的檢查與監控[7]。以下兩個例子，可以說明這個安全閥的效果。

　　1.〈阿肥家的客廳〉[8]

7　同樣的效果也出現在1970年代，以淡江學院為基地，以三民主義為掩護，企圖推展台灣左翼文化運動的《夏潮》路線民歌運動。當時的校長張建邦是黨國元老之後，又是蔣介石欽定的「吹台青」人選，在一定程度上減低了政治力對淡江校園的監控。同時，在出現問題時，也比較有處理、解決的管道。見張釗維(2003：123-157)。

8　也就是人類學者丘延亮年輕時的家，見季季(2006)，《行走的樹──向傷痕告別》(台北：印刻)。

　　雖說林懷民在文化圈出名甚早，因爲寫作之故，也與1960年代文壇主流的軍中作家、外省作家們多所交誼，但另一個對其日後現代舞生涯更有影響力的，恐怕是他與當時一些對左翼思想有相當興趣的年輕人，在歷史的偶連性（contingency）中，所產生的交集。

　　根據作家季季的說法，當時聚集在阿肥（丘延亮）家的客廳中閱讀左派作品的人包括：李泰祥、許博允、樊曼儂、陳映眞、楊蔚等「愛藝術的、愛左派的、和一些隱形的左派。」（季季，2006：71）而林懷民雖不特別積極，也曾出現其中。這些人之中，陳映眞透過文學創作所傳達的社會主義情懷、對資本主義的批判與對社會底層群眾的悲憫，相當程度地影響了林懷民對社會的認知與其後的創作[9]。然而1968年陳映眞、丘延亮等人組成的左翼讀書團體，因爲被國民黨布建爲文教記者的偵探（楊蔚）出賣，因此被捕入獄。而同樣與這些人相交，當年大四的林懷民，卻還可以繼續參加期末考，隨後入伍服預官役，並於1969年退伍赴美進修。

　　2. 保釣運動

　　基於上述與左翼思想偶連性的親近，我們不難理解赴美之後的林懷民，爲何自認留美時期：「真正最大的影響，不是舞蹈，而是我在圖書館裡看到所有左派的東西，看到所有三○年代的書籍，看台灣的歷史，看『非國民黨系統』所解讀的歷史。」（楊孟瑜，2003：196）

　　1971年發生釣魚台事件，人在美國的林懷民也從愛荷華到芝加哥，加入了許多台灣留學生的行列，參與示威遊行。然則學生訴求與政府處理態度之間的落差，不僅造成許多不滿學生的認同轉向，

9　至於對陳映眞所表達的崇敬之意，則要延遲到2004年林懷民編了《陳映眞‧風景》一舞之後，才坦白而完整地表露出來。

也使得許多運動參與者被執政當局列入左傾的黑名單。彼時，林金生因公出差赴美，便順道去「關照」了投身遊行行列的林懷民，囑咐他：「卡差不多ㄟ。」（楊孟瑜，2003：203-204）

談及這段歷史，林懷民曾說：「我知道有人打小報告，但我不管！」「我認為該做的事，就去做了。」（楊孟瑜，2003：203）林父的出現，對當時的林懷民而言，除了單純的父親意義，更不妨進一步視為一種政治上的保護，乃至政治行動界線的設立與另類監管。雖然在這波保釣風潮中，他與彼時美國社會文化運動中對資本主義帝國的批判，以及保釣運動部分參與者所堅持的民族主義路線，已然產生了更直接而深刻的關係，但在他的公開論述當中，所謂當時「該做的事」，僅止於示威遊行。

要到日後論及「雲門」成立的宣言：「『中國人作曲，中國人編舞，中國人跳給中國人看』也許只是換了場地的保釣運動的另外一個口號吧。」（林懷民，1989a：208）我們才可以更明確地指認，彼時在政治場域中對公、私領域皆可能造成激烈衝突或緊張關係的（國族）認同宣示，的確被林懷民以延遲而迂迴的方式轉化為社會場域的實際行動，以藝術範疇的創造性活動，緊扣並回應了政治敘事脈絡的發展。

（二）《薪傳》如何傳奇？——1970年代鄉土文化形構的現代舞代表

「雲門」成立之後，林懷民引進並堅持遵循現代劇場的規則，透過觀賞的儀式，塑造出具理性化、現代性、進步意涵的中產階級觀眾意識型態，被認為是台灣文化場域進步的表徵。同時，他也企圖透過創作，對古典文化內容進行新的詮釋，希望以回返傳統文學、民間故事的路徑，來打破自1960年代以來被「現代主義」攻占乃至

日益膠著滯悶的文化場域。但即便一般觀眾透過〈寒食〉、〈哪吒〉、〈奇冤報〉、〈白蛇傳〉等等舞碼一次次的公演，越來越親近與理解現代舞這樣的表演藝術形式，上述兩個現實，仍不足以讓「雲門」創造傳奇。

1975年9月，雲門創團後首次出國，赴香港、新加坡演出，被香港媒體譽為「中華民國二十多年來最重要的文化輸出」，讓雲門舞集首度與「國家表徵」（national icon）這個概念產生連結。同一個時間點，陳映真復出文壇、民歌運動開始，保釣之後被國民黨政府高度監控的左翼民族主義陣營，則在更激進的政治行動不可行的情況下，轉攻高文化場域的論述戰場。相對於官方所建構的「中華民國民族主義」，左翼分子與情同者藉由「鄉土」、「民間」、「傳統」、「尋根」這些概念，操作他們所認同的民族主義原初（primordial）內涵。也是在這個層次上，「雲門」透過針對台灣民間歌謠、戲曲、宗教祭儀等進行採集，與《夏潮》民歌運動、《雄獅美術》等團體共享了文化場域與概念，廣泛地成為1970年代鄉土文化形構中相互支援、有時分進、有時合擊的行動者。1976年5月，《中國時報》「人間副刊」推出「人間參與」系列，肯定朱銘、洪通與「雲門」的本土藝術風格，「雲門」也因此經由當時的主流媒體（以及掌門人高信疆），被定位為一個「本土的」、回歸現實的現代舞團，而非僅僅是一個「中國的」現代舞團。

釐清了1970年代初期左翼文化界因應官方意識型態與政治控制，在文化場域利用實作與論述，促使鄉土文化形構機制漸漸成形後，我們才更能確認以下三者共同啟動了《薪傳》，乃至「雲門舞集」在台灣文化史上的「傳奇」地位：

一、表面上的巧合：1978年12月16日《薪傳》在嘉義的首演之夜，正是中美斷交宣布之時，現場民眾，人心悲憤，面對「唐山過

「台灣」的舞蹈內容，更能共感其情；

二、更深刻的內裡：相較於之前慣常搬演的大中國敘事傳統，這也是台灣表演藝術舞台上第一次出現台灣歷史[10]敘事的舞蹈作品；

三、縝密的文化政治行動：在鄉土文學論戰偃兵息鼓，官方對藝文控制達到顛峰的時間點上，《薪傳》可以說是集結年輕左翼知識分子，或者左翼思想情同者[11]，以「鄉土」爲創作材料，協力完成的經典之作。舞碼既有別於官方國族意識型態內涵，卻又成功挪用其中民族情感部分，因而吸納了大批新知識分子認同。整個舞碼上演的過程，不僅是藝術的展演，更可被定位爲一文化政治行動[12]，預示了當代台灣一個複雜的、已然開始變動，卻又尚未明確定型的政治論述與認同立場轉向即將展開。

(三)政治場域的曖昧歧義性

1979年，中美斷交隔年，「雲門」首度赴美國演出，在短短的八週內巡迴演出四十場，以《薪傳》這個蘊含本土符碼的舞作，作爲突破外交封鎖的材料。這個向昔日文化輸出國展現文化實力的舉動，自然有其宣示自我主張的政治性意義，並被形容爲「**在對方的土地上展現台灣人民自立自尊的一記強悍出擊**」（楊孟瑜，1998：135）也因此，雲門出訪回國當天，中華民國教育部立即頒獎表揚了

10　更精確地說，應該是以福佬人爲敘事主體的台灣史。

11　這些人包括蔣勳、奚淞、樊曼儂、許常惠、邱坤良、姚孟嘉等人。

12　林懷民當年在爲《薪傳》從事舞者肢體訓練與編舞階段，即開始邀請媒體、文化界人士參觀訓練的過程，並闡述其創作的核心想法，大張旗鼓地談論具「台灣史內涵」的舞蹈創作。見《雲門三十：踊舞、踏歌》DVD(公共電視出版)。

「這個替台灣露臉的團體」(楊孟瑜,1998:149)。儘管這個舞碼隱含了關於族群與認同的政治意涵[13],在台灣演出當時的確受到相關當局的注目與懷疑,然而出訪美國「為台灣寫下極其榮耀的一頁」(楊孟瑜,1998:150),卻使得這一個可疑的、可能帶有省籍分裂意涵的「台灣敘事」,轉變為代表「中華民國三十年來的文化成就與驕傲」的現代藝術符碼,也緩解了其先前在政治場域中所引發的緊張與監控,進一步與國家機構間取得一定程度的信任累積,乃至得以分配到更多的相關資源。換言之,「雲門」從成立以來便不斷與政治場域進行對話、爭辯,這個交鋒在《薪傳》出現與後續的美國巡演之後,成就了一個分水嶺。「雲門」既為政治場域徵召,成為國家文化的代理人,使台灣在外交困境中,找到了突圍的可能;同時對內,又以舞碼中台灣史的敘事內涵,開始與官方的大中國敘事斷裂切割,因而奠立了「雲門」本土文化的表徵地位。

四、1980年代雲門扎根與風雲流散:經濟奇蹟與社會力興起的美麗與哀愁

在進入1980年代「雲門」相關實作的實質討論前,有必要先對這個時期台灣社會結構的核心面向,以及其變動軌跡,有清楚而足夠的認識。這其中,經濟場域的變動造成中產階級興起的情勢,以及社會力抗爭與國家認同議題的興起,是與「雲門」1980年代發展

---

13 例如姚一葦當時看出了《薪傳》因為處理「台灣史」議題,所可能帶出的省籍問題,就曾在評論中試圖消毒,寫道:「所謂本省人與外省人者,實際上只是一個大家族的兄弟姊妹,我們所要分辨的只是他的是非善惡,賢愚不肖,而不是出自哪一房(省)。」參見古碧玲(1999:121)。

相關的重要結構性因素。因應相關的社會結構轉變，以及舞團本身發展、延續所需，「雲門」必須調整行動的速度與方向，才能面對高壓政治日益鬆動、社會力爆發、民間部門漸趨茁壯的台灣新面貌。

（一）富裕背後的危機：「富而好禮」的新經濟倫理需求

1973年雲門成立之時，台灣平均每人國民所得是648美元，到了1980年，平均每人國民所得已躍升至2189美元，七年之間成長三倍有餘。再到雲門宣布暫停演出的1988年，國民所得已直逼6000美元，較雲門成立之時，已然翻漲近10倍。

另一個亮眼的經濟指標是外匯存底，1973年台灣外匯存底剛突破10億美元，此後一路翻升，1983年，達到100億美元以上的水準，並在1987年創下760億美元的高峰。然而這些用以證明「經濟奇蹟」的指標與數據，尚不能完全忠實地傳達1980年代台灣社會經濟生活的重要細節。

1980年底，新竹科學工業園區揭幕，開啓了台灣資訊、電子等高科技產業，亦爲日後島嶼的產業轉型奠定了基礎。面對新的經濟景況，政府宣示以自由化、國際化、制度化作爲經濟發展政策的基本原則。然而經濟管制鬆綁之後，全民競相投入股、匯市，熱衷於各種財富投資，乃至金錢遊戲；一連串的政策失誤與金融危機，則使不少民眾遭遇經濟上難以彌補的損失，也使之對台灣金融體系感到憂慮與不確定。社會學家直指1980年代台灣經濟起飛之後社會範型的轉變，就是趨向分殊化和多元化（蕭新煌，1989：59），這顯示經濟成長帶給台灣社會前所未有的富裕生活，開啓了消費社會形成的可能，以及「社會力」勃發的物質基礎，卻也替經濟成長、經濟倫理與社會秩序之間的安排，帶來了前所未有的考驗。

我們的社會在一腳踏進富裕之後，暴露出之前十幾年來「重經

濟而輕文化」的建設缺失，需要一個因應新經濟情勢的新社會倫理，來矯正精神生活貧乏、社會流入庸俗的集體危機。經濟學者孫震（1984）提出「富而好禮的社會」的概念，恰是反映當時重建社會價值、矯正紀律廢弛願景的例證。這樣的社會發展脈絡，也正形成了雲門舞集在面對舞者招募、相關劇場專業人才培育、乃至組織專業化、永續經營等建制化挑戰時，所必須通過的場域考驗。

（二）政治權力鬆動引燃的國家認同議題

包括詹宏志（1986）、楊渡（1988）、杭之（1990）等人都曾表示，在台灣近代史上，1980年代的重要性在於：在此時期，由於政治控制因連串政治抗爭而漸趨鬆動並出現歇隙，伴隨政府主導之總體經濟計畫的進行與成果累積，而使民間社會開始有較多的資源與籌碼，來表達對政府部門的不滿、主張其建議，並進一步從事相關團體之組織，使得新興勃發的民間力量，得以透過建制化過程而持續下去。

威權統治高峰在1980年代初期，透過反對運動逐步被挑戰，與國家認同相關的爭議，也一一出現：1982年謝長廷等人提出了「台灣1800萬名住民自決」的主張，是最早提出與「生命共同體」相關的概念；1983年，黨外的「中央選舉後援會」確立反對運動將以「住民自決」為原則，「建立民主」與「打造民族」兩個概念，同時納入了後續的社會工程之中；1984年，左、右翼黨外雜誌，包括《生根週刊》、《夏潮論壇》等出現了「中國結」、「台灣結」的辯論，也讓之前被高度壓抑的「台灣意識」，首次突破政治箝制，出現於公開的意見領域；待到1986年7月蔣經國總統透過媒體表示：「我是台灣人」、「遲早會把政權還給台灣人」，則進一步透露了政治領袖對國家認同議題逐步陷入爭議的感知與面對。

事實上，在這段反對運動風起雲湧的時間，利用政論雜誌宣揚台灣意識成爲反對運動陣營的主要策略。他們企圖從台灣歷史中尋找素材，以建構合理的「台灣民族意識」與打造「台灣民族國家」。而這個對抗國民黨政權之「中國民族主義」的行動，則啓動了台灣當代歷史過程中影響深遠、難以迴避的國家認同爭議。「雲門」得以成爲台灣目前最主要的文化表徵之一，勢必有其地位取得的歷史發展過程。這個過程除了前一節提及的《薪傳》傳奇之外，當然也涉及了1980年代林懷民如何帶領「雲門」面對此一社會論述與文化象徵的爭議。以下，我們將由雲門舞集的相關實作發現：正是林懷民與「雲門」在這個歷史進程中，主動回應了上述的社會辯論與象徵衝突，才更加吸引其他行動者的注意與回應，進而累積乃至提高了它在文化乃至社會場域的發言權與影響力。

(三)從下鄉打鑼鼓舞至關渡山水畔：社會與文化資本累積

1.「到民間去」：遍訪都市鄉村累積社會資本

1970年代由海外留學生發起的保釣運動發展到後期，台灣島內的學生因爲國內政治情勢使然，漸漸將運動的軸心轉向校園內的民主運動。這段期間，掀起了「到民間去」的風潮：知識青年們利用寒、暑假下鄉服務、從事社會調查，親身介入社會，發掘問題、解決問題，也與土地和一般民眾做更直接而深刻的連結。1980年代努力維持舞團存續[14]的林懷民，則與這些對社會改造與進步懷有熱情的大學生分享了「到民間去」的信念與內涵，希望能夠透過舞蹈演

14　雲門自1975年第一次出國公演回國後，舞團就有不堪財務窘困、可能解散的壓力，每次演出雖然觀者踴躍，但公演收入這唯一的財源，難以應付表演藝術這種極大成本的事業。（楊孟瑜，2008：118）

出「擁抱斯土斯民」[15]，爲社會做出一定的貢獻。

　　雲門第一場免費戶外公演，出現於1977年6月台北新公園音樂台，演出的舞碼是林懷民第一次爲兒童觀眾編寫的《小鼓手》。這支舞的創作過程，使林懷民被學者吳靜吉評價爲「對鄉土的陌生有了熟悉的機會」（楊孟瑜，2008：113）。然而細究其「鄉土」內涵，仍是以「中華民族」、「中國」爲整體思考範疇的[16]，也就是說，此時的「鄉土」是相對於統治階級或仕紳階級的農工大眾、平常百姓，他們的日常生活經驗和情感總和，是以素樸的階級概念爲思考核心，而不是以族群或地域爲對比的發想。

　　1970年代的雲門，事實上並沒有太多經費與精力來實踐林懷民心目中如野台戲一般貼近群眾的下鄉展演。然而1980年從美國巡迴演出後，「雲門」開始更有計畫地走入社會[17]，不但進入鄉村地區及學校演出、爲弱勢社區免費義務演出、爲弱勢群體募款演出，還在都會地區舉辦「藝術與生活」連展、雲門舞蹈營，以及參與地方政府所籌辦之「藝術季」展演。這些不同的活動軸線，面對著不同的群眾，也獲致了不同的後果。

　　就下鄉來說，林懷民企圖打破所謂文化精英與常民大眾的藩籬，讓更多鄉鎮民眾看到所謂「台北來的」、「很有名」、「很有水準」的表演之餘，也同時接受現代劇場禮儀文明教化的「潛移默

15　「擁抱斯土斯民」這句話，有其在1970年代台大左翼青年相關運動中出現的歷史脈絡與民粹意涵，參見鄭鴻生（2001：173-178）。

16　林懷民提到，在編此舞以及製作的過程中，他所想到的是沈從文筆下的鄉土中國與人物角色。（楊孟瑜，2008：114）

17　1979年教育部派遣雲門訪美，援用過去籌組國劇團、綜藝團的前例，撥給雲門100萬的組團費，是雲門領到的第一筆政府補助款。（楊孟瑜，1998：167）

化」。至於在都會地區所從事的舉辦「生活與藝術」連展等活動，
則回應乃至於企圖改善1980年代台灣經濟力提升後，中產階級人口
逐漸厚實，卻無法填充表演藝術觀賞人口的過程。許多透過教育系
統(聯考)爬升而獲致文化資本的新中產階級，因其原先所占據的社
會位置與慣習(habitus)，並不盡然在階級流動的過程中，取得與該
階級相對應的文化能力、文化習慣與藝術上的區辨力，這也使得高
文化場域的藝術發展與維持，出現了參與者難以擴大的結構性瓶
頸。透過各種聯展、乃至藝術季的參與，除了可以增加一般民眾認
識、理解現代舞的機會，相對也培養了一些日後可能自己買票進劇
場看舞、看戲的潛在觀眾。而不管是下鄉還是進城，雲門在1980年
代所從事「走入民間」的行動，不但受到文化界諸多討論與關注[18]，
更著實替舞團打響了相當的名聲，並累積社會資本。

2. 關渡興學：現代舞「雲門化」與文化資本積累

除了「走入民間」，1980年代另一個與現今雲門「傳奇地位」
相關的事件，是林懷民受到政府委託，於國立藝術學院(今台北藝術
大學)創辦了舞蹈系。1964高棪應邀在中國文化學院(今文化大學)
成立台灣第一個單獨設科的五年制舞蹈專科；1970年國立藝專(今國
立台灣藝術大學)開始在夜間部音樂科設舞蹈組招收高中職畢業
生，並於1973年正式設立夜間部三專舞蹈科，成為台灣第一所公立

---

18 包括邱坤良、蔣勳等人，針對雲門下鄉，都曾經在報章為文，給予
正面評價與支持。當然，持懷疑立場者，也並非沒有。例如黃美英
就曾在《時報雜誌》第172期表達她對這種「文化下鄉」的態度：
「台北的藝術家、舞蹈家熱心地想給鄉鎮居民一些『文化』、『藝
術』，但是這些都只是曇花一現，美麗而短暫，不是種子，無法生
根，對於從台北來的那些畫或舞，鄉鎮居民不一定懂，也不一定需
要。」

的舞蹈教育機構；1971年台南家專(今台南應用科技大學)設立音樂
科舞蹈組。因爲這些高等教育機構陸續成立，林懷民在回台之後，
才有具備舞蹈基礎，可以繼續深化訓練的舞蹈科系學生，爲雲門所
用[19]。然而矛盾的是，當時的台灣社會，並沒有「舞者」(dancer)
這個涉及舞蹈專業化的概念，即便進入高等教育系統的舞蹈系學
生，也很難擺脫隱含輕蔑意涵的「跳舞的」稱謂與刻板印象，乃至
許多畢業生面臨了結構性的矛盾與限制，無法以舞蹈專業來謀生。

　　1970年代末期，教育部開始執行「建立縣市文化中心計畫」，
從中央到地方，戮力打造文化展演的硬體設施。但除了硬體之外，
台灣社會更需要有專業藝術人才來活化這些硬體設施。爲此，政府
於1979年頒布「加強文化與育樂活動方案」，決定籌設一所培育藝
術創作、展演及學術研究人才的高等學府。

　　「國立藝術學院」因此於1982年正式創校，舞蹈系則於創校第
二年開始招生。

　　對林懷民與「雲門」來說，關渡河畔的學院創建過程，不僅僅
是爲國家社會培養舞蹈專才，還是一個現代舞場域「雲門化」的過
程。林懷民將過去十年來創立雲門、訓練舞者的經驗與心得，全套
移植到藝術學院，從課程項目、學校活動安排、乃至學生所應學習
到的專業技能與文化深度，都繫於林懷民一人對於舞蹈專業的判
斷，與他所建立之「雲門系統」的文化、社會網絡支持[20]。可以說

19　雲門創團舞者鄭淑姬、王雲幼、何惠禎、吳秀蓮畢業於文化大學舞
　　蹈音樂專修科；吳素君畢業於國立藝專舞蹈科、葉竹台、劉紹爐畢
　　業於師大體育系。(楊孟瑜，2008：114)

20　國立藝術學院舞蹈系創立初期，除了重視太極、瑪莎・葛蘭姆技巧
　　等外，林懷民還邀請了蔣勳、焦雄屏等等在雲門時期便與他一同參
　　與創作發想、文化討論的藝文界人士，到系上講學。

「國立藝術學院舞蹈系」與「雲門舞集」兩個機構，分享了相同的文化符碼、身體觀、價值觀，也操作了相同的實作。於是，台灣當代關於「舞者作為一種專業」的歷史發展過程，便在台灣「社會力」爆發的時期，因為政府施政而產生之教育機構的建立，與林懷民主導之「雲門」經驗的挪用與複製，在1980年代得以確立。

這個台灣舞蹈專業發展的特殊歷史因緣，也顯示了「雲門舞集」複製其文化資本的過程，類同於皮耶‧布迪厄對於法國高等教育場域的分析，隱含了一種不平等關係或資源的複製。一般大眾將教育體系誤認為一個中立的、公平的學術過程，卻忽視了這些貌似中立的過程，事實上曲折幽微地維持或強化了既存的權力關係。對林懷民來說，介入舞蹈系所的建立，是1980年代的歷史偶然，但這個偶然卻因為教育場域的特殊性，造就了雲門舞集「傳奇」的關鍵性結構因素：透過教育機構與結構，得以確立舞蹈場域招募、訓練人才的內容與標準[21]；同時，舞蹈場域內各項資源的分配與再分配也被合理化[22]。

(四)1980年代的機會結構與限制：以「雅音小集」與「民歌運動」為參照

對應1980年代以來社會力的爆發，我們還可以對比參照不同表

---

21 因為訓練內容上的親近性，雲門現今的重要舞者，包括：周章佞、黃佩華、蔡銘元、邱怡文等人，都畢業於國立藝術學院舞蹈系。可以說，國立藝術學院是「雲門」增補舞者最重要「人才庫」。

22 1988年雲門暫停之後，許多第一代舞者(包括：王雲幼、吳素君、鄭淑姬等)出國進修，回國之後，皆進入國立藝術學院舞蹈系教書。另外，北藝大舞蹈系教授何曉玫，和已故系主任羅曼菲，也曾任雲門舞者。

演藝術團體之創建與行動過程,來理解「雲門」在這段歷史過程中,有哪些特殊的實作,以及這些實作在特定社會脈絡之下,又產生了哪些後果。

1. 結構機會:回應認同議題

在1980年之前,不管在知名度與影響力,能與「雲門舞集」相提並論的藝文團體,是由郭小莊所創立的「雅音小集」。文化評論者如楊孟瑜(1988)、王安祈(2002)都傾向將「雅音小集」視為「雲門」所帶動表演藝術現代化風潮下,在傳統京劇項目所開出的燦爛花朵,也是共創「台灣七○年代文藝復興」的重要推手之一。但如果我們從兩者的實作,以及「雲門」持續/「雅音」退場的結果來對照,則更能看出為何「雲門」能在1980年代歷經暫停,仍得以在表演藝術場域逐漸成為高文化的代表,成為台灣最為人熟知的精緻文化表演藝術團體。

乍看之下,「雲門」與「雅音」在發展初期,有不少相似性,包括:

(1)林懷民、郭小莊兩位創辦人皆曾受教於當時的文化界大老俞大綱先生。透過他所指點的中國傳統文學、文化,林懷民將京劇身段與符碼,滲透入早期的舞作之中;郭小莊更是以俞大綱先生特地為其所新編、改寫、增刪的劇本為公演內容。

(2)林、郭兩人皆受到西方現代劇場的啓發與影響,「雲門」與「雅音」在現代劇場形式與技術的接納與改良上,都透過一次次的創作、公演,區辨出「現代舞」與「京劇」這兩種表演藝術形式的「現代化」內涵。

(3)他們早期的重要作品,都曾經遭遇政治場域的檢查甚或監控。林懷民因為《薪傳》,被政治當局懷疑為鄉土派同路人,甚至還遭到相關單位約談;郭小莊於1980年初上演《感天動地竇娥冤》,

則因為與「美麗島大審」的時間巧合，必須修改結局才能如期演出。

（4）他們也都採取了出國巡迴公演的形式，企圖透過西方先進劇場人士與觀眾的肯定，來更加確認其在台灣表演藝術場域所占有的領先地位與重要性。

不過兩個藝術團體的重要差異則在於：

（1）林懷民所面臨的藝術層次挑戰之一，是如何透過外來的現代舞形式，舞出台灣本地的美學創造與文化意義，因此有了將本土議題轉化為創作能量的行事路線；郭小莊著力的，則是如何改變京劇的傳統形式樣貌，以更貼近現代都會的文化精英，因而造成都會地區年輕人把欣賞京劇當成「時髦活動」的風潮。

（2）因為創立國立藝術學院舞蹈系，林懷民有機會透過學院的制度化過程，確立當代台灣現代舞人才的培育標準，也有一定程度的權力來決定有限資源的安排。相較於林懷民所占據的社會位置以及對應而來的社會關係與資源，自始至終，郭小莊都是「雅音」唯一一個固定演員，如此單槍匹馬的個體戶經營方式，很難真正轉變為一個制度化的專業團體。

（3）很關鍵的一點：基於早期與左翼思想的親近性，面對1980年代政治力鬆動、社會力興起的風潮，以及隨之而來的「本土化」社會辯論，林懷民握有更多社會資本與文化素材，並以舞蹈創作等不同形式，參與了這個辯論過程。反之，「雅音」雖然透過京劇形式創新，拉近了與當代觀眾的距離，但在演出內容層面，卻因為固守「教忠教孝」、「勵志教化」的主軸，無法及時回應當時台灣社會所面臨的各種新情勢與新挑戰，自然對部分觀眾失去了共感的吸引力。

（4）最後，也是最重要的：林懷民自言，創辦「雲門」以來，一直在思考認同的問題。從《薪傳》到《家族合唱》，都是企圖解決

他(與台灣社會)所面對的認同爭議。(陳雅萍，2003：35)但自小進入大鵬劇校接受京劇訓練的郭小莊，所繼承的國家認同立場非常穩固，所抱持的「忠奸對立」、「漢賊不兩立」價值觀也非常明確。面對1980年代日益浮上枱面並引發強烈情緒的認同爭議，她只能透過舊劇改編或老故事新作來重複與傳遞所謂的「大中國認同」，自不能透過藝術創作呈獻藝術工作者自身走過的認同軌跡與掙扎，也無法回應台灣社會當時最重要的集體叩問與思考。

「現代舞」與「傳統京劇」對於1970-80年代的台灣民眾來說，都屬於小眾的、與日常生活經驗有一定程度隔離的表演藝術形式。「雲門」和「雅音」透過不同的方式，各自成功吸引了一批觀眾，跟隨表演者進入劇場，也成就了當時藝文展演的高潮。然而這個風潮，隨著團體主事者對於社會現象、社會議題不同的詮釋與回應，也造成了團體的不同發展結果。林懷民透過舞蹈創作，探究自己複雜糾纏的認同路徑，也同步道出了許多當代台灣人無法言說的認同掙扎，終是獲得了更多的迴響與社會支持。

2. 結構限制：大眾文化市場化的嚴厲挑戰

前面有關1970年代的分析中曾經提及，「雲門」的創生和發展，事實上是在一個更廣大的左翼文化運動脈絡下，以現代舞爲表達形式的一個分支，和當時的民歌運動分享了部分政治場域與文化場域的形構過程。然而時序進入1980年代之後，這兩個文化運動之間，在既有的相同性之上，開始面臨了不同的挑戰，也逐步走出了相異的發展軌跡。

(1)相同之處：創作作爲一種批判社會的方式

雖然1980年代之後，基於流行音樂的拉力使然，新興唱片工業逐漸建制化，使得1970年代「民歌運動」參與者所共享的公共性、集體性，逐漸消解於資本主義利益計算的公式當中，個別的音樂行

動者轉變爲獲利計算的單元，以音樂爲批判社會、政治的載體的可
能性，逐漸消融。然而，在這個這段時間，還是有部分歌手，例如：
羅大佑在1982-84年之間的作品《之乎者也》、《未來的主人翁》、
《家》等三張唱片，勉力繼續了以音樂批判主流意識型態與社會發
展的可能[23]。同樣的，在該段期間，林懷民推出的《春之祭禮・台
北一九八四》以及《我的鄉愁，我的歌》也同樣點出了都市年輕人
集體的鬱悶、無力感，並對1980年代奢華現象提出反省與批判。

(2)相異之處：以不同取徑面對大眾文化興起的市場機制

除了分享上述的批判立場，「雲門」和「民歌運動」在1980年
代一個極大的不同處，是民歌因爲操作上的可能性與生產條件不
同，很快被套上了商業邏輯，被市場機制吸納進去，在內涵上有所
轉化，也轉變成唱片工業的發展模式。張釗維(2003)關於台灣民歌
運動的研究中，就仔細申論了從「民歌運動」到「校園歌曲」的轉
變過程，與中產階級擴張、人民文化消費力提升的現象相應合，使
「校園歌曲」透過唱片工業與大眾媒體的運作，既脫離了「民歌時
期」知識分子文謅謅的曲高和寡，也未掉入流行歌曲「靡靡之音」
的庸俗趣味，不僅受到新興中產階級的青睞，也成爲吸納文化消費
的重要項目。

反之，林懷民在1980年代編舞時，雖然加入了流行音樂的文化
元素[24]，並一度在舞碼的「現代化」、「抽象化」與「通俗化」之

---

23 曾受陳達影響，且親身參與過校園民歌風潮的陳明章，在1989年由
    「黑名單工作室」所發行的「抓狂歌」專輯之中，也同樣在歌曲中
    反應了當時的政經現象，以致於被國民黨官方查禁。
24 例如《我的鄉愁我的歌》一舞，就使用了〈黃昏的故鄉〉、〈孤女
    的願望〉、〈心事誰人知〉、〈一隻鳥仔〉等一般人耳熟能詳的通
    俗流行曲目。《我是男子漢》一舞，更是以流行歌曲作為舞作之名。

間擺盪，企圖將創作所能代表、指涉的經驗與觀點極大化，以擴大觀眾的基礎。但充其量，這些創作上的作為，只是提供了一個將「俗」文化元素加以「雅」化的使用、詮釋與轉換的例子，還是難以讓「雲門」淡去知識分子高文化的形象，也因此，在吸納逐漸擴大的文化消費能力上，著實無法與「校園民歌」這種可以鑲嵌於市場的商品利基相提並論。

而「雲門」在1980年代面對市場的經濟困境，也真實地反映了精緻藝術之於資本的矛盾、對立關係。表演藝術作為一種非物質商品，提供給消費者的是美學、情感、感官等抽象層次的滿足，而非物質層面的確定。當觀舞作為一種消費行動，市場需求的不確定與高度風險就會出現。再者，雲門當時下鄉致力接觸的群眾，基於其所占據特定的社會位置，並不容易轉換成藝術市場的消費者。因此下鄉所付出的時間、精力、金錢等演出成本，除了擴大舞團支出，也難轉換為支撐舞團生存的真實貨幣。這也使得1980年代末期，在經濟困境中掙扎的「雲門」，最後必須宣布走上「暫停」一途。

因此，對「雲門」來說，1980年代既是一個美麗的時代，也必然是一個哀愁的時代。台灣社會經歷了政治力的鬆動，以及經濟力的高度累積。同時期文化場域的行動者，一方面受惠於這樣的歷史事實，享受了稍稍打開來的創作與行動空間，另一方面也必須承受這些場域變遷對文化展演所帶來的種種限制，乃至巨大困境。

五、1990燈光再現：高文化的修煉與表演市場全球化

1991年2月20日「雲門」宣布復出，同年8月31日在國家劇院推出復出首演。當晚，總統李登輝親自到場觀賞，並在中場休息時間接見了林懷民與舞者，表達政治場域領導者支持「雲門」的象徵意

涵。同時，《中國時報》出資在中正紀念堂廣場，爲大約三萬民眾做現場演出的戶外實況轉播，這也是台灣首度爲國內的表演藝術團體架設戶外轉播工程。（楊孟瑜，1988：296）

從復出首演來分析，可以看出，經過兩年多的沈潛，復出後的「雲門」，已然選擇了新的策略，來重新打造仍須面對市場經濟嚴苛考驗的「雲門」現代舞王國。其大致的策略可以從兩個層面來看：第一是尋求具規模之企業團體的支援贊助，其二是透過表演舞碼來證明舞者的現代舞基本功力，以持續探詢開拓台灣之外表演藝術市場的可能性。前者關乎「雲門」本身所指涉的社會與文化意涵，所能帶給企業贊助主之經濟與社會資本的質與量，後者則必須透過編舞家與舞者在現代舞範疇的精鍊，來挑戰跨越國家與文化疆界的藝術評鑑。而這兩條路究竟能不能成功實踐，除了繫於舞團本身的自我教育能力之外，更涉及了台灣表演藝術場域與更大範圍之社會、文化場域的持續形構與變遷。

（一）舞蹈行不行？！──台灣表演藝術市場的經濟困境

自1988年「雲門」暫停以來，攸關表演藝術團體存續的經濟掙扎，就持續不斷在台灣上演，一些無預警的意外，讓原本單薄的表演藝術市場更加脆弱。例如：2003年「如果兒童劇團」在SARS期間，因演出不斷延期、取消，劇團差一點解散；「果陀劇團」、「屏風表演班」也曾僅因爲在年度公演時遭遇颱風，重創劇團賴以維生的票房收入，幾至無以爲繼。在這種狀況下，不管是公部門針對表演藝術所提供的基礎建設、資源分配，或者其他私人部門對於藝文團隊的贊助，對於表演藝術生態的影響，就顯得巨大而關鍵。

1.政府補助機制：從文化的「門面」裝飾功能到文化的「產值」期待

　　早期政府對於文化團體，多視其為社會發展之下的附屬品，不是當成展現「國家強盛」、「社會富裕」的窗口，就是執行外交功能的替代品。個別的藝術表演團體被國家挪用為「門面」裝飾，卻缺乏長遠的培植計畫。此種國家文化政策背後的理路邏輯一直到1980年代中期之後，才慢慢出現轉變。隨全球化的發展進程，國家逐漸將表演藝術團體定位為以全球為範疇的文化消費市場行動者，也是對之有「產值期待」的發展部門。因此，願意透過某些改善文化環境的方式，投注更多國家資源，換取文化經濟面的利益。

　　1992年立法院完成「文化藝術獎助條例」立法程序，建立了我國文化藝術獎勵與補助的實質法律基礎，文建會開始以扶植表演藝術團隊長期經營為目標之一，規定公部門對表演藝術團體的定期補助，「雲門才在創立十九年之後，第一次得到政府定期的補助。」(林懷民，2003：141)細究此條例自立法完成後歷次的內容更迭，可以說政府對於表演藝術的扶植，初始視文化建設為政府總體施政的分項，甚至是處於配合角色的「殘餘項目」，表演藝術團體如果要取得政府在經費上的補助，必須在實質上，或至少在表面上，有能力配合政治發展與規劃的理路，而非單以團體本身的發展策略或者內涵特質，為爭取資源的籌碼。與其說文建會的扶植案是以扶植藝術團隊的永續經營為主旨，不如說是國家藝術文化門面的勉強維持。也因為制度設計所導致的集中效果，歷年來補助對象雖有擴大，但名單的重複性卻相當高，雲門所獲得的補助額度，更是獨占鰲頭。

　　另一個值得探究的藝文補助制度，是1996年依「文化藝術獎助條例」規定所設立的「國家文化藝術基金會」。它的出現使藝術補助業務有固定的財政來源，避免中央政府編列總預算時，遭到邊緣化或排擠；同時，以獨立機構執行藝術補助，得以確保此業務中立而不受政治干涉。可以說，「國藝會」的成立，替慘淡經營的台灣

表演藝術團體，制度上進一步確保了存身條件。以「雲門」爲例，從「國藝會」拿到的補助，多半出於「兩岸及國際文化交流」、「國際文化交流」等項目門下，也多用於出國演出。面對國際巡迴龐大的經濟支出，這筆補助一定程度替「雲門」籌措了開拓藝術市場、特別是國際藝術市場的本金。「雲門」也因爲這些國際巡演累積出對市場的準備與能力，漸漸具備了後續面對全球市場「產業化」的條件。

2. 企業贊助：金主？伯樂？知音？

1980年代，台灣表演藝術場域必須接受下列三項挑戰：參與藝術活動人口在質與量上皆嫌不足、展演場地缺乏、藝術教育不足。這三項缺失若單靠政府施政或藝文團體本身，而無其他龐大經濟資源挹注，難收實質解決之效。因此，企業贊助確實是表演藝術界脫離「巧婦難爲無米之炊」的寄望之所在。

然而1990年代初期，台灣企業對於藝術贊助，雖然在態度上肯定，在行動上卻不熱衷。因此，雲門復出初期，並沒有太多民間個人、團體或企業的主動贊助。這個窘境一直到1992年開始出現了解困的制度性助力：該年政府制訂文化獎助條例，贊助藝文團體的企業得以減免租稅。1994年修訂教育文化公益慈善機關或團體免納所得稅的適用標準，增加企業贊助藝術的誘因；1998年文建會更設置「文馨獎」來公開表彰贊助藝文活動具貢獻的工商企業或個人，使逐漸開始重視企業形象的實業家們，漸漸注意並使用「藝文贊助」這種溫和又優雅的企業宣傳手段。因此從一開始的中國時報、信誼文教基金會，到後來的台積電、國泰集團、鴻海集團、誠品書店等等台灣大眾耳熟能詳的企業，都逐漸成爲「雲門」的長期贊助者。

從復出後的「雲門」行動來觀察，「企業贊助」除了讓「雲門」常態公演得以持續之外，另一個重要的意義，就在於較爲龐大的資

金，促成了大型戶外免費公演或轉播，並取代早期用小發財車在各
鄉鎮廣播招徠觀眾的社區型「下鄉公演」、「熱鬧模式」，創造出
一種都會取向的、大型的集體社會儀式。動輒數萬人一起在中正紀
念堂、高雄文化中心廣場，以及其他縣市體育場、河濱公園等處觀
賞大型舞作，也一同經驗集體參與的同一感。在那樣的公演時刻，
舞碼與舞蹈形式的藝術重要性退位，反倒是「戶外公演」事件本身
所創造出的儀式性，連結了參與者，也創造了社會意義與認同。並
且，如此壯觀的場面，不獨為現場參與者所經驗，還透過新聞媒體
的轉播，傳送到原本不在場的閱聽人面前。於是，較之過去小規模
的下鄉公演，「雲門」得以用規模更大、更有效率的方式，持續創
造台灣社會的集體記憶。

　　企業贊助對「雲門傳奇」的意義，不單是對舞團的維持，發揮
了經濟上的效益，更重要的是透過資助特定的演出形式，繼續穩固，
甚至擴大「雲門」的社會基礎。同時，也讓有關雲門的社會論述得
以持續生產，使得一般民眾對他們的認識與認可，不會輕易地被1990
年代之後，雲門在劇場內更抽象的舞碼發展趨勢所抵銷。

（二）從台灣舞向全球：全球化與在地化的辯證

　　相對於過去主要以民族國家為界線的文化生產範疇，全球化現
象為我們的日常生活世界帶來了質變與量變，各種資本與概念的流
動，不只從全球流向地方，也從地方流向全球，並以複雜的動態關
係，展現在各式各樣的社會脈絡之中。這樣的發展，往往影響了藝
術工作者的創作歷程，也影響了他們作品流通、展演以及在特定藝
術場域取得更穩固地位的方式。1990年代之後，全球化結構改變所
產生的效應，也出現在林懷民的創作之中，並影響了「雲門」的巡
演模式。

1. 全球化品味：具普遍藝術效果與價值的編舞方向

除了持續對台灣政治、社會、文化的在地關懷與文化元素挪用，面對全球市場的開拓，林懷民開始嘗試在作品中納入獨特的亞洲美學，以跨文化拼貼的方式，擴大觀舞者在美感經驗與詮釋上的多元性與可能性。1993年的《九歌》，就是一個最好的例子。不管是原住民音樂、西藏音樂、印度笛音的選擇，或是中國文學傳統的再詮釋，這種多層次的展演方式，恰恰提供了觀眾「外行人看熱鬧，內行人看門道」的可能性。又譬如《流浪者之歌》以喬治亞民謠搭配富含亞洲意象的稻米；《水月》以太極導引為基底的身體語言，與巴哈的大提琴樂音共合；《竹夢》以中國傳統簫樂，和具有特殊文化象徵的竹子，與愛沙尼亞作曲家所做的悼歌一同起舞，都是跨文化元素拼貼的呈現。

從這些作品觀之，普遍、抽象的美感經驗與東方哲學思考，取代了台灣政治社會變遷，成為林懷民在1990年代的創作焦點。這樣的作品風格轉變，除了與創作者個人的生命經驗有關之外，從舞團發展的策略面來分析，多元文化拼貼，同樣展現了編舞家在編舞時的彈性策略，有益於「雲門」開拓全球化舞蹈市場。因為這些意義併陳，既可以容許有跨國歷史視界與知識縱深的觀者，做細緻而複雜的思辯，其表面上所採納的不同的、鮮明的異文化元素，則讓另一群現代舞市場的觀眾，可以在日常生活的文化消費中，輕易取得新奇的異文化經驗，並換取文化資本，滿足布迪厄所謂的品味區分需求。換言之，在高文化藝術市場跨國界追求利益的全球化時代，林懷民對於東西文化元素的掌握，乃至更深刻的身體觀與哲學基礎，替「雲門」在國際現代舞市場上創造出文化產品的差異性（difference），也創造出新的利基（niche）。這正是林懷民在1990年代之後，悠遊於各種國際藝術節、藝術季所仰仗的資本。

2. 在地化認同：文化元素抽象化的雲門身體

另一個與雲門立足全球化舞蹈市場有關的面向，是雲門舞者的身體改造。身體既是舞蹈藝術最基礎的憑藉，則最徹底的顛覆，自然也來自於身體的徹底改寫。「雲門」的身體訓練一開始著重瑪莎‧葛蘭姆技巧，並搭配京劇身段。1994《流浪者之歌》時，林懷民開始要求舞者靜坐，1996年10月舞者開始接受「太極導引」的訓練，2000年11月，再加入拳術。這段時間雲門舞者可以說經歷了一個由西方舞蹈身體回歸到東方哲學身體的改變過程。而這個身體改變的過程，對國內外觀眾而言，也是一種新語彙的學習，與新經驗的開發。

相對於過去《薪傳》、《廖添丁》、《白蛇傳》、《紅樓夢》這些在舞台、服裝或音樂都非常具有中國或台灣文化意象的舞碼，1990年代之後雲門身體的轉變，雖然把具象的、文本式的文化內涵，轉化為抽象化的文化身體。這種被特定社會、文化銘刻的身體，儘管可以在表象層次搭配不同的異文化元素，使得演出看起來多元繽紛，但身體做為舞蹈動作的基礎，仍宣示或闡述(articulate)了某種最重要的認同內涵，有其宣示主體性的意義，觀者必須透過一定程度的文化理解，才能翻譯舞者透過身體所傳達出的特定文化思維。因此，「雲門」舞者的身體訓練轉化過程，也可以說是在全球化巡演，嘗試操作差異的過程中，同時嘗試了身體「在地化」、「台灣化」、「東方化」的可能。

3. 面對本地市場的實作：題材跨越與組織分化

2007年「雲門」有80場公演，其中44場在海外，首次超過國內演出的36個場次。而這樣的海外演出場次，實際上從2000年以來，幾成常態。然而，如何在全球化市場打天下的同時，兼顧「雲門」的台灣票房，並維持其在文化場域的重要地位，不管是在舞蹈創作、

舞團運作，或是相關的社會參與上，都必須有整體的策略和考量。
《家族合唱》、《陳映真‧風景》、《美麗島》三支舞作，以及「雲
門二團」的成立，可以被歸類爲此類考量下的例子。

　　1997年推出《家族合唱》，正是台灣認同爭議處於高峰的時期，
民眾所感知的「歷史」、「記憶」與「認同」遭受了不同的衝擊與
挑戰。在此歷史當口，林懷民以身體與舞蹈劇場爲媒介，再次碰觸
台灣歷史，企圖建構他所認知的二二八事件，以及相關的生命敘事。
這個創作不獨反饋了編舞者個人的認同追尋與安置過程，也介入了
當時台灣社會的爭議，企圖撫平不同認同立場者間所產生的相互懷
疑與彼此不理解。同樣地，作爲1960-70年代左翼青年所仰望的前行
者，陳映真可說是林懷民個人啓蒙過程中的重要他人。而《美麗島》
一曲的創作人胡德夫，以原住民的身份投入社會運動，則具體反映
了草根知識分子對於社會的素樸貢獻與執著。《陳映真‧風景》、
《美麗島》兩支舞，因爲有具體的人物指涉與文本（小說、歌詞）先
行，也能和並不久遠的社會現實情境相互對照，使得本地觀眾在欣
賞的同時，較能進入舞碼的發展脈絡中，也較可能產生「共時」的
感受。因此，這兩隻舞代表了「雲門」面對本地市場的發展，再度
回到一種與歷史、文本相連結，偏向敘事的編舞方式，來強化與台
灣觀眾的連結。事實上，從雲門巡演的資料來看，這幾支舞作，不
但不是海外公演的主力，有的甚至從未跨出國門之外。然而以《美
麗島》一舞來說，卻歷經了兩次改編，成爲近年雲門二團在衛武營
跨年演出、正副總統就職慶典等各類場合搬演的舞碼，又不能不說
有相當的重要性。由此推論，針對美學抽象發展下顯現過多精英主
義色彩，以致一般台灣觀眾對雲門日益感覺疏離，這些舞的出現，
有其矯正的意圖存在。

　　至於1999年成立的「雲門二團」，以年輕舞者爲班底，主要演

出場所為城鄉與學校，則是雲門實踐新一波「在地化」的行動者。除了年度公演，他們的首要任務就是接替「雲門」深入校園與社區，進行舞蹈教育與推廣工作，同時肩負林懷民創立「雲門」時念茲在茲的社會工作。相較於長期在海外「征戰」的雲門一團，二團每年有五分之四的時間在台灣演出，不管是駐校、社區巡迴，還是下鄉賑災，都替「雲門」維持住了與台灣社會的密切互動與連結，也是一種將「本土化」透過組織創新來落實的制度性產物。至於另一個將雲門「品牌化」的組織—「雲門舞集舞蹈教室」，則又是另一個值得從文化再生產與消費的角度來細究的個案。

六：幕未落：從雲門經驗看台灣社會變遷

故事從1970年代，說到21世紀，橫跨台灣歷史很快將要邁入40年大關的雲門舞集，仍舊在台灣本地與世界的舞台上舞動著。這個以「雲門舞集如何可能？」為問題意識出發的社會學觀察與分析，企圖以歷史時間為縱軸，以社會結構面的變遷動能為橫軸，並以特定建制、組織與實作為分析對象，來掌握雲門舞集歷史發展過程中，與政治、社會等不同場域相互形構的動態過程，以及挖掘相關的社會意義與社會後果。回答本文的核心關懷，雲門之所以可能，大致可以分為四個層次：一、林懷民個人所占據的獨特社會位置，使其具有綿密細緻的社會關係網絡，得以在不同場域間跨越、轉換，並且從事不同資本的取得與交換；二、雲門成立的時間點，有其歷史上的獨特意義，這個歷史上的偶連性，也使其回應了時代命題並參與了更廣大的文化造型運動；三、特定外部組織與國家制度對於「雲門」影響力的生產、再生產與結構化；四、「雲門」本身在發展過程中，透過組織、行動與策略的調整，呼應了社會集體變遷的趨勢。

　　研究美國現代舞生成的Helen Thomas(1995)以爲：就像許多其他的當代藝術，美國現代舞的形成是建基在不服從主義和個人主義的原則之下，而其最特殊之處，則在於以獨特的美國文化與歷史經驗，涉入了與美國公衆的對話、溝通。透過「雲門」研究，我們也已然看見：通過獨特的台灣歷史經驗與文化展演，雲門舞集之所以成爲當代台灣最重要的表演藝術團體，並成爲台灣社會獨特的文化表徵，也是因爲從創立至延續，舞團的發展過程，正是一部與台灣社會對話的歷史，回應了當代台灣人從後冷戰時期面對「自我追尋」的焦慮，到全球化時代社會行動轉爲「策略導向」邏輯的社會變遷軌跡。

參考書目

王安祈

　　2002，《台灣京劇五十年》（上）。宜蘭：國立傳統藝術文化中心。

古碧玲

　　1999，《台灣後來好所在：中美斷交及《薪傳》首演二十週年紀》。台北：臺灣商務印書館。

林亞婷（Lin, Yatin Christina）

　　2004, *Choreographing a Flexible Taiwan: Cloud Gate Dance Theatre and Taiwan's Changing Identity, 1973-2003.* Ph.D. Dissertation, University of California, Riverside.

林懷民，

　　1989b，《說舞》。台北：遠流出版公司。

　　2003，〈先談文化，再說產業——從雲門經驗看台灣表演藝術

產業化的可能性〉。收錄於《2003年「全球思考・台灣行動」：
文化創意產業國際研討會論文暨會議實錄》。台北：行政院文
化建設委員會。

杭之
1990，《邁向後美麗島的民間社會（上）》。台北：唐山出版社。

張釗維
2003，《誰在那邊唱自己的歌：台灣現代民歌運動史》。台北：
滾石文化。

陳雅萍
2003，〈雲門身體三十年〉，收錄於龍應台等著《野馬耕牛春
蠶雲門三十》。台北：雲門舞集基金會。
2005，〈從一九七〇年代鄉土文化運動看《薪傳》〉。收錄於
《林懷民舞蹈國際學會研討會論文集》，頁246-253。台北：行
政院文化建設委員會。

詹宏志
1988，《趨勢報告：台灣未來的50個解釋》。台北：遠流出版
公司。

楊　渡
1988，《強控制解體》。台北：遠流出版公司。

趙玉玲
2001，〈舞蹈、文化與國家主義——「雲門舞集」在台灣社會
之社會文化重要性〉。《舞蹈研究與台灣——新世代的展望研
討會論文集》，頁50-63。台北：國立中正文化中心。

黃尹瑩
2001，〈從文學到舞蹈——奠基於文學作品的台灣當代舞作，
以《九歌》為例〉。《舞蹈研究與台灣——新世代的展望研討

會論文集》，頁64-79。台北：國立中正文化中心。

2005，〈林懷民的文學舞蹈：《九歌》與《紅樓夢》〉。收錄
於《林懷民舞蹈國際學會研討會論文集》，頁188-195。台北：
行政院文化建設委員會。

楊孟瑜

1998，《飆舞：林懷民與雲門傳奇》。台北：天下文化出版公
司。

2003，《少年懷民》。台北：天下文化出版公司。

2008，《飆舞：林懷民與雲門傳奇(全新增訂版)》。台北：天
下文化出版公司。

鄭鴻生

2001，《青春之歌：追憶1970年代台灣左翼青年的一段如火年
華》。台北：聯經出版公司。

蕭阿勤

2008，《回歸現實：台灣1970年代的戰後世代與文化政治變遷》。
台北：中央研究院社會學研究所。

蕭新煌

1989，《社會力：台灣向前看(1989年修訂版)》。台北：自立
晚報。

Thomas, Helen

   Dance, Modernity and Culture. London: Routledge.

吳忻怡，曾任中央研究院社會學研究所博士後研究、台大社會系
兼任助理教授。主要研究興趣為文化社會學、藝術社會學、族群關
係與認同。做過眷村文學的研究，寫了有關雲門舞集與台灣社會變
遷的博士論文。

台灣思想史上的科月人[*]
（1970-2010）

李淑珍

夸父與日逐走，入日。渴欲得飲，飲於河、渭。

河、渭不足，北飲大澤。

未至，道渴而死。棄其杖，化為鄧林。

——《山海經·海外北經》

一、前言

以《科學月刊》為核心而形成的一群自然科學家，是台灣思想史上第一個本土科學社群。這群人為「科學生根」的目標而努力，做出了可觀的成績。他們在1970年代創辦《科學月刊》、參與海外保釣運動，也在1980-90年代在台灣從事改革，提升高等教育、科學教育，推動教改運動、通識教育、社區大學……。他們懷抱理想、奉獻犧牲（有人甚至付出沉重的個人代價），在台灣社會留下了一定的影響。

---

[*] 本文原稿曾宣讀於交通大學（新竹）科技與社會中心主辦之「理想·啟蒙·奉獻——《科學月刊》在台灣」學術研討會（2010年11月20日）。

　　在回顧這一段歷史時，除了讚嘆與感動之外，我們可以說：科月人[1]這些年的奮鬥，蘊含了兩個互相關連的課題：其一，身為「啓蒙理性」的代言人，科學家如何將西式「現代性」移植到華人文化的土壤上？其二，身為華人文化中新興的知識分子，科學家如何為自己定位，又如何與周遭社會互動、溝通？——科月人的種種思考與實踐，在許多方面反映了這「二而一、一而二」的課題。

　　不過，科月人雖以「普及科學、啓發民智」為目標，他們共同

1　本文所謂科月人，有廣狹二義。廣義而言，是指「科學月刊社」所有社員，乃至《科學月刊》的其他作者；狹義而言，則指歷屆「科學出版事業基金會」董事、「科學月刊社」社務委員、《科學月刊》編輯委員會委員等核心成員。核心科月人中，就社齡而言，30年前就投入者，堪稱「元老」；參與20-30年者，可謂「資深」；其餘則5-20年不等。有人早期加入，中後期退出；有人中後期才加入；有人則是玩票性質，旋進旋出；但也有人退出後又加入。數十年來，參與過《科月》的人超過四百，經常投入之核心成員也有數十人。《科月》社群不全然是自然科學家，少數人文社會學者也曾經出入其間。例如：心理學家楊國樞、舞蹈家林懷民、文學研究者黃碧端、社會學者瞿海源曾協助早期創刊，作家王渝曾協助潤稿，科技傳播學者謝瀛春擔任過總編輯，而詩人辛鬱（宓世森）更以「外行人」身分長期擔任社務委員兼業務經理。不過，《科月》畢竟是以自然科學（尤其是理、工科）教學／研究者為主體的組織，而「科學生根」則是他們共同的核心價值。
　　值得注意的是，儘管科月人多以科學為專業，但是他們在人文、藝術領域的才華亦不可小覷。儘管當時尚無「通識教育」的名目與課程，他們所成長的1960年代台灣被譏為「文化沙漠」，「白色恐怖」的陰影更是如影隨形，但是他們在少有視聽娛樂的時代成為文藝青年，往往無師自通、自學為博雅君子。比方說，《科月》的化學家中，劉廣定曾出書論《紅樓夢》，劉兆玄少年時寫武俠小說；《科月》的物理學者中，劉源俊工於詩詞，郭中一熟諳《莊子》，沈君山擅長圍棋，李怡嚴能做歷史考據；而大氣學者林和則以現代詩抒情言志⋯⋯。「《科月》社」之臥虎藏龍，令人驚歎。

的志業──《科學月刊》，40年下來卻逐漸只成為「同仁雜誌」。
這群唐吉訶德所面對的敵人，究竟是籠罩台灣的外國霸權，還是台
灣社會的宗教迷信？是行政官僚體系的顢頇，還是隨著啟蒙現代性
而來的「專業化」與「民主化」？或者，是科學家對「科學與社會」
的認知也有若干盲點？此中反映出科學家的內在困境，值得深思。
筆者也希望從台灣思想史的角度，對這些現象提出一些看法。

　　這一篇文章就歷史脈絡中理解科學家的集體活動，特別是他們
與社會、文化的互動，包括社會對他們的影響，以及他們對社會的
回應。關於「科月社群」的整體樣貌，林照真教授的大作《台灣科
學社群風雲40年》已經做了翔實的介紹[2]，本文只是從思想史觀點，
就若干議題提供一些分析。而根據的史料，主要用「科月人」自己
的評論文章來看《科月》發展的歷史及其瓶頸[3]。

　　不過，「《科月》社群」人人頭角崢嶸、個性鮮明，他們能說
敢言，不時與流俗相頡頏，彼此意見也經常衝突。要將他們視為具
有共同性格的「集合體」，並不妥當。但從另一個角度看，在「科
學生根」的大纛下，他們努力不懈，為《科學月刊》貢獻，為台灣
科學人發聲，使他們浮現出了某些相似的精神面貌。本文以「寫意」
筆法勾勒出他們的大概輪廓，但也希望能在一定程度上顧及他們的
個別差異。整體而言，這是一份質性探討而非量化研究，而其結論
也只是嘗試性的。

2　林照真，《台灣科學社群風雲40年：記錄1960-70年代理工知識分
　　子與《科學月刊》》，新竹：交通大學，2010。

3　筆者必須承認：科學與人文「兩個文化」的隔閡畢竟存在。筆者對
　　自然科學理解有限，對台灣科學界的接觸也十分零星。加上《科月》
　　仍繼續刊行，「科月人」也大都健在，此刻並非可以蓋棺論定的時
　　候。本文所述，也只能代表筆者一隅之見，偏頗舛誤之處在所難免。

以下的探討，主要分為四個部份。首先，我們先將「科月人」
與近代台灣／中國知識分子社群做比較，以突顯他們的特色和歷史
意義。其次，則將從《科月》元老的成長背景，說明五四傳統、儒
家思想與近代中國歷史如何醞釀出「科學救國」的思想；而他們對
美國文化愛憎交織的心理，又如何促成《科月》的創辦和保釣運動。
接下來，則要討論他們對「科學生根」的詮釋如何逐步隨時代而轉
移，他們「科學生根」的志業如何體現在《科學月刊》的經營和教
育改革中。最後，我們也要思考：為何《科月》創辦迄今40年，困
頓挫折始終如影隨形？究竟是什麼因素困擾著《科月》的刊行，妨
礙「科學」在我們這個社會「生根」？

二、科月人的歷史定位

要為科月人尋求歷史定位，我們可以將他們與台灣思想史上其
他知識分子團體——包括先行者與同代人——做個比較，以彰顯其
特色。

在20世紀的台灣史上，知識分子曾經數度長期合作，以集體的
力量對社會發聲。諸如：日治時期1920年代的「台灣文化協會」；
1950年代集結於《自由中國》、《民主評論》之下的外省知識分子，
都是著例。將科月人與以上兩個世代相比較，我們可發現若干異同。

相異的是：有別於前二者之文史、教育、法政背景，「《科月》
世代」以自然科學家為主，堅信科學能夠啟發民智、為健全的理想
社會奠定基礎。但科月人也與前人有相似的一些特色，例如：第一，
他們都有強烈的民族意識，對台灣受日本、美國勢力宰制的情形有
清楚的自覺；第二，他們都以在野的身分「自居」（雖然事實上不完
全如此），與政府官方觀點形成一定的抗衡；第三，他們都代表「公

共知識分子」的社會良心，有別於高築學術門牆的「專家」；最後，他們不只是「坐而言」，而都「起而行」，將思考、言論付諸行動。

從這些方面來看，像前兩代知識分子一般，科月人明顯繼承了傳統儒家士人「以天下爲己任」的精神，只不過他們改造天下的根據是「科學」，而非「民族自治」或「民主」。

而如果把歷史的脈絡放得更爲寬廣，又會看到不同的圖像。

首先，我們發現：除了少數例外，《科月》之元老及資深社員大多生於二次大戰末期或戰後初期；而廣義之《科月》社群也大致均屬於1946-1964之間出生的「嬰兒潮世代」[4]。和美國、歐洲、日本等地相似，這批嬰兒潮世代在台灣扮演了建設者的角色：他們經歷戰後國際秩序重建，累積了紮實的專業技能；又在青壯年時代，搭上全球經濟快速起飛的列車，爲國家、個人奠定豐厚經濟基礎，與接班的「草莓族」形成明顯對比[5]。

當然，科月人不是台灣嬰兒潮世代的唯一代表。隨著戰後教育逐漸普及，知識分子專業分化，在1960-70年代的台灣，年紀和科月人相當的知識分子，出現了好幾個不同團體。在藝文方面，有《現代文學》、「五月畫會」、「東方畫會」；在政治方面，有主張體制內改革的《大學雜誌》，以及在體制外衝撞威權的「黨外運動」；而《科學月刊》則是自然科學家集結的陣營[6]。以上各個團體，對戰

4　從1945年開始，台灣嬰兒出生每年超過25萬（1950年代中期更高達40萬以上），生育率連續20年居高不下。在美國、歐洲、日本均有此情形。

5　林燕翎，〈戰後嬰兒潮老了，大退休潮來了〉，《經濟日報》，2005年2月21日。見：《聯合知識庫》

6　《文星》雜誌在1960年代力倡「全盤西化」、批判中國傳統，其影響力超過其他雜誌；不過《文星》主要是李敖個人引領風騷，不能算做一個「團體」。

後台灣文學藝術的現代化、政治的民主化、以及現代科學的引進，
都有不可磨滅的貢獻；今日台灣所自豪的許多成就，要歸功於那一
代人的付出。

　　而放在海峽兩岸的格局來看，科月人那一代的事業，其實接續
了華人自清末至20世紀中葉、在帝國主義侵凌下追求現代化的歷程。

　　在近代中國，現代化的努力從器物技術層次（自強運動）、法政
制度層次（戊戌變法與辛亥革命）延伸到思想文化層次（五四運動），
以民主與科學為核心的啟蒙價值，尤其為自由主義者所嚮往。只不
過由於內憂外患日亟，「『救亡』壓倒了『啟蒙』」[7]；中共政權成
立之後，科學繼續發展，但民主則束諸高閣。

　　而在台灣，日治時期科學由日本人壟斷，民主更不可能實現。
國府遷台之後，以反共抗俄之名實施威權統治，民主追求在《自由
中國》被禁（1960）後受到扼殺，科學乃成為唯一可能出路，而科月
人就是戰後台灣所培養出的第一代本土科學家。國民政府所期於他
們的，主要在於技術器物層次的現代化；然而這批科學家所自許的，
卻是思想文化層次的現代化，要從事另一種啟蒙運動：

> 我們要辦一份《科學月刊》，不僅要作為學生們的良好課外讀
> 物，也要成為一項有效的社教公器，不但要普及科學，介紹新
> 知，並且要啟發民智，培養科學的態度，為健全的理想社會奠
> 定基礎。[8]

7　李澤厚，〈啟蒙與救亡的雙重變奏〉，《中國現代思想史論》（台
　　北：風雲時代，1990），頁1。

8　林孝信等104人，〈寫在零期出版之前〉，收於：《科學月刊二十
　　周年紀念文集》（台北：台北市科學出版事業基金會出版部，1990)，
　　頁174-175。

　　換言之，在白色恐怖時代，國民黨不允許五四「德先生」存在，科月人乃繞路而行，與「賽先生」共舞。而且，他們似乎相信：科學比民主更能啟發民智。

　　他們的「科學的人生觀」，源於17世紀歐洲的科學革命，但有所改造。17世紀歐洲科學家認為：既然自然宇宙規律而合理，則上帝也必然具有理性，並欲人類依理性行事。於是科學革命提供了批判與改革一切傳統觀念的理論依據，而「科學方法」是解答人生問題的不二法門。這種信念，變成了18世紀啟蒙運動的原動力，藉以推動政治社會改革[9]。和近代歐洲科學家相同的是，台灣的科月人也對「科學」、「理性」、「方法」抱有強烈信心。不同的是，近代歐洲科學仍為宗教服務，以自然規律證明上帝的偉大；而台灣科月人則繼承中國傳統儒家人本精神，對民間信仰抱著強烈質疑。

　　《科月》創刊20週年時，創辦人林孝信已經感嘆：「科學月刊不能達成當初想達成的目標！」[10] 再過了20年，數學家李國偉依然要問：

> 時至今日，民智充分啟發了嗎？科學態度穩固建立了嗎？社會的基礎足夠健全了嗎？只要關注一下媒體裡充斥的荒誕謬誤訊息，觀察一下政經上流的迷信腐化行為，在回應這三個問題前，恐怕先得三聲嘆息。[11]

9　王世宗，《現代世界的形成》（台北：三民，2009），頁130-131。

10　楊憲宏主持，「科學月刊二十年」座談會，收於：《科學月刊二十周年紀念文集》，頁141。

11　李國偉，〈逆境中，使命在呼喚〉，《《科學月刊》四十年紀念文集》（台北：科學月刊社，2010），頁10。

是什麼原因，使得這一群科學家從少年努力到白頭，卻還是壯志未酬？而他們的頓挫，是否意味著：西方式啓蒙現代性畢竟在華人文化中難以生根？在在值得我們深入探究。

三、「科學救國」思想的起源

在讚嘆科月人的理想主義與奉獻精神之餘，我們不要忘了：「那是最好的時代，也是最壞的時代」，孕育這群精英的，是「白色恐怖」和「文化沙漠」。在貧窮落後的1950-60年代台灣，醞釀出他們「科學救國」理想的淵源，究竟是什麼？

那個時代，大陸淪陷、國破家亡的恐懼籠罩著外省人統治階層。國民政府對外反共抗俄、對內高壓專制，查緝匪諜不遺餘力。在風聲鶴唳的氣氛下，人人自危，內心苦悶，男人沉迷牌桌，女性鑽進教堂，對公共事務冷漠疏離[12]。而在學校裡，師資不足，圖書設備匱乏；老師懷憂喪志，薪資微薄，缺乏教學熱誠[13]。

但是，這個時代畢竟還是孕育出一批懷抱理想、企圖改造社會的自然科學家。張昭鼎（清大化學系教授）（1934-1993）回憶：1950年代非常恐怖，有時半夜寢室就有人被捉，所以學生都很專心讀書。他就和一批台大理學院學生在圖書館傳閱日文書，像科學哲學、科學方法、甚至日文本的恩格斯[14]。學物理的林孝信則說：留學生對

---

12 王洪鈞，〈精神上的低氣壓〉，《文星雜誌》，1卷1期，1957年11月5日，頁2。

13 外省人流亡知識分子的頹廢失志，在白先勇小說〈冬夜〉（收於：《台北人》）中有傳神描寫，可以參照。

14 楊憲宏主持，〈科學月刊二十年〉座談會，《科學月刊二十周年紀念文集》，頁137-138。

籌備《科月》反應熱烈,是因為1960年代台灣非常苦悶,有理想、有熱誠、關心社會的年輕人沒有任何出路,《科月》就變成大家共同的出路[15]。我們可以說,白色恐怖、文化沙漠雖然環境惡劣,但它提供了刺激科月人奮發向上的負面「逆增上緣」。

至於正面引領科月人走上「科學救國」道路的,又是什麼因素?我們可以從三個方面來看:其一是五四傳統;其二則是儒家思想,其三是民族主義。

(一)五四傳統

五四運動內容十分複雜,許多近代中國思潮(包括自由主義、共產主義、新儒家)都可以從中找到淵源。但是,它最為人知的是「外抗強權、內除國賊」的學生愛國運動,和對中國傳統文化的全面批判;而「民主與科學」,則扼要地標幟出它所意圖建立的「新文化」。但是,國民黨以五四時代發展出的共產黨為死敵,視抨擊蔣介石獨裁的民主人士為蠹蟲,對國共內戰時期的反政府學潮也深懷戒心;因此,國民政府在1949年撤退來台之後,五四運動成為禁忌議題。

來台的外省知識分子中,《自由中國》陣營重新高舉五四大纛,殷海光熱烈鼓吹自由主義、科學思考(尤其是「邏輯實證論」)、大力批判中國傳統文化(尤其是儒家思想),雷震則與本省人士籌組反對黨,卻被國民政府在1960年鎮壓。雷震入獄十年,殷海光被軟禁至死。不過,殷海光以「詩人氣質」和「緊張的道德熱情」提倡「科學方法」及「無顏色的思想」,[16]對年輕人產生很大的影響。

15　楊憲宏主持,〈科學月刊二十年〉座談會,前引書,頁134。

16　殷海光致林毓生函,1968年9月24日,收於:林正弘編,《殷海光

他的學生李敖主編《文星》雜誌，更以嘻笑怒罵的方式對傳統中國文化宣戰，和新儒家徐復觀、民族主義者胡秋原、自由主義者徐高阮激辯，以致在1960年代掀起長達十年的「中西文化論戰」。

科月人所繼承的五四傳統，是學生愛國運動，以及對科學的熱烈崇拜。他們雖然嚮往自由民主，但很快就決定避免直批當道逆鱗，轉而以其他方式建設國家社會；至於五四反中國傳統的部份，他們的態度比殷海光、李敖溫和得多──他們雖然批評中國的「小傳統」（如民間信仰），但並不排斥中國的「大傳統」（如儒家思想）。

由這一批年輕人主導的「民主／科學救國」運動，首先出現於在1963年。那年由於美國留華學生狄仁華撰文批評此地人士「有人情味而無公德心」，隨地吐痰、插隊如暴民、考試作弊、違規抽煙……，刺痛了台灣年輕人的民族自尊心。在激昂的情緒中，台大物理系學生劉容生、外文系學生陳鎮國發起「青年自覺運動」（又稱「五廿運動」），並組成「新希望社」，出版《新希望》刊物（1963-1965）。但是，《新希望》出版到8期，就因刊出敏感文章被校方勒令停刊，陳國鎮被退學，劉容生也不再從事學生運動[17]。

「科學救國」的嘗試則見於1965年。與劉容生同班的林孝信初試啼聲，在《新生報》辦《中學生科學週刊》（1965-1967），不只介紹科學新知，也向中學生談科學哲學，包括殷海光提倡的邏輯實證論。《新希望》只出版8期，而《中學生科學週刊》則出版了83期，證明了那個時代不能談「民主救國」，而「科學救國」就成了唯一的路[18]。

（續）──────────

　　書信集》，頁149。

17　林照真，前引書，頁50-62。

18　林照真，前引書，頁66-70。

　　有趣的是，在《科月》創刊20週年時，劉源俊、楊維楨、曹亮吉曾表示，當年並未受五四運動影響；他們甚至瞧不起五四，認為五四時代不懂科學，因為五四只著重科學新知，而不知科學態度、科學精神，所以「不必去銜接他們」[19]。不過，又過了20年，劉源俊轉而認為，當年的主要參與者「對繼承1919年的『新文化運動』有隱約的體認」，而他現在也認為《科月》與五四時代的《科學》雜誌（1915-1951），在「科學救國」、「傳播知識」等目標上遙相呼應[20]。這樣的自我認知差距，或許來自時間距離的改變；「當局者迷，旁觀者清」，時代拉長了，反而比較容易看出《科月》與五四的繼承關係。

　　當年「科學救國」的道路被普遍認可，並不令人訝異。事實上，不僅自由主義者擁護科學，社會主義者、法西斯主義者都不反對科學；甚至連文化保守主義者也支持科學。當時在東海大學中文系任教的新儒家徐復觀就曾說：「站在國家的立場，毫無疑問的，今後的存亡，是在科學上競爭。」[21]他甚至曾天真地在家書中說：「實驗，是近代三百年文化的基點，我深以不能沾到它為恨，所以買個小顯微鏡回來。……」[22]

　　不可否認地，「科學」對大部分的人而言，未必都與「救國」這樣冠冕堂皇的理由沾得上邊。中學生一窩蜂去學理工的現象在臺灣存在多年，原因主要是現實（出國或就業較易）和虛榮（李政道、楊

19　楊憲宏主持，「科學月刊二十年」座談會，《科學月刊二十周年紀念文集》，頁139。

20　劉源俊，〈反思《科學月刊》之路〉，《科學月刊四十周年紀念文集》，頁2。

21　曹永洋編，《徐復觀家書精選》（台北：學生，1993），頁116。

22　曹永洋編，《徐復觀家書精選》，頁116。

振寧在1957年獲得諾貝爾物理獎後，物理系曾成爲臺灣最熱門的一系）心理作祟[23]。

　　就核心科月人來看，他們讀理工科並非沒有現實或虛榮的考量；但他們在台灣環境還十分落後的時代，放棄留在生活條件優渥的美國，而在學成後回家鄉服務，就足以證明科月人自有不同的價值觀。這一點，或許應該歸功於他們有傳統儒家士人「以天下爲己任」的使命感。

（二）儒家思想

　　對於大多科月人而言，「科學救國」並非只是口號。和林孝信、劉容生同班的劉源俊，在大四的時候就寫下〈中國物理學家的責任〉：

> 我們有數不清的事要做，我們的肩上放著重責大任。……一、研究學術。……二、協助工業建設。……三、教育英才。……四、增進民智。……我們缺少傳播科學知識的工具，缺少淺顯而能爲大眾接受的科學書籍，缺少這方面的工作人員。爲了強國，爲了改善社會，必須要讓科學普遍化，這是每個中國物理學家的責任。……[24]

　　在那樣困頓的環境之下，他們稚氣未脫，卻豪氣干雲。這份勇

23　何秀煌等，〈對《科學月刊》的批評與建議〉，原載：《科學月刊》，20期，1971年8月。收於：《科學月刊全文資料庫1970-1999》，http://210.60.226.25/science/。（以下引用《科學月刊》前30年的文章，均出於此網址，不另註明。）

24　劉源俊，〈中國物理學家的責任〉，《時空》，4期，1966年9月。

氣不只出現於初生之犢的年紀；即使年事漸長，他們依然執著無悔。

　　最讓所有科月人感佩的是創辦人林孝信的苦行精神。林孝信出身彰化、宜蘭鄉下，父親為台電基層員工，家境貧困。他在鄉下求學，對科學有興趣，卻苦於圖書設備不足，當時他就想要在農村設圖書館、或為青少年辦科學普及刊物。雖然設立圖書館的夢想沒有實現，但是辦科普刊物的志願卻堅持下來了。

　　在沒有網路、手機的時代，還在美國芝加哥大學念物理學博士班的林孝信，為了籌備《科學月刊》，風塵僕僕搭乘灰狗巴士到處奔波，和識與不識的留學生連絡、說服，要求捐款、寫稿，直到對方被他的悲願感動、或耐不住他鍥而不捨的「糾纏」為止。在他的努力之下，凡是有50名台灣留學生的校園都有《科學月刊》的連絡人。而《科學月刊》的連絡網，後來也成為保釣運動時串連全美台、港、澳留學生的最重要媒介[25]。

　　其實，為《科月》無悔付出的，何止林孝信！從一開始「既要馬兒跑，又要馬兒不吃草」的非營利經營方式（學生訂戶售價低於成本），就注定了這一群人要犧牲到底。為支撐搖搖欲墜的刊物而拿出個人存摺、任同仁支用的李怡嚴，結合自己人脈做《科月》後盾、為《科月》前20年掌舵的張昭鼎，忍受委屈、撐持《科月》度過數次危機的劉源俊，都有儒家士人的弘毅精神。這樣「以天下為己任」、「知其不可而為之」的使命感，幾乎是《科月》老少共同具備的特質。因為這樣的特質，使得他們不只義無反顧投入《科月》，也活躍於各種公共領域。

25　胡卜凱，〈憶保釣歲月〉，收於：春雷系列編輯委員會編，《崢嶸歲月，壯志未酬：保釣運動四十周年紀念專輯》（上）（台北：海峽學術出版社，2010），頁128，130。

　　本省人之中，張昭鼎具有俠義精神，協助政治受難者、幫助弱勢族群、推動環境保護運動，不遺餘力[26]。深受張昭鼎影響的諾貝爾化學獎得主李遠哲，在1994年回台擔任中央研究院院長，積極參與教育改革、921地震重建、政黨輪替等各種公共事務，也力邀許多旅美學者返台服務。雖然引起「不務正業」、「立場偏頗」的批評，但他的初衷很單純：「就是因為台灣還不完美，我們才更要回來；如果台灣很完美，我們就不用回來了！」[27] 至於早在1976年就回台灣工作的數學家曹亮吉，自稱沒有什麼「偉大情操、雄心大志」，最後卻還是做了很多事情，包括參與資優生計畫、大考中心，在教改會設計多元入學方案等等[28]。

　　外省人之中，楊國樞在戒嚴時代提倡言論自由、政治改革，投入《大學雜誌》、《中國論壇》，對台灣民主化貢獻良多。長期任教於東吳大學物理系的郭中一，「樂以天下，憂以天下」，曾投入社區大學、319槍擊案真相調查特別委員會、反軍購大聯盟、集遊惡法修法聯盟、學界支援楊儒門聯盟……等社會運動。退休後他攜妻兒回到安徽老家，在荒山開闢香草生態園區，以改善當地農民生活。郭中一以「躬耕隴畝」為興趣，以「澄清天下」為專長[29]，矢志以科普為專業的人類學者王道還更直接了當地說：「我不僅想理解世界，還想要改變世界」[30]。

26　張昭鼎紀念基金會網站，http://www.cctmf.org.tw/about/zhang4.html

27　高晞均，〈最有父親味的科學家〉，《科學月刊》，461期，2008年6月。

28　曹亮吉口述，翁秉仁訪問，2009年1月21日。http://140.112.50.155/mathphoto/image/NTU%20Math/doc/100609-tsao.pdf

29　見：郭中一網站。

30　中研院史語所網頁，http://www.ihp.sinica.edu.tw/people_page/p51.htm

　　當然，這樣的精神，除了源於孔孟思想之外，還有其他許多可能。首先提出「哲學家不僅要解釋世界，還要改變世界」的，不就是馬克思嗎？至於張昭鼎，他4歲失怙，少年即在長老教會受洗爲基督徒，半工半讀唸完高中、大學；人生經歷與宗教信仰才是影響他的最大因素。再以林孝信爲例，他早年在宜蘭時爲星雲法師弟子，積極參與佛教青年會活動，高中嗜讀佛書，大一時熱中於參加台大晨曦社，足見佛教對他有一定影響。雖然他後來變爲無神論者[31]，但他的行事作風何嘗沒有「我不入地獄，誰入地獄」的大乘佛教精神？此外，他自幼家境貧困，對資本主義浮華世界有所批判，有一定的鄉土意識、階級意識；加上保釣時期又接觸社會主義[32]，使他的「常民主義」（populism）、反體制傾向特別鮮明。此外，林照真認爲，《科月》的理想主義色彩濃厚，與其成員多爲理學院學生有關。理學院學生功利色彩較淡，對科學純粹知識的渴望較濃。故台灣科學啓蒙運動以理學院爲先驅，其後再加入工學院、醫學院等領域知識分子[33]。

　　但是，整體而言，筆者以爲，不管自覺或不自覺，不管視之爲八股教條或真誠信仰，儒家思想是那一代知識分子共同的教育背景。保釣健將、歷史學家龔忠武就說：在國民黨威權統治的時代，蔣介石不但灌輸年輕人大中國主義，也灌輸中國士人人生觀，要大家「天下興亡，匹夫有責」、「以天下爲己任」[34]。出身外省工程

31　林孝信口述，收於：《崢嶸歲月，壯志未酬》（上），頁405-408。

32　林孝信發言，「從《新希望》到釣運」小型座談會（清大圖書館主辦），台北市立教育大學，2007年5月12日。

33　林照真，《台灣科學社群40年風雲》，頁21。

34　龔忠武口述，謝小芩訪談，收於：《崢嶸歲月，壯志未酬》（上），頁330。

師家庭的劉源俊，自認爲在做人處事上，受到當年所學「中國文化
基本教材」（《論語》、孟子》）及孫中山《三民主義》的深厚影響；
前者如「己立立人，己達達人」、「威武不能屈，富貴不能淫，貧
賤不能移」的信念，後者如其弘毅精神，和不只重視理論、還重視
實踐的行事風格，都對他有所啓發。[35]（事實上，孫中山的弘毅精
神和致用態度，也一樣有儒家淵源。）

　　不過，受儒家影響，並不意味《科月》社群人人貌似聖人。也
有人冷眼旁觀，在這種使命感中看出了某些虛榮與矯情：

> 我想以前的民族大英雄一定懷著對市井小民、農村百姓這類冤
> 屈的悲憫，出來為民族做事吧，絕不是像我現在看到這些「智
> 識分子」，即使在說「為民族服務，為百姓造福」這類話時，
> 仍是以自我為中心，心中設想的是在「下民」中「一展所學」
> 時自身的榮耀⋯⋯。[36]

　　事實上，如研究海洋科學、擔任過《科月》總編輯的劉康克所
說：

> 人是複雜矛盾的。能從一堆混亂之中看出大自然的規律，顯然
> 需要別具慧眼，這種能力是教人欽佩又羨慕的。科學家們往往
> 為他們的聰明而驕傲自大，他們也因著嫉妒而互相攻擊，從《科

35　劉源俊，〈我的學思歷程〉；劉源俊發言稿，〈與林孝信對談「《科
　　月》世代」〉，2008年5月20日（於台北市立教育大學）。
36　徐均琴致父親徐復觀家書，1970年11月20日。收於：《徐復觀家書
　　集》，頁53-54。

月》我了解科學家也是人，特別是像小孩子，這也正合我的胃口。[37]

　　《科月》人人抱負遠大，自然在共事時容易碰撞出火花。不過，儘管人事經常變動，《科月》畢竟撐過了40年；這些自我強烈的科學家大體上還是能夠和衷共濟，委實不容易。但換另一個角度看，這群人胸懷大志去辦刊物，《科月》實際經營的成績卻很「抱歉」，其落差令人錯愕。不僅如此，除了《科月》之外，他們也以極大的熱情集體投入台灣教育改革，結果一樣事與願違。孰使為之？孰令致之？引人深思。

　　值得注意的是，儒家對科月人的影響，除了立身處世的態度之外，還包括一套唯心世界觀，也就是所謂「大學之道」──由「格物、致知、正心、誠意、修身、齊家、治國、平天下」的次第所構成的知識與道德秩序。史家林毓生在《中國意識的危機》一書中曾指出，這一套世界觀使得中國讀書人傾向於採取「藉思想文化解決問題」的方式（cultural-intellectualistic approach）去應付危機與挑戰。的確，科月人不僅道德感優越強烈，相信這個世界需要「聰明正直的好人」去加以改造，而且104位《科月》的共同發起人相信：

> 要使社會進步和現代化，政治、經濟等固然是最有力的因素；然而，我們認為一般民眾知識的提高，健全的社會價值體系的建立等等，更屬基本的要素。科學知識的介紹，正屬於後者。[38]

37　劉康克，〈踏在科學的小徑上〉，《科學月刊二十周年紀念文集》，頁107。

38　林孝信等104人，〈寫在零期出版之前〉，《科學月刊二十周年紀

換言之，像受《大學》思惟影響的五四知識分子一般，他們認為：救國的重點，不在於船堅砲利，而在於社會改造；而改造的重點，不是政治、經濟等外在環境，而在於「人」本身，特別是人的認知方面。因為這個信念，他們相信文字有改變人心的力量，所以以辦雜誌的方式來救國；後來在投入實際改革時，也很自然地往往以教育作為切入點。

科月人既主張「尊德性」（誠意正心），又主張「道問學」（格物致知），但是「道問學」的份量似乎更重一些。有別於傳統士人之以四書五經作為「道問學」的主要內容，他們將西方現代科學看作新的必修經典，科學精神、科學方法即是其格物致知的現代版本。像殷海光一般，他們以強烈的道德熱情推動科學，甚至相信科學的發展將有助於道德的提升：「科學知識的訓練，事實上在無形中給予人們性情的陶冶，思想的磨練，對於做人處事助力極大。」[39] 就這一方面而言，他們更接近朱熹，而非陸象山。

（三）民族主義

《科月》的「科學救國」願景中，自然包含了民族主義的成分。但我們也必須把它放在歷史的曲折脈絡中來看，才知道它不是那麼理所當然。

所謂「民族主義」、「愛國主義」，常是受外力刺激之後的反應；換言之，它是有某種針對性的。就科月人而言，它所針對的主要是美國。劉源俊就說，他們是「留美而反美」，否則沒有保釣。[40]

(續)────────────────────

　　念文集》，頁174-175。

39　原天美（劉源俊），〈路是人走出來的〉，《科學月刊二十週年紀念文集》，頁188。

40　劉源俊發言，「從《新希望》到釣運」小型座談會，2007年5月12

但是，與其說他們是反美，不如說他們對美國有愛憎交織的複雜情結，而且愛多於憎。

的確，一路討論下來，我們已可以發現：《科月》對中國傳統文化抱著比較同情的態度，和《自由中國》、《文星》之激烈反傳統有明顯不同。林孝信就認為，殷海光、李敖是受羅素影響的自由主義者，他們要當世界公民，批評愛國主義；而《新希望》則為民族主義、愛國主義，二者不同。後來的保釣運動，所走也是胡秋原《中華雜誌》的路線[41]，——這一點，可能受到胡卜凱的影響。胡卜凱是《中華雜誌》創辦人胡秋原的兒子，劉容生、林孝信、劉源俊的台大物理系同班同學。《中華雜誌》在1970年11月登載了王曉波針對釣魚台爭端的文章，再度倡五四口號：「中國的土地可以征服而不可以斷送；中國的人民可以殺戮而不可以低頭」，這篇文章就是由正在美國留學的胡卜凱傳送給留學生社團，並透過《科月》連絡網把消息迅速散佈開來，才有後來風起雲湧的保釣運動[42]。

不過筆者認為，林孝信等人顯現的愛國意識、民族主義，在保釣運動展開之前，可能是少數個案，而非通例。保釣之前，大多台灣留美學生並沒有民族自覺。當時待在芝加哥的徐均琴——她是徐復觀的女兒，《科月》11個共同發起人之一——觀察到：

> 他們對民族的過去，無論優點、缺點，都沒有真正的了解，也
> 不認為對過去的了解是有其必要。他們對西方真正的優點、缺
> 點，認識也多半浮淺（這是最令人痛心的）。他們從對自身所接

（續）————————————————
　　日。
41　林孝信發言，「從《新希望》到釣運」小型座談會；林孝信口述，
　　《崢嶸歲月，壯志未酬》（上），頁421。
42　胡卜凱，〈憶保釣歲月〉，《崢嶸歲月，壯志未酬》（上），頁129-130。

觸過「中國」的失望中，產生了對「西方」的幻想，所看到的
西方優點常是他們自己幻想而不可得的夢的化身。……[43]

由於受到父親社會主義思想的影響，她對某些在台灣長大、生活於「特權圈」的外省青年尤其反感，因為他們「很難有對泥土的感情，自然而然的成為一個恍兮惚兮的『世界公民』」。相對地，她對農村出身、帶鄉土氣的本省人，反而覺得比較親近些[44]。

保釣運動之前，引領時代風騷的外省人會以身為「世界公民」而非「中國人」自豪，是因為：倉皇撤退到台灣的中華民國，是活在美國老大哥的羽翼之下。冷戰時期的美援，是國府得以開創「經濟奇蹟」的重要支柱。林孝信那一輩科月人的成長，就深深受到美國社會脈動所影響。

在台灣讀中學時，他們隔海就遙遙感受得到美國的心跳：那時蘇俄發射衛星(1957)，刺激美國發憤圖強，大量培植自然科學人才，外國留學生也容易取得獎學金，使台灣留美風氣大盛，滿街都是數理翻版書。1960年代末期，他們終於親身到美國念書，美國的進步繁華，對比出台灣的貧乏鄙陋，令他們自慚形穢；他們目睹大規模反越戰、反體制、爭民權的學生運動，令他們眼界大開；他們也首次接觸到台獨人士、香港左傾學生，政治價值大受震撼[45]。另一方面，由於十多年來美國大量鼓勵人唸自然科學，以致此時人才過剩，

43　徐均琴致父親徐復觀家書，1970年11月20日，《徐復觀家書集》，
　　頁52。

44　徐均琴致父親徐復觀家書，1971年3月4日，《徐復觀家書集》，頁
　　75。

45　劉源俊發言稿，〈與林孝信對談「《科月》世代」〉，2008年5月
　　20日。

政府大量削減研究基金，使得出路愈來愈窄，留學生在美國立足的可能性越來越小[46]，又讓他們錯愕、徬徨。在外交政策上，美國開始改變冷戰策略，轉而聯中制俄，導致台灣地位邊緣化，更令台灣留學生對美國產生複雜的感受。

在這種背景下，1969年3月林孝信等11人在美國發起為台灣辦《科學月刊》。試印第0期之後，1970年1月《科學月刊》正式在台灣創刊。《科月》創刊不到一年，保釣運動就爆發了（1970年11月）。釣運抗議的最主要對象是占領釣魚台的日本，但是將釣魚台劃歸日本管轄的美國，也令台灣留學生不滿。台灣學生留美而反美，使得美國警方對保釣分子羅織罪名[47]。

為何一向崇拜西方（特別是美國）的這一代，會突然爆發出那麼強烈的民族情緒？左翼釣運健將夏沛然（青年黨立法委員夏濤聲之子、《科月》發起人之一）解釋：這是國民黨愛國主義教育使然。從小學到大學，台灣正統教育向學生灌輸：中華五千年文化源遠流長，國民黨傳承了中華文化道統；又不斷強調中華民族近百年來歷經列強侵略，幾乎亡國滅種。這種民族主義的政治教育的影響，平常看不出來；但是到了美國，日常生活累積的挫折，不知不覺加強了對於自我民族的認同感，一遇到釣魚台事件，就會引發強烈的民族情緒[48]。

保釣運動是個轉捩點，代表著那一代海外知識青年的政治覺醒，也正式標誌著台灣文化由1960年代的全盤西化論轉向1970年代

---

46 徐均琴致父親徐復觀家書，1970年10月11日，《徐復觀家書集》，頁37。

47 夏沛然，〈無悔？失落？——一個保釣左派的反思錄〉，《崢嶸歲月，壯志未酬》（上），頁144。

48 夏沛然，前引文，頁144。

的中國民族主義。一時之間,釣運透過了《科月》的連絡網,促成了留美華人學生的大團結。

但是,中華民國政府當時在聯合國的席位岌岌可危,要仰賴美國和日本的支持,所以不敢在釣魚台事件上得罪美、日,因而不樂見留學生串連抗議,甚至把針對日本、美國的示威運動,理解成抗議國民黨政府的運動。芝加哥大學內出現許多攻擊保釣學生的匿名信,保釣積極分子的汽車油箱被放白糖,同學家長被動員寫信勸導子女,還有人護照被吊銷,遭到美國聯邦調查局的調查。這樣一來,反而增加了同學們對台灣政府的不信任和失望,開始批評、反對國民黨政府,乃至開始認同中華人民共和國[49]。於是釣運也因為政治立場不同,而分裂成左、右、中三派[50]。

釣運如何影響《科月》?首先,釣運的分裂也就意味著科月人的分裂。草創伊始,《科月》雖然對外宣稱宗旨是科學生根、提高民智,但內部共識是要藉一份共同志業來團結不同省籍、政治立場的知識分子[51]。可是,釣運分裂後,最初發起《科月》的元老也就分道揚鑣。少數極左派「回歸祖國」、前往大陸;劉源俊等少數人決定回到台灣,「革新保台」;多數人留在美國,或「就地鬧革命」(周恩來語)或享受美國資本主義生活;林孝信也留在美國——但卻是因為積極參與釣運,同情社會主義,被國民黨政府吊銷護照,打入黑名單,無法念書、工作,備極坎坷[52]。

---

49 夏沛然,前引文,頁144-145。
50 謝小芩訪談龔忠武,《崢嶸歲月,壯志未酬》(上),頁330。
51 楊憲宏主持,〈科學月刊二十年〉座談會,《科學月刊二十周年紀念文集》,頁140-141。
52 劉源俊發言稿,〈與林孝信對談「《科月》世代」〉,2008年5月20日。

其次，林孝信被列入黑名單，影響了《科月》在台灣的銷售。《科月》最初有1萬8000名訂戶，自此《科月》被認為有「為匪宣傳」之嫌，情治單位行文禁止各高中訂《科月》，學生訂戶也被教官訓斥，《科月》形象及銷路均大幅跌落[53]。

第三，釣運經驗影響了未來的《科月》基調。創辦《科月》的人多參與保釣，但他們後來未必回台經營《科月》；後來在台維持《科月》的人，也不一定參與過保釣；但是保釣經驗深刻地影響了《科月》元老的生命，也間接左右了《科月》雜誌日後的發展軌跡。以「革新保台」為念返回台灣的科月人，有更強烈的中國民族主義（日後將受到台灣民族主義的挑戰），但是也讓《科月》更小心地不碰觸政治議題。他們在儒家使命感和民族主義的驅動下，努力推動西方現代科學在台灣生根，希望在政治之外找到更根本的救國之道。

再換一個角度看：雖然《科月》人大多有強烈的民族主義，但《科月》在美國誕生，科月人不分老少大多是留美學生[54]；這一點，對《科月》後來的發展，又有什麼意涵？

我們可以說，《科月》人的愛國主義深深籠罩在美國霸權的陰影下。科月人生長於美援時代的台灣，嚮往赴美念書；到美國卻參加保釣，抗議美國霸權；但回國之後，他們教學、研究依然以美國模式為師，企圖以科學啟蒙台灣民眾。他們受美國刺激，在美國成熟，向美國學習；直到今日，台灣科學界亦始終無法擺脫美國的影響。

53　楊孟瑜，〈走過受害的年代——科學月刊、科學人〉，《科學月刊二十周年紀念文集》，頁157。劉源俊，〈科學月刊與保釣運動〉，頁6。

54　必須說明的是：不是所有《科月》人都曾出國留學，而出國留學的也未必都是去美國。

對殖民者既厭惡又認同，正是某種殖民現代性下知識分子的典型心態。就這一點而言，科月人與日治時代的「台灣文化協會」十分相似：他們都受殖民者啓發而嚮往現代化；因此，他們一方面對抗殖民者，另一方面卻又以殖民者爲師，對國內百姓扮演現代化導師的角色。而從這一點來看他們的科學生根事業，也就有更深長的意味。

四、「科學生根」志業的實踐

科月人之推動「科學生根」，自然是以經營《科學月刊》爲首務。除此以外，他們也積極參與其他社會活動，本節將以科月人涉入最深的教改運動爲例來作說明。但在討論行動之前，且讓我們看看他們科學生根的理念。

(一)「科學生根」的多重意涵

進行科學生根的工作有多難？當年的國家科學委員會主任委員吳大猷在1971年的《科月》上，對早年台灣科學環境的艱困有清楚的說明。他說，台灣沒有適宜的師資設備，沒有合理的薪給、陞拔制度，沒有政府和社會的支持。因此二十餘年來外流的人才，估計有二萬餘人；不論是從國際學術水準的觀點，或從國家建設(教育、經濟、國防)的需要的觀點，台灣的科學人才，都非常薄弱[55]。由此可見，科學生根的工作十分艱鉅，單憑辦一份雜誌實在難以爲功。

55　吳大猷，〈我國科學發展的政策和措施〉，《科學月刊》，24期，1971年12月。

要以私人力量，建立民有、民治、民享的「民間科學」，[56]更是一個巨大的挑戰。

不過，《科月》界定自己是一份「從事國民科學教育的刊物」，不涉及建立現代科學的制度、人事、經費，而把科學生根的重點放在思想的傳播、觀念的改變上。如李怡嚴、張昭鼎所云：「要『科學生根』必須要使得全民對科學的認識程度普遍地提高，這是非經過長期的教育不能成功的。」[57]這也就是上文所述「藉思想文化解決問題」的取向。

《科月》設定的三大目標是：

(1)介紹科學精神，科學方法和科學觀念，以健全國民基本生活態度。

(2)介紹科學智識和新知，以啟發民智。

(3)啟發高中、大學生對科學的興趣。[58]

透過辦雜誌來達成以上目標，理論上應該是可行的。

當然，科學生根不只是抽象地啟發民智，它也有實用目的。李怡嚴、張昭鼎感嘆：「表面上我們有形形色色的工業，事實上許多只是外國廠商追求低廉人工的供應市場，逾時專利的銷售對象。在科技日新月異的世界裡，如果自己沒有創造能力，不知何時何日始能擺脫外來技術專利的控制？」[59]透過「科學生根」追求科技上的

---

56 劉源俊，〈二十年來的科學月刊〉，《科學月刊二十周年紀念文集》，頁73。

57 李怡嚴、張昭鼎，〈我們的話 回顧與展望〉，《科學月刊》，49期，1974年1月。

58 何秀煌等，〈對《科學月刊》的批評與建議〉，《科學月刊》，20期，1971年8月。

58 林照真，前引書，頁202-203。

59 李怡嚴、張昭鼎，〈我們的話 回顧與展望〉。

自立自強，科月人愛國主義的色彩，在這裡再度顯現出來。

　　大學時代的劉源俊說：「盲目學習外國科學的時代已成過去，現在我們必須來建立自己的一套。不然，我們會永遠趕不上外國的。」[60] 但是，儘管張之傑、洪萬生、劉廣定、劉君燦等人也努力了解中國科技史，儘管科月人對這個議題的認識隨著歲月累積愈來愈深入，但所謂「建立自己的一套」，仍非接上傳統科學技藝。在西方現代科學的巨大典範籠罩下，所謂「生根」，其實隱含著「移植」的意味，也就是李怡嚴、張昭鼎「使現代科學技術在自己的土壤裡生根滋長所應做的長程努力。」[61] 換言之，科學生根工作牽涉到中、西兩種文化的接觸；只不過，此一接觸往往只有西方文化向華人文化單向輸出，而缺乏對等交流。由於科月人的民族主義情懷，他們對於如何使現代科學成為華人社會文化中有機的一部份，有著比一般人更深的焦慮。

　　我們也發現，科月社群在討論「科學生根」時，隨著時代流轉而有不同強調重點。早期他們的用語是「科學中化」，包括科學的「中文化」、「中國化」[62]。1980年代台灣主體意識興起，「科技本土化」一詞取代了「科學中化」[63]。1990年代開始，科普寫作進入科學生根的討論中[64]；而到21世紀初，「永續發展」也成為科學生根的議題之一[65]。科月人對「科學生根」有很多討論，我們只舉

60　劉源俊，〈偶感雜記〉，《時空》，3期，1966年6月。
61　李怡嚴、張昭鼎，〈我們的話　回顧與展望〉。
62　孝佛，〈再談科學中化〉，《科學月刊》，74期，1976年2月。
63　如：洪萬生，〈科技史研究與科技本土化〉，《科學月刊》，133期，1981年1月。
64　如：郭中一，〈從科技翻譯、科普寫作談科學「中國」〉，《科學月刊》，300期，1994年12月。
65　劉廣定，〈科學教育為永續發展之必要〉，《科學月刊》，457期，

幾個例子。

　　擔任過《科月》總編輯的張之傑主張，「科技本土化」應包括四種意涵：(1)研究本土事物，(2)解決本身問題，(3)以本國語文表達、記載、傳播科技，(4)建立獨樹一幟的學統。他認為，這些年來，台灣在研究本土事物(如動植物、地理、氣象等)方面已略有斬獲，但在其他方面進步有限[66]。

　　郭中一則感嘆，儘管百年來社會以民主、科學為救國的兩大法門，但是除了極少數科技專業人士之外，社會上大多數人「若被人批評為不民主或不懂民主，則為之不懌、甚或怒目相向；然而卻可怡然自承不懂科學，甚至毫不罣懷」。而科學研究者本身，也因為文化背景不足，雖然在技術上可以有突破，卻提不出重要的問題和方向。「是以科學的生根，不應只囿於功能上的科學救國論，而應有深入的文化觀。」

　　因此他主張，科學的生根工作，應放在文化的全面上來看，對象也在社會大眾。衡諸佛教傳入的歷史，「科技翻譯」與「科普讀物寫作」應是治本首務。獎勵優良翻譯作品與科普讀物，其重視程度不應亞於學院式的研究。所有科學工作從事者，應體認自己的學院式研究出於社會支持，當有義務對社會作深入淺出的說明。他相信，這麼一來，我們才可以深究西方在科學上因文化背景所問出的重要問題，並提出相似的問題；或者更以我國文化背景為導向，問出我們自己的重要問題。如此才有可能脫離科學邊陲的困境，成為

(續)—————————————

　　2008年1月。

66 張之傑，〈從一所地區學院的科研說起：談科技本土化〉，《科學月刊》，311期，1995年11月。

「世界科學的中心」[67]。

郭中一的文章，既流露出「建立獨樹一幟學統」的渴望，又顯示在此階段模仿西方的必要性；既憤慨於社會大眾對科學的漠視，又自覺到科學工作者對社會的溝通不足。這篇寫於1994年的文章呈現出的困境，和《科月》創刊之初的情形略無二致。

其實，不管是「科學中化」、「科技本土化」、乃至「科普寫作」，不都是《科月》本身致力的工作？但是，40年來《科月》一直沒有辦好，成了科月人心中最大的痛。

(二)《科學月刊》的生命軌跡

對一個不熟悉《科學月刊》輝煌的「開國神話」的讀者而言，放在圖書館架上的《科學月刊》，只是一份樸實無華不甚起眼的科學雜誌。它自詡以「內容正確充實取勝」，不尚編排新穎、圖片精美。許多年輕人都知道《科學月刊》，但也就是翻翻過去罷了，不會特別感興趣。——這和《科月》元老當年的雄心壯志有多大落差！

希臘神話中，薛西佛斯受到神的懲罰，每天要吃力地推著一塊巨石上山。但是一到山頂，巨石又會滾落到山腳下，一切又要重新來過，使他徒勞無功，折磨永無終止。但在存在主義哲學家卡繆在〈薛西佛斯的神話〉中，卻給予他不同的詮釋。他認為，與其說薛西佛斯是被悲慘的命運所禁錮，不如說是在不斷積極面對挫折的過程中，證明了他不屈的意志和正面的存在意義。《科學月刊》就如薛西佛斯的巨石，不斷考驗著科月人的毅力，但也見證了他們存在的價值。

---

67 郭中一，〈從科技翻譯、科普寫作談科學「中國」〉，《科學月刊》，300期，1994年12月。

　　《科月》所遭遇的困難——稿源、人力、財務——是每一個雜誌都會遭遇的問題。更何況，《科月》一開始就打算做賠本生意，以低於成本的售價賣給年輕學子，使它的經營從一開始就困難重重，四十年如一日[68]。

　　《科月》成績一直不如理想，不只讀者不滿意，而且科月人自己也不諱言。

　　經歷了釣運衝擊、把編輯重心移到台北之後，在第四年的〈編輯室報告〉已透露財源枯竭、稿源不足的危機；編輯努力提高可讀性與社會之關連性，但不夠理想[69]。李怡嚴、張昭鼎爲了籌募經費與擔負賠累，必須走訪工商界鉅子，但常常無功而返；爲了要獲得一些理想的稿子，又要放下自己的研究工作去寫稿或審稿。他們吐出沉重的嘆息：「我們深刻地體認到這個惰性重重的社會不會這麼輕易地依照個人的主觀願望而轉移」[70]。

　　因爲經費不足，所以無法針對不同對象，出好幾份姊妹刊物；也無法蒐集更多的資料，約請更好的稿子，採用更精美的印刷方式……[71]。賴昭正(清華大學化學系)回想當初辦這雜誌的幾個目標時，十分感慨：

　　　「科學月刊」的成就實在還離理想太遠！七年來，我們大概只
　　成功地達到將「科學月刊」的重心從美國移到國內來。其他的
　　如使科學在國內生根，使《科學月刊》成為高中到大學程度的

68　林照真，《台灣科學社群40年風雲》，頁206。

69　〈編輯室報告〉，《科學月刊》，48期，1973年12月。

70　李怡嚴、張昭鼎，〈我們的話　回顧與展望〉。

71　劉源俊，〈科學月刊該怎麼辦？〉，《科學月刊》，73期，1976年
　　1月。

學生及社會人士的讀物等等，似乎都還是未見影子！[72]

　　1984年，辛苦走了14年的《科月》獲頒金鼎獎，但是它也面對更多競爭。由於社會經濟快速成長，豪華彩色的國外通俗科技雜誌開始全面移植。它們賞心悅目，直接訴諸讀者感官刺激，使包裝素樸、以文字為主的《科月》大受衝擊。總編輯周成功苦澀地說：以彩色精美圖片取勝的新型雜誌，固然更能發揮科學普及的功能，但是「闡釋科學精神，讓大家了解科學發展的過程、科學推理的思路等等，在我們這個科學落後的社會裡也許更為重要。」若讓圖片取代了文字，更有可能造成大眾對精緻文化的認知與抽象思考能力的退化。所以，不管是因為理念上的堅持或是財務上的困難，《科月》維持文字為主的傳統路線[73]。

　　但是，這樣的堅持，必然會在市場上曲高和寡。1986年時，林克瀛（清華物理系）表示對最近幾年的《科學月刊》很失望。他說，往往一本科月翻來翻去，找不到一篇有興趣從頭讀到尾的文章。比起十多年前《科月》剛創刊那幾年來，他認為現在《科月》文章的可讀性太差了。早期這是唯一一份科學雜誌，現在還有《數學傳播》、《數學圈》、《自然》、《少年科學》、《牛頓》、《科學眼》及《科學研習》等等科學刊物。如此一來，稿源分散，中、大學生也改看可讀性比《科月》強的雜誌了[74]。

---

72 藍亨吉、陳明裕、賴光臨、樓宇偉等，〈我看科月〉，《科學月刊》，1977年1月，

73 周成功，〈一點感想──科學月刊獲頒金鼎獎之後〉，《科學月刊》，180期，1984年12月。

74 林克瀛，〈科月何去何從？〉，《科學月刊》，200期，1986年8月，頁574。

　　《科月》人自己不滿意，讀者的反應更是冷淡。有人說：高中時讀覺得太難，大學時卻又覺得沒什麼可看[75]。為了了解讀者反應，《科月》曾經做過三次讀者意見調查。讀者的回函，由1970年的5000多份降為1976的700份左右，1985年更降至不到300份，反映出《科月》的訂戶在17年間急遽減少的事實[76]。一個博士級的讀者甚至在2000年辛辣地說：「一本科學的刊物的最底線，是不能使人讀完後，反而削減科學的趣味，或科學人的熱情吧！如果真是這樣，那編輯群得快去教堂了，因為那是有罪的。」[77]

　　既然《科月》人才濟濟，又如此努力，何以《科月》會既不叫好，又不叫座？

　　《科月》的編委會常常感到氣餒：究竟社會、青年學子、教育當局，覺得《科學月刊》有沒有存在的必要？如果大家都無所謂，他們又何苦花精力、花時間，義務性的來做這件無意義的事[78]？

　　面對這些困境，科月人一直嘗試掙扎改善。在經營上，它曾經歷至少五次危機，幾乎停刊或讓售，但畢竟還是在群策群力之下，撐過了40年，不曾脫期[79]。財務上的難關，是由會員自掏腰包、教育部獎勵補助、張昭鼎請永豐餘企業老闆何壽川贊助、周成功在1982

75　研究發展部，〈讀者‧作者‧編者〉，《科學月刊》，50期，1974年2月。

76　謝瀛春，〈寶貴的回響〉，《科學月刊》，200期，1986年8月，頁582。

77　戴志成，〈給《科學月刊》把脈〉，《科學月刊》，368期，2000年8月，頁728。

78　劉源俊，〈科學月刊該怎麼辦？〉，《科學月刊》，1976年1月，73期。

79　劉源俊，〈科學月刊的創辦〉，《科學月刊四十週年紀念文集》，頁46-47。

年倡議籌辦姊妹刊物《科技報導》成功……，勉強得以度過。在刊
物內容上，它也不斷調整。格於稿源有限，它在「科學精神」、「科
學方法」上的介紹(第一目標)，一直不如「科學知識與新知」來得
多(第二目標)。但是它的各種新的專欄不斷推出，也照顧到中學生
的需求(如介紹各大學理工科系、自然科學社團、分析大專聯考試題
等等)(第三目標)。所以，我們對它也不忍苛責。

最棘手的是《科月》與政治的關係。由於釣運的慘痛經驗，《科
月》一直企圖「超越政治」。從它前20年的專輯來看，1972年注意
工業污染問題；1973年關心職業病及農藥問題；1974年談台灣毒蛇、
台灣森林危機；1978年介紹發展中的台灣電子工業；1986年關心慢
性肝炎，1987談中學物理教育，1988出現本土動物研究、本土植物
學專輯，1989又有本土藥材研究、台灣地理研究、淡水河口生態系
等專輯[80]。由此可見，它關心台灣本土問題，也注意與人文社會的
聯繫，只是不碰觸敏感的政治議題。在街頭抗議無日無之、社會運
動風起雲湧、黨外雜誌如雨後春筍的1980年代，《科月》超然的姿
態毋寧太不自然。

青壯代的編輯委員傅大為，在《科月》20年時強烈批評科月人
未介入社會。他分析：《科月》的理念半是「科學救國」，半是「科
學啟蒙」。由「科學啟蒙」而「政治啟蒙」，乃有保釣運動。保釣
之後，《科月》人發生分裂；留美者受到強烈社會政治意識洗禮，
返台者只是單純「介紹歐美科學新知」，沒有社會文化深度，對台
灣社會重要問題沒有發言權。他們相當程度地被「馴化」，保留了
最早期單純的「科學普及與啟蒙」的角色。由於《科月》一般論點

---

80 劉源俊，〈二十年來的科學月刊〉，《科學月刊二十周年紀念文集》，
    頁71-72。

的單純性，使得台灣後來研讀科學的大學生、研究生、乃至廣大的科學工作者，比較缺乏有社會文化深度的「科學文化」可以生活於其中。科學在台灣大眾文化與文化圈中的位置，相當邊緣性。台灣科學家使用大量國家資源，但科學界並未形成獨立主體，有足夠力量形塑科技政策，科學從屬於權威。他主張台灣科學界應該活躍於社會文化中，與權力維持平等互動關係[81]。

　　其實，某些科月人在1970年代，就開始積極介入台灣政治、社會，如楊國樞被國民黨批為「四大寇」之一，張昭鼎積極參與反對運動[82]。只是，雖然個別會員各有政治立場，《科月》仍努力超越藍綠，在科學中保持純淨中立。2000年總統大選，全國聲望最隆的科學家李遠哲為陳水扁背書，激化族群對立，引來程樹德(陽明大學微免所)「遠哲遠其哲，墮入紅塵劫」的抨擊[83]。2004年總統大選，陳水扁在319槍擊案後當選連任，《科月》也只從社會成本的角度分析藍綠對立造成的污染與內耗[84]。

　　滿30年(2000年)時，總編輯羅時成指出，《科月》社面臨的最大挑戰在於：(1)網際網路深入家庭，迫使《科月》也不得不將過去30年的資料電子化。(2)組織鬆散，競爭力薄弱。(3)會員活動顯著

81　傅大為，〈科學在台灣社會的地位〉，《科學月刊二十周年紀念文集》，頁112-117。

82　張昭鼎曾為尤清助選，參與環保運動、台灣教授協會。他認為台灣的公害污染、生態環境破壞、以及六合彩賭風迷信，要由國民黨負最大責任。見：張典顯，〈懷念昭鼎叔〉，《科學月刊》，1993年6月，282期。

83　程樹德，〈吳歸塵土，李花媚人〉，《科學月刊》，364期，2000年4月。

84　何樂憂，〈選舉與資源重分配〉，《科學月刊》，421期，2005年1月。

下降，缺乏新血加入。而他想出的因應方式是：多元結盟(出書、光碟；舉辦系列演講)；吸引能製作電腦網頁的科普編輯人才；宣揚大學教授對科普的榮譽感與使命感等等[85]。而在滿37年時(2007)，周成功呼籲：被元老長期掌握的董事會要放手授權給有熱情創意的年輕人，《科月》才有可能起死回生[86]。

而到了40週年，紀念文集中的基調，與20週年文集相去不遠：依然充滿了時不我予的挫折感，和知其不可而為之的悲壯。可是，何以別的刊物不堪虧損，很快就倒；而科月竟然能夠撐40年？

曾擔任過總編輯的科技傳播學者謝瀛春，追究《科月》辦得不好的原因，有內、外兩方面的因素：

(1)外在因素：聯考制度扼殺青少年閱讀課外書籍的興趣；教育方式虛浮淺薄不求甚解；社會風氣急功近利、追求聲色之娛；民眾普遍缺乏訂閱雜誌習慣；政府及民間財團對科學普及支持不夠等[87]。

(2)內在因素：在業務方面，經營管理方式不夠企業化，推廣發行亟待加強改善，廣告行銷觀念有待更新。在編輯方面，封面及內文版面的編排不夠吸引人、印刷及紙張不夠精美，彩色頁太少，文字的可讀性趣味性不高。

不過，筆者以為，造成《科月》經營困難的最關鍵因素，其實是它特殊的「公共所有制」。因為沒有固定的老闆，《科月》全靠熱心的編輯委員會義務幫忙；雖然有少數元老一直鼎力支持，但其

---

85 羅時成，〈回顧三十，展望兩千〉，《科學月刊》，361期，2000年1月，頁6-7。
86 周成功，〈《科月》還能重新再創造一個奇蹟嗎？——從改版看《科月》當下應對〉，《科學月刊》，454期，2007年10月。
87 謝瀛春，〈寶貴的回響〉，《科學月刊》，200期，1986年8月，頁582。

他人則在《科月》兼職與教學研究本職之間掙扎，撐到不行爲止，造成編委不斷流動。至於專任人員，不但人數少，薪水也低，很難在編輯、行銷上有突出表現。

謝瀛春說：1976年她加入《科學月刊》的行列，成爲僅有的五位專任人員之一，也是僅有的兩位專任編輯之一，更是唯一外行(非科學專長)的編輯。

> 當時，懵懂不知健全企業的條件，僅憑著興趣就參加了科月。工作當中，常爲那多頭馬車(決策者都是不支薪的兼任者)及眾多客卿顧問的組織型態困擾過、痛苦過、埋怨過。加上薪水與工作量的不成比例(當時我是碩士，拿的薪水比一般機構的大學畢業生還低)等諸多原因，促使我漸興離職的念頭。[88]

換言之，「公共所有制」造成《科月》在出版上不夠專業化，難以得到讀者青睞，與其他雜誌競爭。劉兆玄也認爲，「科月最可愛的地方，就是它的純度、理想主義色彩；但是不專業化、不求經營，沒有現代企業的理念，也是它的致命傷。」[89]

但弔詭的是，許多科月人卻覺得，「公共所有制」是《科月》能夠維持40年於不墜的原因之一。富有社會主義色彩的林孝信就認爲，《科月》能夠長期生存，除了它的理想性、啓蒙理念、奉獻精神之外，「公共性」——「大家的《科月》」——也是重要的關鍵[90]。楊國樞也說：「我參加過許多社團，沒有一個像《科月》這樣，有

88　謝瀛春，〈重回科月〉，《科學月刊》，200期，1986年8月，頁568。

89　劉兆玄，〈我與科月的接觸〉，《科學月刊》，200期，1986年8月。

90　林孝信，〈四十年後，回顧第零期〉，《科學月刊四十周年紀念文集》，(台北：科學月刊社，2010)，頁20。

一群人會傻傻地不計較個人利害，忘我地投入。之所以會有這種精神，是創辦人(林孝信、李怡嚴)所留下來的」[91]。劉源俊解釋：

> (《科月》)是一群人興趣的結合，其中沒有利益的關係，只有奉獻的熱忱。發起時它是熱心的留美學生課餘的投入，現在它是關心的大學教授業餘的發揮。它從來沒有老闆；雖然現在是屬於科學出版事業基金會，但誰都知道這是個窮基金會。……沒有老闆下的業餘義務參與是它的先天風格，今後勢必也不可能改變。它的難以突破發展是基於這個因素；但也正因此，維繫了許多關心者願意為它效勞。[92]

馬志欽(台大電機系)(1928-2001)對《科月》那種「齊甘苦、共榮辱」式的「家族式經營理念」津津樂道：不管是分享沾沾自喜的成就感，或是「慷慨輸將」、乃至「假私濟公」式的奔走募款，大家都能共體時艱，和樂融融。

> 企業的三大要素：人、錢與管理中，「科月」所擁有的就只是「人」，有最佳的人力組合，也都是一些有理想、有抱負、肯奉獻的20世紀的大傻瓜。[93]

陳國鎮(東吳物理系)更指出：《科月》社自由、廣泛的討論方

---

91 金傳春，〈林孝信談科學月刊的理想與努力的方向〉，《科學月刊二十周年紀念文集》，頁129。

92 劉源俊，〈科學月刊的風格與意義──出刊二百期感言〉，《科學月刊》，200期，1986年8月，頁 566-567。

93 馬志欽，〈與你共勉〉，《科學月刊》，200期，1986年8月，頁570。

式，促使大家交換見解，突破學門本位局限；減少文人相輕習氣，
學習與人共事；也培養了許多獨當一面的人才[94]。劉源俊呼應這個
觀點：他認爲，《科月》的更大意義倒不是在維持出刊了那麼久，
而是在這些年裡磨練培育了許多人才。每一個參與者都在其中透過
彼此切磋而增廣視野，進一步建立《科月》之外的合作基礎[95]。

　　說《科月》培育許多人才，一點也不假。科月人中出了多位大
學校長(沈君山、李嗣涔、劉兆玄、劉源俊、王亢沛、曾憲政、黃榮
村)、大學考試中心副主任(曹亮吉)、中研院院長(李遠哲)、衛生署
署長(蘇益仁)、立委(蔡式淵)、主計長(韋端)、文建會主委(黃碧
端)、國科會主委／副主委(劉兆玄、魏哲和)、教育部長(黃榮村、
曾志朗)、交通部長(劉兆玄)、乃至行政院院長(劉兆玄)。至於遍佈
各大專院校及研究機構的才俊，更是不可勝數。(《科月》人喜歡強
調他們的「民間色彩」，但其實他們大多是體制內人士。)

　　可是，也有中生代對這種「流水席」式的經營方式能否存續，
感到懷疑。當過總編輯的劉康克慨乎其言：

> 我們的《科月》傳統沒有建立起來。……《科月》曾有過許多
> 最優秀的人才，當他們成熟了，飛走了，並沒有為《科月》留
> 下什麼，除了美好的回憶和《科月》上的精彩文章，他們並沒
> 有留下什麼祕笈，告訴我們如何能在研究與《科月》的雙重壓
> 力之下，保持不沒頂。……[96]

94　陳國鎮，〈在科月看科月〉，《科學月刊》，200期，1986年8月，
　　頁572。
95　劉源俊，〈科學月刊的風格與意義──出刊二百期感言〉，《科學
　　月刊》，200期，1986年8月。
96　劉康克，〈踏在科學的小徑上〉，《科學月刊二十周年紀念文集》，

其實，科月人早年創造出的傳奇，除了「科學報國」的使命感和奉獻犧牲的熱情之外，也與當時相對落後的環境有關。正如劉兆玄所言，當年台灣科學仍在草創時期，薪水低，研究經費有限，研究壓力也不大，所以年輕學者有餘暇義務投入《科月》[97]。《科月》20年時張昭鼎就意識到，隨著台灣科學環境的明顯變化，理學院學者的研究壓力很大，工學院學者則須面對外面的誘惑，學成回國的年輕人愈來愈少參與《科月》，使它面臨後繼無人的危機[98]。再過了20年，李國偉(中研院數學所)更感嘆：

> 弔詭的是，正因為40年來台灣科技界人力的茁壯，特別是儲備在國外的人才逐漸回流，造成科技界的建制愈來愈嚴明。現在年輕學者面臨的就業升等關卡都比從前艱難，所要投注在教學與研究上的工夫，也往往令人筋疲力盡。[99]

所以，他不責備年輕人無奉獻熱情，而感嘆科技環境健全後反而造成科層化的現象。從另一個角度看，這毋寧正是「科學生根」後意想不到的後果之一。

總而言之，因為《科月》社的組織特色，使得《科月》培養出眾多人才。《科月》之最大成就不在「科普」，而在於它曾經是科學社群之交流平台。它所創造的傳奇，除了公共性之外，還有跨越

(續)————————————————————
　　頁108。

97　〈劉兆玄校長專訪〉，《科學月刊》，418期，2004年10月。

98　張昭鼎發言，見：楊憲宏主持，〈科學月刊二十年〉座談會，《科學月刊二十周年紀念文集》，頁142。

99　李國偉，〈逆境中，使命在呼喚〉，《《科學月刊》四十周年紀念文集》，頁10。

性：跨學科、跨校、跨世代、跨國內外、跨省籍(但女性極少，並未
跨性別)。[100] 這是另一個「台灣奇蹟」。可惜的是，《科月》本身，
卻因爲缺乏專業化的經營，成爲同仁雜誌，失去對社會的影響力。[101]

　　《科月》社最大的資產既然是「人」，而不是雜誌本身，如何
結合眾人之力發揮更大力量，是科月人一度想望的目標。1989年「科
學月刊社」從一個雜誌社改組爲隸屬基金會的準社團，最終目的是
要組成真正的民間科學社群。解嚴後回到國內的林孝信，希望以「台
灣科學促進會」這樣的組織，避免學術高度發展造成學問的專精化、
深奧化、零細化，以及學術對政治力量與財閥力量依賴的深化。他
相信，一個堅強的學術社群，可以有力地促進各種學術研究與普及
活動，可以建立學術內部規範；當面對社會大眾或政治權勢時，也
才能在相關的議題上有發言權[102]。

　　只是，在「台灣科學促進會」以及政治、教改幾個議題上，科
月人卻分裂了。科月人希望以科學超越政治、團結眾人，但其實，
從西方科學革命開始，科學的發展就與國家權力的擴張密不可分
[103]。科月人也不可能真正超然政治之外。他們當年科學救國的志願
已經蘊含了政治動機，保釣運動更徹頭徹尾與政治交纏，到了1990
年代也脫離不了中國民族主義與台灣民族主義的對峙。牟中原表
示：《科月》主要成員相當多都是外省人，較有報國信念。大家原

---

100 科月社女性成員不多，只有金傳春、謝瀛春、朱麗麗、范賢娟、徐
　　美玲……等人。

101 林照真，前引書，頁189-193，298。

102 林孝信，〈學術發展與民間學術社群〉，《科學月刊》，297期，
　　1994年9月。

103 Steven Shapin,《科學革命》，許宏彬、林巧玲譯(台北：左岸，2010)，
　　頁153-156。

本沒有分族群，但1996年之後台灣統獨對立明顯，《科月》成員的外省成分——就阻絕了本省人參與這個團體的意願[104]。

劉源俊認為，由於統獨爭議、對教育改革的不同看法，已經埋下了科月人的分歧，使眾人合作產生困難；加上科學界對政府經費的依賴，政府藉補助、評鑑等措施宰制科學人的專注方向，要發展純民間而不受政治影響的科學社群，有其客觀困難。因此他認為，持續《科學月刊》與《科技報導》的超然而穩定的出版，凝聚一個成員雖少但清純的準社團，比較穩妥[105]。

只是，誠如上文所言，《科月》本身已進退維谷，「高不成、低不就」，無法發揮當初預期的功能。而科月人也已年華老去，面臨後繼無人的窘境。回顧這40年一路走來的崎嶇道路，不禁令人再三低迴。

(三)科月人與教改運動

除了《科學月刊》之外，1980年代興起的教育改革運動是科月人社會參與的另一個舞台。(雖然他們多以個別身分投入，並非以團體名義行之)。他們由關心科學教育、中等教育而高等教育、成人教育，由檢討教法、教材、評量而學制，最後參與全面教育改革運動。

科月人在這一方面的成績，劉兆漢(中研院副院長)給予相當的肯定。他認為：《科月》的科普目標和公共性都不算成功；《科月》之意義在於：1970-80年代《科月》同仁回台，推動台灣進步之工作。當時台灣沒有很好的學術環境(大學教授只有幾千塊錢薪水)，他們

---

104 林照真，前引書，頁295。
105 劉源俊，〈科學月刊的創辦〉，《科學月刊四十周年紀念文集》，
　　頁51-52。
　　王道還亦不贊同另外成立一科學社群，但現任社長林基興則贊同。

回來後在各自領域內努力，奠下今日發展的基礎。1990年代後大學入學考試改革、中學教育改革、人文與科學對話的通識教育，都有《科月》同仁的身影[106]。

的確，早期回台灣做開拓性工作的科月人，與其說是在科學上有所成就，不如說是在教育上更卓然有成。科月人普遍關心教育問題，主要是因為對自己早年所受教育不滿，也不忍子女所繼續為台灣教育制度所苦。曹亮吉就說：「我們關心的不只是科學、科學教育，還是教育本身。我們教育問題太嚴重。」[107] 但是更高一個層次來看，不管是基於啟蒙心態，或是基於儒家大學之道，他們都強調人的素質的重要性[108]，所以會積極參與教育改革。

《科月》最初設定之讀者為高中生與大學生，因此，從1970年代開始，他們關心的首先是中學科學教育改革，包括其教材、教法、考試。1972年9月《科月》舉辦之第一場座談會，即是「中學科學教育的現況座談會」。每逢大專聯考，《科月》也經常檢討自然科之出題。1974年5月還曾介紹大學自然科學科系特色，幫助學生填寫志願。由於科月人對中學科學教育的關懷，所以他們也協助催生了台灣的科學博物館[109]。

---

106 劉兆漢：「海外留學生籌辦《科學月刊》的意義」，「《科學月刊》四十週年慶祝茶會」上演講，2009年9月19日。

107 楊憲宏主持，「科學月刊二十年」座談會，收於：《科學月刊二十周年紀念文集》，頁148。

108 例如，最近柳中明(台大大氣系)在反省莫拉克颱風及其社會風暴時，又再度提到：面對不確定性高的未來，要加強「人」的素質。「民眾是可以教養的，但是需要時間，需要耐心。」見：柳中明，〈莫拉克颱風的震撼與省思〉，《科學月刊》，477期，2009年9月，頁647。

109 林照真，《台灣科學社群40年風雲》，頁282。

值得注意的是，在教改運動蔚然成風之前，邱守榕早於1970年代就主張重視各科目橫向聯繫、同科目中各題材連貫性，希望整體檢討課程標準[110]。而李怡嚴則期盼解除對高中教材統一的限制，讓各種類型的教學法並存，互相比較優劣[111]。這些都成了教改方向的先驅。近幾年來，林孝信又對科學教育有不同層次的主張。他認爲：

> 科學具有人文面向。科學教育不能只有「解題，背公式，技術應用」等面向，應該要有人文面向的教學內容，從哲學思想、歷史變遷、社會發展、乃至宗教信仰等等事業來進行教學。簡言之，科學教育也是人文教育。[112]

這個想法，切中台灣科學教育的盲點。未來是否會發揮影響，值得期待。

除了科學教育之外，科月人在1990年代台灣教改運動中所扮演的角色，更值得大書特書。

對教改影響力最大的科月人李遠哲，受其長期任教的加州柏克萊開放校風影響，1994年返台擔任中研院院長後，積極參與社會議題。在他所召集的「教育改革審議委員會」(教改會)中31位委員，就有11位是科月人，包括：李遠哲、劉兆玄、韋端、李國偉、沈君山、牟中原、黃榮村、楊國樞、何壽川、曹亮吉、劉源俊。除此之外，教改期間，有兩位「科月人」——曾志朗、黃榮村——擔任過

---

110 邱守榕，〈在分科教育下談整體檢討課程標準〉，《科學月刊》65期，1975年5月。

111 李怡嚴，〈我的補充說明——再談高中教材的安排〉，《科學月刊》66期，1975年6月。

112 林孝信，〈科學教育也是人文教育〉，頁1。

教育部長，黃榮村更被認爲是教改幕後真正的主持人[113]，而劉兆玄後來也擔任行政院「教改推動小組」召集人。

　　科月人大多是台大畢業後留美的科學菁英，對長期壟斷中小學教育、保守僵化的師範體系有強烈反感。「台大幫要打倒師大幫」，許多是教改從事者心照不宣的默契[114]；「教育鬆綁」、「帶好每一個學生」，則是獲得許多中產階級家長共鳴的口號。

　　雖然理想中的教改會成員應該涵蓋各個階層、黨派，但實際上教改會成員同質性高，又缺乏師範體系學者和基層教育工作者的參與，對台灣本土教育生態和社會脈絡了解不足。後來教改備受批評，李遠哲、曹亮吉(時任大考中心副主任)認爲是執行面出了問題，而非教改會議定方向有誤[115]；但是教育學者周祝瑛則認爲，整體而言，教改大架構還是依照教改報告書方向進行[116]。因此，對於教改的成敗，至少部份科月人要負一定的責任。

　　教育涉及層面極廣，科月人對各種議題歧見很多，參與討論的人也未必參與決策。但我們至少可以發現包括通識vs.專業、普及vs.深造、延後分流vs.及早分流等意見差異[117]。

　　林孝信鼓吹通識教育，認爲：「台灣與其把資源放在直接鼓勵高深理論研究上，不如放在好奇心的維護與培養以及通識的發展

113 劉源俊口述，李淑珍訪談，2007年7月6日，台北市立教育大學。

114 劉源俊口述，李淑珍訪談，同上。

115 周祝瑛，《誰捉弄了台灣教改？》(台北：心理，2003)，頁89-90。〈翁秉仁訪問曹亮吉〉，http://140.112.50.155/mathphoto/image/NTU%20Math/doc/100609-tsao.pdf

116 周祝瑛，前引書，頁89-90。

117 不過，筆者必須強調，雖然這三組對比其中蘊含了兩種不同思考邏輯，但科月人的意見差異不是截然二分，而可能有各種主張的排列組合。

上。這看似無關一流學府的建立，卻是發展科學與提高學術水平最有效的方法」[118]。重視通識教育的人，往往會主張「延後分流」，例如李國偉就認為：「在升學壓力下，我們的中學教育過早分流。使得學人文、社會科學的學生自然素養不足，而學自然科學的學生人文陶冶欠佳。……讓我們擔心國內科學家知識幅員的狹隘，愈發促成各個學科堡壘的建立，以有限的人力與智力黨同伐異，而不能互相欣賞鼓勵。」[119] 而這一派人，可能也比較傾向於支持「廣設高中大學」等「普及教育」主張，林孝信更進而推動社區大學，因為「相對於體制化學校的日益象牙塔化，成人對於學習目標具有自主性、其社會經驗也是學習資源，使得『成人教育』比學校教育容易達成『知識解放』的目的」，可以打破精英對知識的壟斷[120]。

不過，劉源俊認為，每個學生的性向與才具不一，必須因材施教，所以教育應該及早分流，好讓大家各得其所。[121] 劉廣定更是嚴厲批評在教改中占上風的普及教育（廣設大學研究所）、延後分流主張，認為「『黃鐘毀棄、瓦釜雷鳴』是台灣的問題所在。……例如誤解延長國民教育年限之目的，不知應將原屬『精英教育』階段之教育內含『普及化』，以求全面提高國民素質，而非降低水準以求普及」，這些政策盲目模仿美國制度，「將『國民知識程度』與『高等教育水準』混為一談」，造成中學、大學教育沉淪[122]。張慶瑞（台

---

118 林孝信，〈紀念愛因斯坦談教育〉，《科學月刊》，424期，2005年4月。

119 李國偉，〈分享、責任與欣賞──科普寫作與閱讀的動機〉，《科學月刊》，361期，2000年1月，頁15-16。

120 林孝信，〈成人教育傳統中的知識解放〉。

121 劉源俊，〈從終身教育看教育分流──析論高職改為高中之議〉，《教改通訊》，第十期，1995年7月。

122 劉廣定，〈沉痛的呼籲──豈能坐視科學和教育的崩解？〉，《科

大物理系)歷數教改所帶來的種種弊端，包括社會流動趨緩、「一綱多本」增加學童負擔、基測題目扁平化戕傷創意、廣設大學造成文憑無用、通識教育淺嘗輒止……。總之，

> 「有教無類」的同時，必須「因才施教」，「不放棄任何一個」的理想只有在無窮的資源下才能達成，過度強調可能引起「全體都沒足夠資源」的極端結果。[123]

對於教改的成敗，深受李遠哲倚重、曾任教育部長的黃榮村認為，教改中提出理念與規劃的是第一群人，提出行動方案的是第二群人，第一線執行者是第三群人，接受者是第四群人。四群人之間缺乏聯繫，所以歸咎於某一群人是不合理的[124]。

參加教改會第一次委員會後就退出的劉源俊，則認為教改過於躁進，欲速則不達[125]。他對教改的評論是：

> 科學精神的要意是明理、務實、善用；然而我們看到教改的過程處處顯示不明理、不務實、不善用。顯見多年來我們的科學教育並不成功──只重科學知識不重科學精神與方法，科學與教育脫節，科學教育與處世行事脫節。[126]

如果連主持教改的科學人都不符合科學精神，又怎能相信科學

(續)────────────

學月刊》413期，2004年5月。
123 張慶瑞，〈十年教改，百年樹人？〉，《科學月刊》，2007年4月。
124 周祝瑛，前引書，頁78。
125 〈教育改革審議委員會第一次委員會會議記錄〉。
126 劉源俊，〈推薦序〉，《誰捉弄了台灣教改？》，頁7。

能夠生根，又能夠救國濟世呢？

教育學者陳膺宇(非科月人)很犀利地說：教改失敗，是「好人」造成的問題。如劉鶚在《老殘遊記》中所說：「夫天下之事，壞於小人者十之一二，壞於不通世故之君子者，倒有十之八九也！」參與教改決策諸君子，因為使命感強烈，所以積極加快腳步，希望立竿見影，未能循序漸進、分期辦理、追蹤評量。他們自信動機純正，所以不接受異見、不蒐集意見、不尊重被改革者的尊嚴、未給予基層教師有轉換的時間；又自認為目的正當、計畫完善，所以未花時間溝通，也不準備做修正。加上事務繁多，無心深入問題，沒有工夫傾聽基層教師、學生、家長的聲音。而且，因為是「好人」，不注意是否政治正確，所以很快下任，無法延續政策，以致「教改像月亮，初一十五不一樣」[127]。

雖然這些批評未盡公允，但筆者以為，參與教改會決策的科月「好人」所犯下的這些過失，實為許多科學人處理「眾人之事」——亦即社會、政治事務——時的弱點。他們執持現代西方(主要為美國)藍圖，以「啟蒙者」自居，疏於與大眾溝通，以致常有壯志未酬、事與願違的遺憾。這究竟是他們那張藍圖不適用於本地，還是藍圖無誤、但執行出了差錯？換句話說，是他們懷抱儒家使命感，過度相信(西式)現代啟蒙之普世價值，忽略各地文化的差異性？還是他們不自覺地有精英心態，以教化而非溝通方式居高臨下，使得自有主見的基層人士起了反彈？在自由民主、價值多元的台灣，要以科學理性去「開啟民智」，碰壁的機會遠高於威權時代。這恐怕是努力推動科學生根的科月諸君子始料未及的。

---

127 陳膺宇，〈推薦序〉，《誰捉弄了台灣教改？》，頁18-19。

五、結論：夸父逐日，未濟終焉

在這一篇文章中，筆者檢視《科月》社群及其40年來的發展，並嘗試以思想史的角度為他們做歷史定位。身為台灣培養出的第一代科學精英，他們一方面對「科學」的價值深信不疑，又深受儒家薰陶、懷抱強烈的淑世熱情；在憂患重重的時代，他們到西方取經求法，希冀移植科學、開啟民智，促成國家社會的現代化。保釣運動激化了他們的民族情感，也一度打亂他們的步調。但是，回到台灣的科月人一步一腳印，堅毅地持續科學生根的使命。只不過，儘管充滿犧牲奉獻的熱情，他們主要的兩個心血結晶──《科學月刊》與教改運動──卻不盡令人滿意。其中原因何在，值得思索。而這個社群是否能吸引新血加入、傳承香火，也關係到科學界在台灣社會的未來定位。

嚴格來說，科月人並非一個整齊劃一、思想一致的團體。就年齡而言，雖然他們大多屬於廣義的嬰兒潮世代，但有元老級和中壯代之別。對科學的態度，有人主張經世致用、重視應用科學，有人則強調為研究而研究、強調基礎科學的重要性。在教改議題上，有人主張普及化、通識化，有人則主張精英化、專業化。對於科月社的未來，有人渴望成立正式科學社團，有人則持保留意見。在政治上，他們有統有獨，中國民族主義與台灣民族主義強烈碰撞。儘管科月人有這麼多內部矛盾，但我們可以說：同中有異，使他們精彩多元；異中有同，使他們秉持共同信念，發揮集體力量，對社會產生一定影響。

但是40年下來，姑且不說釣魚台至今爭議不休，就是「科學生根」也志業未竟，使許多科月元老沉沉嘆息。《科月》「開國神話」

光輝燦爛，實際經營卻欲振乏力，形成明顯對比；科月人對教育工作的使命感，和他們從事教改所遭遇的重大挫折，也令人同情。科月人生命波瀾壯闊、高潮迭起，但在保釣、《科月》、教改三大社會事業上，都沒有看到結果，爲世人留下懸念。在這一點上，科月人具有薛西佛斯般悲劇英雄的色彩。

但是他們並不自艾自憐。他們感嘆的是社會迷信依舊、民粹風行，「科學態度」並未比40年前進步。他們憂心的是科學發展取向被政府補助羈絆，民間科學愈來愈難施展[128]。他們煩惱的是年輕學人淪爲論文製造機器，公共知識分子後繼無人；他們批評的是網路世代缺乏理想、又不務實，既不愛讀書，也不關心國家大事[129]。

不過，秉持良好的科月異議傳統，中壯代的王道還另有主張。他認爲，只有在東方才有那麼多中學生主修科學，可見科學在東方已是全民運動，五四、《科學》、《科月》已經成功，應該功成身退。但換個角度看，「科普」仍有存在必要：因爲知識爆炸，專家、社會大眾都需透過科普來了解他人專業；由於科學需要政府補助，科普可以作爲科學家與納稅人之間的溝通橋樑[130]。由此可見，元老輩與中壯代對科學家角色的自我認知已大大不同：前者「超凡入聖」，後者「回歸常民」。

40年來滄海桑田，台灣社會、科學之社會地位、科月人之自我定位、《科月》經營狀況都經過相當變化。筆者試列表說明如下：

---

128 劉源俊，〈反思《科學月刊》之路〉，《科學月刊四十周年紀念文集》，頁2-3。

129 劉源俊，〈頹廢青年 空白的五四精神〉，《聯合報》，2009年5月4日。

130 王道還，「科普作爲一種志業：使命、責任、實踐」，「《科學月刊》四十週年慶祝茶會」上演講，2009年9月19日。

世變下的台灣社會與科月人

世變＼年代	台灣政治經濟社會發展	科學之社會地位	科月人之自我定位	《科月》經營狀況
1970-1980	政治威權高壓,經濟開始起飛	科學受人推崇,但資源稀少	啟蒙者、救國者	跨學科凝聚人才,無私奉獻,士氣高昂
1980-1990	民主運動、社會運動風起雲湧	科學地位崇高,資源增加	教育改革者、公共知識分子	理想主義依然濃厚;遭遇其他刊物競爭;以《科技報導》把注財務虧損
1990-2000	民主解嚴,統獨對立	科研資源日增,但受官僚體制左右,科學社會角色邊緣化	教改運動參與者、學術工作者	成立準社團,但不同政治立場及教改見解造成內部不和
2000-2010	八卦媒體當道,社會價值多元	科學建制森嚴,科學工作學院化	學術工作者、科普寫作者	核心老化,編輯、銷路難有起色,有接班危機

　　除了每一「世變」在不同「年代」的縱向變化之外,每一「年代」橫向各「世變」之間相互的關係,也請讀者留意。由這張表可以看出:雖然科月人主張事在人為、操之在我,希望「英雄造時勢」;但在某些方面,整體歷史的發展不隨少數個人意志而轉移,「時勢造英雄」的成分不可避免,《科月》未來的命運將為社會所決定。

　　但是,難道科月人40年的努力,將是「船過水無痕」?1980年

代擔任過八屆總編輯的曾惠中(東吳微生物系),在《科月》200期時寫下這段文字:

> 每回參加科月的有關會議,常感受到挫折的是業務推廣的不易與社會大眾的冷漠回響。「我們的努力會白費嗎?」經常這樣問自己也探尋別人的答案。在這慶祝二百期之時,閃入腦際的結論卻是:科月對於國內的科學教育與科學發展,有肯定的歷史性貢獻。是的,「歷史性的!」
>
> 由於多年來同仁們辛勤的耕耘,付出無數不計代價的心血,今日國內科學發展的環境與科學傳播的態勢,已和創刊時期大不相同,這段演進過程仔細推尋其脈絡,則無一不與科月相關。[131]

《科月》重視原創性與前瞻性,兢兢業業介紹新知,實事求是評論科教問題,呼籲國人重視生態保育,舉辦通俗科學演講、成立「尊親科學教育基金會」、籌辦《科技報導》雜誌、《國中生》雜誌、《牛頓》雜誌,舉行各類座談會……,雖然一時看不到速效,但是卻有綿遠流長的影響[132]。所以他相信,《科月》功不唐捐,科月人努力不會白費。

的確,我們不能以成敗論英雄。就個人生命而言,40年很長,40年而無所成,令人悵恨;但就民族生命而言,40年很短,要將一個文化移植到本土,自然不是一代人所能爲功。

不過,科月人以儒家使命感爲動力,以救國濟民爲目標,以科

---

131 曾惠中,〈我們的努力會白費嗎?〉,《科學月刊》,200期,1986年8月,頁572。

132 曾惠中,〈我們的努力會白費嗎?〉,頁572。

學理性為手段，他們本身就是中西文化奇妙的混合體。他們所批評的台灣社會，何嘗不也是中西文化的混合體？一方面繼承中國文化小傳統（陰陽五行、釋道信仰），另一方面以另類方式呈現現代性——包括政治民主化後的民粹傾向，媒體自由化後的新聞八卦當道，科學建制茁壯後的科層化現象，莫不如此。

中西兩種文化交會碰撞的時間尚短，目前誰也改變不了誰，只能各自尋覓生存空間，想辦法和平共存，混搭、拼貼，道並行而不相悖。科月人所期待的那種理性、劃一、純粹的啟蒙現代性，恐怕永遠不會在華人文化地區發生——即使在西方，恐怕也從來不曾發生過。（2010年世界足球大賽期間，德國「章魚哥」保羅預測賽事百發百中，風靡全球，不就說明了這一點？）

最後，且讓我們也以中西合璧的方式，拼貼出台灣思想史上科月人的形象。科月人如夸父逐日，「科學生根」是那個老是懸在遠方的太陽。科月人又如薛西佛斯，《科學月刊》是那塊吃力推上山又必然滾下來的巨石。但是，薛西佛斯在看似徒勞的奮鬥中，證明了自己生命的存在。而巨人夸父，在他碩大的身形倒下之後，落地的手杖化為豐美的桃林，讓後世的逐日者可以停歇腳步，滋潤焦渴的唇舌。沒有走完的路，就讓下一代繼續走吧！

2010/11/17 初稿
2011/4/9 刪節稿

李淑珍，台北市立教育大學史地系副教授。

香港：
解殖與回歸

終於需要面對未來：
香港回歸及其設計上的錯誤

呂大樂

一

　　說起來這或者會令人覺得很奇怪，但事實卻是如此：到了現在，香港脫離殖民統治和重新成為中國一部分的第十四個年頭，香港人——由政府高層到一般市民——依然未有認真做好準備，在不同領域及方面去面對回歸、「一國兩制」及它們所帶來的挑戰。

　　必須在此說明並且強調，我所指的狀況並非一般親北京人士口中所謂的「民心尚未回歸」（即港人依然依戀英國殖民統治，抗拒中國）的問題。在他們眼中，1997年後香港所發生的種種問題，基本上都是香港市民在心理上還未調整過來的結果。這種論調一方面反映出他們對港人的價值、取向與心情缺乏深入了解，以至對問題的性質沒法好好把握；而更重要的另一方面，是這種理解不單不能幫助他們更全面的認識香港在整個回歸過程中所出現的問題，而且在某個意義上，這只會將問題都推到港人的主觀因素之上，迴避了思考香港的政治過渡所存在的各種深層矛盾。明顯地，這對於更準確的認識問題所在，並且作出適當的回應，幫助不大。

　　本文擬檢視當年在設計一國兩制的制度安排及制訂基本法時所

遺留下來的一些問題，並指出它們對1997年以後香港社會發展的深遠影響。如前面所說，在過去的一段日子裡，香港社會並未很有系統及深入地反思那些問題，以至回歸多年以來，一直感到一種難以表白的侷促與焦慮，未能釋放出新的活力。受困於此的香港社會，經常在既定的框框裡碰碰撞撞，無法找到新的定位與方向，更難言有所超越。本文旨在拋出一個反思的議程，希望對於香港社會要擺脫這種狀態有一點幫助。而對香港以外的讀者而言，這或者可以有助於吸收有關的經驗和教訓，以免犯下一些不必要的錯誤。

二

　　說起九七回歸這個話題，千頭萬緒。自1997年至今，轉眼已經十多個年頭。理論上，香港人總該早已發展出一點點事後的智慧，總結一下當中的一些經驗。但擺在我們面前的情況，又並非如此。問題陸續浮現，可是卻少有人真真正正發掘一下矛盾所在之處。而表現不濟的特區政府很容易就成為了眾矢之的、公眾議論的焦點、各方攻擊的對象。如此這般，你一言，我一語，詞鋒尖銳，火花處處；坊間並不缺乏批評、討論，但就是沒有認真總結。把問題都推到政府無能、政治領導力有未逮，說來容易，或可滿足一時之間的情緒發洩，但這通常未能對準問題的焦點，無助於尋求問題的答案和解決辦法。在香港，總結經驗之所以如此困難，我相信是跟一些思考上的障礙有關。

　　這個問題可分兩個層次來討論。首先，是關於整體上一國兩制的構思。第二，是由於缺乏一種前瞻的視野，到落實一國兩制之時，於操作上逐漸產生各種矛盾。

　　關於第一個問題，這往往由於政治敏感——難道有意挑戰鄧小

平的創見及國家對香港的基本政策？——政治體制中人基本上從來不敢將現實中的香港社會問題，聯繫到基本法與一國兩制的框架上所存在的矛盾與不足。至於體制以外的反對派，則大多將注意集中在政治的方面，尤其是圍繞著高度自治與北京有無干預香港事務的話題，而少有研究操作層面上的種種問題。但這種對所謂操作層面問題的忽視，其實有著深遠的影響：最為明顯的，是對於香港成為中國的一個城市，並無具體的對策，同時亦沒有為這處地方和這個社會構思出一個將來、一個方向。

我認為要了解目前香港社會的根本問題所在，必須回到當初處理香港前途問題時的政治、社會環境。在1980年代初，當香港面對中英雙方就前途問題展開談判之時，基於對中共及社會主義的恐懼，社會上的主流意見（無論是否認同香港乃中國的一部分）是要保持現狀不變。在這樣的大前提底下，結果是我們給香港社會制訂了一份治港藍圖，完全不能應付日後因去殖民地而產生的政治轉變，及宏觀的全球與區域經濟變化所帶來的衝擊。用「我們」（意思是香港人作為一個集體）一詞，並非想為當時一些體制內的保守派及其思想掩飾。當然，1997年前曾有資產階級出賣了香港之說，當中不無道理。但若我們因此而以為當年很多想法，只因既得利益的取向保守和抗拒轉變，以至整個九七過渡的安排追求不變，則肯定是將問題簡單化了。本文之所以強調「我們」，乃因為在1980年代的香港，社會各界（不要忘記，當時連親中人士也大量移民）均不想改變現狀。那種爭取保持現狀的強烈要求，成為求變的重大阻力。當時有的人怕共產黨，有的人怕改變長年殖民管治下的利益分配及其相關的制度，有的人認為要防止所謂「社會福利派」坐大，有的人反對民主化，亦有不少人想過延續英殖管治；總之，各種恐懼、憂慮皆有。「不變」成為當時最多人的共同意見。出現一份保守的治港藍

圖，恐怕是當時的主流意願。當時在絕大部分人的心目之中，所謂
九七回歸最好就只不過是形式上更換國旗、國徽，其他一切照舊，
沿用過去的制度與安排，事事如常，將轉變減至最低程度。

　　但這種不變的想法嚴重低估了去殖民地化所產生的政治衝擊；
殖民時期所壓抑的政治提問──特別是關於政治授權與政治正當性
這兩方面──於1997年後成為市民大眾天天向特區政府提出的問
題。事後看來，當年有關人士沒有想到這一點，頗為不可思議。但
看漏眼的又豈止於這一點？一廂情願的以為公務員隊伍只是一部機
器，更換了「控制員」亦不會影響它的操作，是另一個大問題。在
忽視或輕視這一點的背後，是一個有問題的假設。當年很多人以為
香港基本上是一個「經濟城市」，大可沿用殖民政府那種非政治化
的管治手段，經營一個「行政管理型的政府」（administrative
state），追求效率與效能，便可以應付社會對政治制度的要求。從
這個角度來看，只要維持公務員隊伍的完整性，管治就可以順利過
渡。結果呢？整部政府機器漏洞百出；開始時以為是第一任特首董
建華先生的個人問題，後來公務員的神話自行破滅。以不變應萬變
的想法，顯然是不切實際。

　　在政治改革方面，一國兩制的構思並沒有正面面對如何建設一
個面向未來的政治制度的基本問題。事後證明，迴避民主化及其制
度建設的問題，政治代價相當巨大。1997後香港一直在管治上出現
問題（由最戲劇性的特首在未完成第二任期便辭職，到特區政府長期
管治威信低落，經常受到挑戰），就是沒有理順政制所存在矛盾的結
果。

　　在經濟方面，當年的假設是只要香港保住資本主義經濟制度，
而中國大陸那一套社會主義制度不強加於香港，便可以保證經濟繁
榮。於是，基本法開宗明義：「為了維護國家的統一和領土完整，

保持香港的繁榮和穩定，並考慮到香港的歷史和現實情況，國家決定，在對香港恢復行使主權時，根據中華人民共和國憲法第31條的規定，設立香港特別行政區，並按照『一個國家，兩種制度』的方針，不在香港實行社會主義的制度和政策。……保持原有的資本主義制度和生活方式，五十年不變。」[1]這樣的設計背後顯然存在一種對資本主義經濟的優越性的肯定，以為只要社會主義經濟元素不要越境來犯，便足以令香港經濟繼續繁榮。明顯地，這些理解是建立在一些相當簡單的假設之上。這包括兩方面：一是它們建立在一種資本主義與社會主義二元對立的理解之上，忽視了兩者各自的變化與互動；二是嚴重低估了香港作為一個資本主義經濟，所可能需要面對的問題。前者導致一種靜態的理解與分析，關於這一點在後面再談。而後者則令整個香港社會在1980-90年代裡未有正視很多隱藏於表面繁榮背後的矛盾——例如因經濟轉型、工業生產北移而對本地勞動市場、機會結構所造成的衝擊。香港人滿以為只要維持資本主義經濟，便可以令香港遠遠超前於中國的經濟發展，令後者長期需要依靠這個窗口來接觸世界經濟，而同時又可充分利用內地的資源以作進一步發展（例如工廠生產北移之後，在香港與珠三角之間所出現的「前店後廠」〔即香港集中於高增值的工序並充分利用它在商業服務的優勢，而內地則扮演腹地的角色，為廠商提供廉價的土地、勞動力及其他生產資料〕的產業空間布局）。

香港在1997年以後，整個特區於制度運作上不斷遇到問題，矛盾一個接一個的爆發，很大程度上是由於當初的設計並無認真考慮到將來隨著政治過渡及宏觀轉變，而在政治及經濟兩大方面所需要

1　一國兩制經濟研究中心，《中華人民共和國香港特別行政區基本法》（香港：一國兩制經濟研究中心，1992），頁5。

進行的根本改變。當年追求「不變」的妥協與共識，日後成為了一種阻礙社會發展與改革的障礙。

三

在操作上，現實中的問題遠遠較當初所想像的複雜得多。

在1997年前，各界之所以會認為在政治及經濟制度不變，乃香港應付一個不確定的政治前景之良策，除了是那個歷史時刻底下各種利益之間的妥協之外，還因為在那個時候大部分香港人——再次強調，是由政府官員、精英階層、以至平民百姓——的確相信廣義上的香港經驗或發展模式，是大家都覺得是成功的、令人滿意的、應該一直延續下去的制度安排。至了今天，儘管很多人不願意承認自己懷舊，只顧回想昔日所謂美好的日子，但實際上在他們口中的「黃金歲月」，或所採用作為比較的指標，主要還是以香港社會在1970年代中至1980年代初的狀況為參考。於是，在設計基本法的過程之中，存在一種「急凍」(冷藏)思維[2]——嘗試將當時認為能幫助香港成功，保持繁榮安定的元素，統統固定下來，寫進這份小型憲法裡，然後到了1997年7月1日便進行「解凍」，應用到特區管治之上，便萬無一失，一切順利過渡。

陳冠中先生對此似乎亦有同感，他指出：

> 回歸十年，香港特區的體制、管治指導思想和內部問題，很大部分帶著80年代的烙印，故可以說，過去十年更多是回歸前的

2　呂大樂，《唔該，埋單：一個社會學家的香港筆記(增訂本)》(香港：牛津大學出版社，2007)，頁132。

延續而不是斷裂。這恰好是符合中英聯合聲明和基本法的願景，因為保留80年代的香港制度到1997後五十年不變正是兩者致力所在。不過，在地緣經濟發生變化的全球化時代，我們80年代成形的這點成功經驗很明顯不夠用。[3]

　　陳先生繼而指出：「或許我們未能因應中國和全球化的新形勢與時俱進，或許我們根本沒有全面準確的理解香港的成功經驗，特別是政府應該扮演的角色」[4]，以致在1997年以後，問題處處，困難重重。但我相信，我們的問題並不止於過去的成功經驗「不夠用」。首先，必須明白，如前面一直強調，基本法這份治港藍圖不但沒有預見九七後香港社會在政治方面遇到的難題，對於大陸內地所可能出現的變化也沒有正確評估。我所針對的並不是當年有關人士對內地在1990年代以來所經歷的轉變缺乏預見（擁有這份遠見的恐怕只是極少數），而是出現這樣的落差的背後，是當時的分析與假設全屬靜態，根本沒有細心想過兩地的互動及其引伸出來的種種可能性。一份建基於靜態分析的治港藍圖，到應用之日難免會出現很多問題。

　　之後所發生的事情，是香港人在過去這14年裡的親身經歷，相信就算未有完全一致的理解，也肯定有不少相同的感受。正如北京的領導層所言，香港社會存在深層矛盾；這些矛盾的產生不在於人心尚未回歸或外在環境有變，而是原來的治港藍圖及其制度設計根本沒有認真想過未來，難以應付內外環境的轉變。在過去這段時間裡，香港更換了「操作員」（特首下台），也試過更換零件（引入了政

3　陳冠中，《下一個十年：香港的光榮年代？》（香港：牛津大學出版社，2008），頁79。
4　同上。

治問責制），但同樣的問題──政府的民望及權威低落，它處於孤立的狀態，批評來自四面八方，缺乏有效施政的能量；整個社會缺乏新的動力，失落焦慮反覆出現，一直纏擾特區政府和香港社會。

上文所討論的這種靜態思維還造成了另一大問題，這就是在操作的另一維度上，基本上完全沒有準備好要面對中港融合這個大題目。當初在構思「一國兩制」時，其實並未有認真想過，當香港──就算作為一個特別行政區──成為中國的一部分，跟周邊區域緊密聯繫起來以後，將會是怎樣的一個局面。

以前的想法簡單而且直接，認為只要香港能夠保持它的國際聯繫，繼續面向全球經濟，將來便無往不利，可以憑著作為全中國最為全球化的城市的地位，在國家發展過程中扮演一個舉足輕重的角色。在1997年前後，大部分人的注意力都在於香港的全球聯繫之上──因此大家的討論，限於外國企業會否繼續利用香港作為它們在亞太地區的營運總部、香港的國際化程度有無下降（例如年輕一代的英語能力是否大不如前）之類的題目。能否保持這些重要的全球元素，將決定香港的未來發展。這些討論背後的一項假設是，香港作為一個全球化城市將繼續面向世界，而它的發展在一定程度上乃獨立於周邊的區域環境，可以自成一體，並因此而繼續為中國經濟作出貢獻。在這種全球視野的引導之下，香港未有注意到回歸之後，它將會與周邊區域有更緊密的聯繫。而由於未認真正視這個問題，香港社會也低估了中國內部發展所可能帶來的衝擊。舉一個例，香港無論在回歸之前或以後，都未有評估及預測中國內部（特別是珠三角地區）的長遠發展和它對香港具體的影響。當然，對於中國在過去三十多年經濟開放改革所帶來的轉變，不可能完全視而不見。但奇怪的是，有關的討論往往都只是抽象的、宏觀的（例如口號式的呼籲「中國好，香港好」或「國內商機無限」），鮮有認真嘗試將香港嵌

於這個新的環境之中,並了解港人於生活層面會因此承受的衝擊。

　　長期以來,香港對於回歸之後整個社會狀態的了解,是建立在一種中港兩地只存在有限度接觸的假設之上。在1980年代(以至1990年代初)的社會、政治環境裡,這既不難理解(因為恐共心理相當普遍),而且亦可以視為當時港人的主觀期望(因為希望來自內地的影響愈少愈好)。基於這樣的心理狀態,在啟動回歸及其政治過渡的過程之中,甚少認真估計中國自1978年開始開放改革,於20年後(即1998年)會是怎樣的一個局面?30年後(2008年)又會如何?到時內地跟世界接軌將會達至甚麼程度?香港跟內地會發展出怎樣的經濟及空間上的分工?以上種種對有關形勢的評估,於1997年前與後均未有深入的分析與討論。就算略有討論,基本上主要也在於香港進入內地這個方面,而未有全面評估兩地的互動及各種資源與活動的雙向流動。香港未有就此作出評估,可能是高估了自身的優越性,也可能是低估了中國大陸的發展條件,以為它會長期滯後;但無論如何,一個中港兩地全面融合與互動的圖像,從來未有認真思考過。

　　但1997年後形勢快速變化,踏入21世紀之後轉變尤為明顯,而到了2003年經過一場「沙氏」所帶來的衝擊之後,中港兩地此消彼長,主動權逐漸落在國內手裡。在區域融合及加強人流的情況下,一些新的社會現象陸續浮現。首先,是內地孕婦來港產子,令本地醫療資源之運用與分配成了為公眾所關注的題目。再而是父母均非港人而在港出生嬰兒的數目快速增長(2009年全年共有29,000個案),這對未來人口發展(因這些嬰兒擁有居港的權利)注入了不明朗因素。新近發展則是內地消費者來港搶購奶粉。以往本地新聞媒體對上述現象有所關注,多從資源與利益的角度(例如本地公共資源是否為外來人士所占用,又或者面對這些情況當局應如何保障港人利

益之類的關注點)出發,而少有考慮各種表徵所反映的更深層社會轉變。

　　近期大量內地人士來港購買奶粉,造成供應短缺及漲價事件,反映出近年香港社會經濟的一些微妙變化。當年制定基本法的時候,其實並未充分估計內地社會經濟環境因開放改革而可能出現的轉變。當時的設計是建基於中港兩地人口並不會相互自由流動的假設之上,基本上沒有考慮到日後會有一天,內地人民可以以相當方便而且快捷的方式進出香港。同樣的情況可以應用到內地來港旅遊之上。以2009年為例,內地來港遊客達1,790多萬人,占全年外來旅客的60.7%。而在2011年農曆新年期間由中國大陸到港旅遊人數,有66萬多人,差不多是香港總人口(約709萬)的十分之一。現時市區內主要購物區的商店多轉為售賣手錶、金飾、化妝品及名牌消費品,慢慢改變市區的經濟文化生態,跟內地遊客大量湧至,不無關係。總而言之,在過去數年之內,中港兩地互動的形勢出現了明顯轉變,提醒香港人需要認識現實——以往一些假設已經變得不切實際了。

　　當然,必須承認,今天我們所見到的局面,在當年的環境裡是誰也沒法能夠想像得到的事情。但問題是,自踏入2000年,見到內地經濟進一步快速增長之後,而仍然未對中港兩地融合的速度及所觸及的生活範圍作出估計與預測,則顯然是嚴重地落後於形勢。首先,今天兩地融合所帶來的經濟活動與人口的流動,已不再是單向由香港出發,而是雙向互動。再者,中國大陸是一個龐大的經濟實體,在數量及規模方面,它絕對可以對香港造成巨大衝擊.這些情況跟其他地方的經驗明顯不同,來自內地的衝擊足以對香港產生支配的作用。第三,香港不可能再簡單的假設,自身能對境內以及周邊發展理所當然的擁有支配作用。今時不同於往日,中國大陸的經濟發展、城市化、區域整合等已形成一股動力,有其本身的邏輯與

勢頭。而這個快速的發展過程基本上並不一定需要香港的參與、配合，更不一定需要由香港來扮演領頭、先導的角色。時至今日，中國大陸的社會經濟發展已有它的一套議程，會按其本身的需要而衍生出各種部署和發展策略。這會直接影響香港周邊的環境與布局，再而間接影響香港的位置與功能。這也就是說，若香港本身不採取主動的話，它不可避免地會變得被動，由宏觀的環境轉變所支配。

以1980年代的香港經驗為準，同時應用了一種靜態的分析來待回歸，在操作上完全無法暢順運作，而且更難於面對新的環境。更深層的問題是，以上所講皆反映出香港面對回歸，其實不是指向未來，而是以過去為準。這說起來是極大的諷刺：當年面對一個不確定的將來，不是應該高瞻遠矚，超前想像的嗎？現實的情況是，在香港的發展藍圖裡，目光是朝著後面的方向，未來的圖像取自過去！

四

當整個社會困於這樣的一個悶局之中，香港市民躁動不安，不難理解。一種回應的方法是以1997年作為座標，然後衡量香港自回歸以來社會倒退的程度。雖然沒有很多人會親口承認自己是以1997作為比較，但在他們的分析裏，經常不經意的流露出一份覺得目前的香港社會大不如前的感慨。因此，也有很多人錯誤閱讀，以為這就是人心尚未回歸，香港人仍然心繫殖民年代。但想深一層，這其實並非懷念1997以前的日子，而是對未來更加恐懼。香港人愈是對前景缺乏信心，便愈想以1997作為一個參考框架，來批評整個社會正處於一種向後倒退的狀態。面對一個弱勢的特區政府，這是一種比較容易令人覺得易於使用的解釋——總之今不如昔，就是問題。但在批評的過程之中，就只有這種不如往日的比較，而缺乏了如何

向前踏出一步的思考。

　　不過，諷刺的是，而我們心底裏亦知道，根本不可能將時鐘撥回到1997或前。這不單只是時光不能倒流，而且回歸以來種種問題讓大家認識到，將1997前的制度照搬過來也肯定是一條死路。治港藍圖之失敗，正在於當年錯誤地以為「不變」是解決問題的良方；可是實踐經驗正好說明，延續舊制度不是出路。當前香港社會的最大困難在於目前這種舉步維艱的處境。北京與特區政府的回應是抱殘守缺，捱得過一天便多一天日子。社會的回應則是緊緊抓住1997不放手，不敢正視那不確定的未來。

　　這也就是說，很多香港人仍然不自覺地擁抱著「不變」。他們對特區政府有很多不滿，提出了不少批評，但議論的方向及所採取的相應行動，表面看來是尖銳、激烈，但實質上卻還是未敢於面對未來，或更積極的建構將來。他們口裡說著要求改變，但實際上，並不敢重新審視香港的條件和周邊的新環境，然後尋求創新，主動求變。

　　香港人不習慣(大概也不喜歡)規劃，往往因此也很少會主動想像，究竟三十多年之後的香港將會是一個怎樣的面貌。這一種惰性也令我們很少主動提出要求，究竟到了2047年我們應該有一個怎樣的社會？有怎樣的生活？有些什麼選擇？長期以來，香港人以為市場加上善於行政管理的政府，可以給社會提供指引，隨機應變即可，不必對將來想得太多。因此，香港人很難會發展出我個人所主張的「2047視野」，意思是香港人對自己及整個社會抱著甚麼要求和期望，並嘗試朝着這個目標進發。這種視野不再以五十年不變為前提，而是主動構思到了1997後的五十年，香港應該是一個甚麼樣的社會，中國應該是甚麼樣的國家。對於2047年的來臨，不應是恐懼的來源，而是建設未來的座標與時間表。而在訂定這一些要求和期望

時，不應再重犯過去的錯誤，害怕轉變和假設周圍環境不變，而是考慮到全球的轉變與大陸內地的變化，認真思考香港的立足點。這並不是降低要求，而是將要求提得更高——到了2047年香港在全球、亞洲、中國應站於哪一個點之上。到了2047年，香港在政治、社會、經濟等方面應該要發展出怎樣的體制，來回應社會所需和市民的期望呢？香港社會需要的是看得遠一點和敢於站到前面；只有這樣才會有方向感，擺脫「不變」的框框，向前邁進。

　　簡單的說，香港社會要扭轉現時處處被動的處境，需要重新採取主動，超越「五十年不變」的思想框架。香港人與香港社會必須思考的問題是如何改變自己？為甚麼要尋求改變？改變所為何事？香港作為中國的一部分，後者有些甚麼地方需要改變？而在這個中國社會轉變的過程之中，香港有些甚麼角色？

　　這個由被動轉為主動的過程，涉及目標、方向。如前面所說，要看得遠一點。但近年香港面對中國所發生的重大轉變，顯得害怕，甘於被動，有時甚至退縮，擔心給這股像洪水一般的巨大力量所淹沒。在六神無主的時候，香港人要敢於改變自己，全面放下思想包袱，解除心理恐懼，爭取主動，為自己定出一個方向，確定一個高度。

呂大樂，香港大學社會學系教授。近著包括《中產心事》、《凝聚力量：香港非政府機構發展軌跡》、《四代香港人》、《香港中產階級處境觀察》、《山上之城：香港紅十字會的故事》、《中產好痛》、*Hong Kong: Becoming a Chinese Global City*、*Hong Kong, China: Learning to Belong to a Nation*。

香港新本土論述的自我批判意識

葉蔭聰

前言

　　中國現代國族主義運動是充滿衝突與不確定的，正如杜贊奇（Prasenjit Duara）所指出，國族想像與國家政權的打造過程中，不乏各種抗衡性的、差異的社群想像，其中的一種抗衡衝突是地方政治共同體。19世紀末，隨著太平天國的冒起，以省籍文化認同及社會組織爲基礎的政治動員此起彼伏[1]；日本學者溝口雄三甚至把此追溯至明末清初的「鄉里空間」，由善舉、地方公事，演化成晚清的鄉治[2]。辛亥革命前後，不少省份更自行立憲，實行自治，提出「聯省自治」及聯邦統一國家的構想與動員，與中央化的大一統政治運動分庭抗禮。「聯俄容共」使國民黨在二十年代進行政治及軍事重組，北伐成功，除了展開清除共產黨勢力的白色恐怖，同時，亦打擊以

1　Prasenjit Duara. 1995. *Rescuing History from the Nation: Questioning Narratives of Modern China*. Chicago and London: The University of Chicago Press, Chapter 6.

2　溝口雄三，〈重新思考中國革命：溝口雄三的思想方法〉，《台灣社會研究季刊》（台北，2010），頁120-124。

至消滅地方性的政治社群想像與動員，令現代中國政治進入中央化的國族政治年代。

從一個較宏觀歷史角度看，中國經過第二次大戰後，國族國家——國民黨創立的中華民國及共產黨的中華人民共和國——得以確立，其他的次國族想像與地方力量被收編或消滅，這段中央化國族國家的穩定期，一直至1970年代末及1980年初，才逐漸有少許動搖。

國民黨敗退台灣，二二八事件後，以白色恐怖及威權主義在台灣維持了中國國族主義近三十年，才開始受到嚴重挑戰。由1970年代末開始「鄉土文學論戰」，隨著後來黨外運動的出現，演變至政治與文化的本土論述，例如1980年代初的所謂「台灣意識論戰」，以及日後被主導政治力量收編的省籍意識、本土論述或所謂「台灣主體性」的說法。台灣諸種本土論述的出現與衍生，發生在威權主義時代之後的新國族國家重新定位過程中，當中至少包括民主化與新國族打造兩個過程，前者催生了大規模政治參與，後者則在國族國家地位懸而未定的狀態下，誘發各種「台灣」的論述。不管是轉化中的國民黨，還是新興的民進黨，它們的各種派系，以至各種民間的力量，都在國族國家的框架中爭逐資源與合法性。

相對於台灣，香港沒有複製出一個新國族國家框架。正如不少香港學者所指出的，香港的自我意識，在持續跟國族主義、殖民主義進行商議之中發展出來。香港的誕生，便是英國在19世紀殖民主義擴張的結果，是英國帝國主義籌謀下的地緣設置，香港的重要性不在於土地的占領，而在於英國針對中國以至亞洲的地緣軍事、政治及經濟策略考量。然而，自從20世紀初，香港的地緣政治位置及意義並不單由英國所主宰，更是中國國族國家權力的角力場。不過，香港受著西方殖民主義及中國國族主義所塑造的局面，在二戰後又

有一新轉變。戰後的二十年，香港是一個國共勢力對峙下的殖民城市，兩股力量塑造著她的社會組織及日常生活。她雖以殖民城市身分在冷戰中歸屬西方陣營，可是，正如羅永生指出的，香港的戰後發展與其說是冷戰結構的一部分，倒不如說是貫穿了冷戰經驗，她無法歸屬在任何一邊的陣營，亦沒有再造自身的國族國家框架，也無法併合在任何國族國家之中，而是在國族國家權力之間，錯綜複雜地發展出自己的政治社群意識[3]。

經過1956年國民黨組織發動的暴動，以及1967年中共在港的暴動(或「反英抗暴」)後，香港社會在1970年代初，漸漸脫離國共的政治對壘及其社會組織。隨著殖民政府進行的社會改革與移民政策，及較長時間的經濟繁榮期，再加上立足本地市場的文化與媒體成長，一個漸有自我意識的群體慢慢形成[4]。1970-1980年代之交，開始出現以中產階級群體為主的政治、社會運動，他們與晚期殖民政權、國族國家及想像的碰撞，往往被「回歸」及「過渡」等等含混的說法所掩蓋。雖然在香港政治前途的談判中，本地的政治與社會力量無法正式參與，但英國殖民政權與北京國族政權卻基於各自的考量，容讓出一個似是而非的「港人治港」、「高度自治」空間，甚至在1984年中英兩國簽署的《中英聯合聲明》中，也對一個沒有清晰界定的「現行社會、經濟制度」及「生活方式」予以確認。一下子，香港由1970年代開始不自覺演化出來的「自成一體」社會與文化，既獲得了官方確認，也維持了跟國族國家保持張力的政治自主性。

3　羅永生，《殖民無間道》(香港：牛津大學出版社，2007)，頁72。

4　呂大樂，〈自我一體的香港社會〉，《閱讀香港普及文化：1970-2000》(修訂版)(香港：牛津大學出版社，2002(1997))。

　　從歷史角度看，進入1970-80年代，香港在地緣政治中的位置作出了重新調整，而香港的身分認同亦在這個新格局中發展。對北京政府這個中央化國族政權來看，香港自主性的價值在於其資本主義經濟制度：一個由殖民政權在其晚期跌跌碰碰地打造出來的制度。其實，所謂「五十年不變」的制度或生活方式，並非自在永有，不是由開埠至今一直存在，甚至不能追溯至戰後初期。該一論述所指的，不過是1970-80年代初在殖民政府治下的資本主義城市。然而，這套說法卻建立在對香港「物化」的隱喻說法上，它既是北京政府經濟改革論述產物之一，同時，它亦孕育自戰後資本主義的新地緣論述與想像，視東亞各國，包括日本、南韓、台灣、香港及新加坡為戰後資本主義經濟或現代化的新模式，甚至是經濟奇蹟之地。例如，後四者便曾被稱之為「東亞四小龍」。

　　故此，香港的自主性一方面包含在國族國家的籌謀權宜之內，另一方面與戰後資本主義地緣論述的合謀；她讓資本主義想像能在新的歷史及政治脈絡下複製及蔓延，尤其是1980年代初的中國。例如，鄧小平便曾說：「對香港的政策，我們承諾了1997年以後五十年不變，這個承諾是鄭重的，為什麼說五十年不變？這是有根據的，不只是為了安定香港的人心，而是考慮到香港的繁榮和穩定，同中國的發展戰略有著密切。……現在有一個香港，我們在內地還要造幾個「香港」，就是說為了實現我們的發展戰略目標，要更加開放。」[5] 香港是一個可以像產品一樣製造及複製出來的「地方」(locality)，一個由新中國國族國家及英國殖民政權共同想像、建構、管治之「物」。1980年代處處學習香港的深圳便是一個活生生的例子。

5　鄧小平，〈要吸收國際的經驗〉，《鄧小平文選》第三卷(北京：人民出版社，1993(1988))，頁266-267。

　　因此，自1980年代以來，香港的本土想像與論述發展，便無法完全擺脫、也無法不回應這種「物化」的地緣想像，無法自外於國族國家及晚期殖民政權對香港的資本主義式投射；它只能接受與強化，或批判與轉化。本文打算把近年出現的本土論述與運動，放在這樣的脈絡裡，檢視一下它的進步意義與局限，究竟有多大程度能走出既有的地緣政治框架。

維持現狀還是改變現狀？

　　正如呂大樂所言，「維持現狀」是香港人自1984年以來的心態[6]，成爲香港身分認同的一個組成部分；所謂「現狀」，多少契合了上文所說的「物化」想像。呂大樂的說法有其道理，可是卻跳過了太多過渡期的政治及文化的轉變，尤其是各種政治及社會力量環繞著這個「現狀」所追求的轉變。香港主流社會在1980年代，的確渴望維持香港資本主義制度以及生活方式，它既有物質與制度基礎，亦有極高的自我想像成分。不過，誠如陳景輝所指出，香港經歷了1984年的政治前途問題，以及1989年北京民主運動被殘酷鎮壓之後，在「民主抗共」的政治想像與共識中，極力嘗試在重重框架下爭取香港人的政治主體，在形式民主制度改革上，香港絕對不是「維持現狀」[7]。不過，另一論者安徒則對這段過渡期的政治動態所形成的「現狀」有一番更複雜的分析，他指出了本土自我想像的貧乏與局限。主流民主派運動在1990年代開始籌組政黨，可是仍受限以至於參與

6　呂大樂，2007，〈有落，後數！香港十年，一個社會學家的筆記〉，《明報》，7月22日。

7　陳景輝，2010，〈這是一場關乎時間的戰爭〉，《明報》，5月16日。

了建構殖民地晚期所「恩賜」的虛擬自由主義；一直至今，香港的
形式民主制度仍然沒有起碼的落實，議會只有一半左右的直選議
席，行政長官更是北京政府操控的間接選舉產物，但議員政客早已
急於對議會規則、選舉遊戲必恭必敬，政治學者把香港政情比附於
已發展的西方民主制度，公民社會組織則把自己想像成是多元而互
相競爭的「利益團體」，因而假戲真做的實踐出最後一任殖民港督
彭定康口中的「自由社會」[8]。

如果說香港在政治上本土想像貧乏，依附在晚期殖民撤退大計
與論述中，那麼，文化與經濟方面的自我認同，更顯得缺乏反省，
更深陷於「物化」想像。「大香港」身分剛在1970年代末冒現不久，
處處建構與中國（大陸）的歧視性差別來想像自我，中英雙方更在
1984年《中英聯合聲明》中確認香港這種有別於中國內地，而中國
大陸又需要學習的「生活方式」與「制度」。可是，香港社會，尤
其是普及文化產業，在1980年代中期至1990年代便即要面對回歸與
過渡。一方面受制於北京及親北京政府陣營的「人心回歸」，開始
「中國化」[9]；另一方面，充斥著大量懷舊情緒，對一個浪漫卻即將
逝去（或甚至早已逝去）的「香港」充滿了鄉愁。文化評論人的對應
則是急於在回歸路上為香港身分「正名」，大談香港的「混雜」與
「夾縫」，營造一種新地緣政治想像去建構「香港」，與中國及英
國區別開來[10]。可是，文化評論圈對地緣身分採取認同，多於清理

8　安徒，2010，〈「港式自由」崩潰之後是什麼？〉，《明報》，4
　　月11日。

9　Eric Ma. 1999. "Mediating Hong Kong Identity (I): De-sinicization." In
　　Culture, Politics and Television in Hong Kong. London: Routledge, pp.
　　19-44.

10　梁秉鈞編，1995，「香港文化專輯」，《今天》，第28期：頁71-257；
　　Rey Chow. 1993. *Writing Diaspora: Tactics of Intervention in*

文化身分中的殖民性與國族性，更不是對政治經濟脈絡的重新反思，例如香港的資本主義制度與生活，其在國際分工的位置，以至於香港在中國大陸併入資本主義世界過程的角色，這些評論人並無起碼的敏感度。把這種自我書寫放在更大的脈絡下，包括東亞資本主義及中國改革開放的處境，更曾被人批評為「北進想像」，以香港這個資本主義之身，往中國大陸北進出征[11]。因此，香港的「物化」想像受到進一步強化，披上更厚的文化外衣。

因此，不難想像，1990年代末至2000年代初的金融、地產及經濟危機，對文化身分帶來的衝擊如何巨大。回歸前一直想像的1997年後的政治威脅、危機、災難，並無即時戲劇性地發生，但是，香港的資本主義制度、生活方式，甚至是她在全球資本主義及中國資本主義化中的角色，卻率先發生了根本的危機與變化。1980-90年代香港資本主義的「安定繁榮」，一下子變得脆弱不堪，那套維持不變的「生活方式」越來越變得不怎麼值得驕傲，甚至回歸後一切光環變成禍源，例如房地產及金融市場的繁榮景像，曾是1980-90年代的文化身分的物質基礎，在1997年後突然被視為「泡沫」；就算是曾令人引以為豪的公務員官僚體制，在亞洲金融危機後，在董建華治下發生連串錯誤或政商勾結，它的神話雖未立即破滅，但也日漸褪色。

本土論述：自我批判

由政治與社會運動推動的自主政治共同體，要走到這一波危機

（續）————————————————

Contemporary Cultural Studies. Bloomington: Indiana UP.

11 陳清僑編，《文化想像與意識形態》（香港：牛津大學出版社，1997）。

的盡頭才以戲劇性的方式展現新面貌。2003年的「非典型肺炎」，
引發香港史無前例的公共衛生危機，特區政府手足無措，令原來已
陷入經濟危機中的香港再次跌入谷底，造就了香港面臨危難時的共
同體感覺。事有湊巧，碰上特區政府在北京政府壓力下推動《基本
法》二十三條立法，即所謂維護國家安全法，引發了50萬人上街，
對特區政府的威信造成嚴重影響。一時間，原本寸步難行的民主運
動，好像又讓人看到了生機，幾個新的泛民主派政黨及政治組織紛
紛成立，民眾的政治訴求增大。

　　不過，政治意識的轉變，不只在於本土政制改革訴求的增強，
或社會動員的增大，以至於政治及社會參與的投入，而在於這股動
力的特性，以及對政治以外的文化及經濟的反思。與中國現代歷史
上的地方自治相比，它有更強的公民社會特性，離開了晚清至民國
年間鄉治中的民間官紳的共治，發軔與發展於民間。然而，它又有
別於晚期殖民時期的資本主義「物化」的自我想像與管治，採取一
種自我批判的姿態。在過去五、六年間，我們看到本土論述由文化
開始，例如由2004年左右開始，灣仔利東街(喜帖街)重建問題引發
了許多學者、媒體工作者、藝術家、社運人士等等關注，他們由社
區網絡及地方文化切入，直指政府推動的地產發展模式。2006-2007
年的保衛天星碼頭、皇后碼頭運動，產生了一個名為「本土行動」
的組合，進一步把「本土文化」提上社會運動議程。若仔細考察這
些運動彰顯的本土身分，可以發現它跟1980-90年代的「身分熱」有
根本上的轉變。

　　跟過去的本土意識中的「大香港」心態不同，所謂「本土」不
是與中國的文化或政治對抗，而是對抗香港自身的經濟力量，反抗
政府主導或鼓勵的、資本主義式房地產發展，反對的對象通常是大
型拆遷、地產發展的空間改造，以資本增值為目標。因此，我們可

以理解，為何龍應台這位異地來港的知識分子提出對「中環價值」的批判，會得到那麼多人響應，一時成為流行媒體語彙[12]。因此，本土論述並不預設一個香港以外的他者作為批判對象，而是對香港自身歷史及政經構成的自我批判。例如，保衛天星及皇后碼頭運動牽動了對香港的殖民性格的反思，它指向一個延續自殖民時代至今的行政暴力及不民主體制，一種由殖民政府遺留下來的發展價值——不斷以填海來配合資本及政權的空間擴張。2009年底開始的菜園村反高鐵運動，矛頭指向大型基建，以及它所支撐的更大規模的珠三角都市生活(所謂「一小時生活圈」)。因此，跟1980年代確認香港資本主義制度相反，在運動中出現的本土論述充滿文化語調及語彙，批判香港的資本主義、發展至上論。

我這裡不妨引述一段保衛天星、皇后碼頭運動參與者的話：

> 這些地方的消失，是代表甚麼東西消失、甚麼歷史的消失、是哪一段歷史的消失……第一個是66年4月4日，有一個男人叫蘇守忠，當時天星碼頭加價，杜葉錫恩收集了四萬個簽名〔反對加價〕都〔影響〕不到政府，於是有一個人叫蘇守忠，他很勇敢，走出來，抗議絕食，這個人見證了香港公民社會的開始，見證了你與我第一次行出來對政府的做法說不……接著，1970年，……在皇后碼頭對開的愛丁堡廣場集會，爭取中文成為法定語文……1971年，保衛釣魚台運動……我想講甚麼故事？香港歷史，大家以為只有一個，一個由小漁村變金融中心的歷

---

12 龍應台，〈香港，你往哪裡去？對香港文化政策與公民社會一點偏頗的觀察〉，《龍應台的香港筆記@沙灣徑25號》(香港：天地圖書，2006)，頁21。

史⋯⋯由66年到現在，是一段甚麼歷史呢？是香港市民走出
來，向不合理說不的歷史⋯⋯我們要為香港重新寫歷史，是寫
一個不是由小漁村變金融中心這麼簡單的歷史，是一個香港人
會站起來爭取我們自由、人權、民主的歷史。（朱凱迪，2007
年7月29日在皇后碼頭公開論壇的演說）

2007年保衛碼頭運動強調的比較多是歷史象徵意義，2009年開
始的菜園村反高鐵運動，則更指向本土社區、土地與生活。一篇署
名為「第四代香港人頁言」名為〈解殖紮根，由菜園村開始⋯⋯一
封由第四代給香港人的家書〉的文章，不單把這個運動與香港殖民
歷史扣連起來，也連繫上更早年的歷史建築保存運動，包括1970年
代末反清拆九龍火車站，以至2007年的天星及皇后碼頭運動，這些
運動通通視作「紮根」的過程，結尾文章這樣寫：

這時候我想起菜園村的村民，他們一代又一代地在菜園村耕
種，家人鄰舍關係緊密，自給自足。多年來，他們生活於英軍
軍營的旁邊，政權的符號無礙他們平靜的生活，他們也只是日
復日地耕種，慢慢地建立與家人、與鄰舍、與土地的關係，歸
屬感，就是一點一滴的沈澱出來。
保留菜園村，讓我們在這片小小的土地，開始學習面對殖民歷
史，踏上紮根之旅吧！[13]
跟1980年代的「生活方式」不同，「本土」要追求的並不是一

13　第四代香港人頁言，〈解殖紮根，由菜園村開始⋯⋯一封由第四代
　　給香港人的家書〉，《香港獨立媒體網》，2009-06-26，
　　http://www.inmediahk.net/node/1003695。

種既有的涵蓋大部分香港人的生活方式，不是中英在1980年代曾確認的「現行社會、經濟制度」，反而是爭取各種已經消失或快將消失的歷史、空間及生活方式。媒體稱之爲「保育運動」，此詞在香港的使用已超出了一般文化或歷史保存運動（preservation movement）的含義，保存的對象也不止於歷史建築，而更具有烏托邦理想味道，所追求的可簡稱之爲「家」。由利東街開始，唐樓、小商舖、小店街道成爲家園；「本土行動」扭轉天星及皇后碼頭的歷史空間意義，提出保存抗爭歷史及常民的公共空間；菜園村反高鐵的運動，蘊釀出另類的經濟生活——有機作耕作、鄉郊社區等等。這些異質的空間、價值及生活理想，由「家」來串連起來。

　　這一連串運動的參與者與論述資源，又跟民主政制運動配合，當中透過標榜世代身分的「八十後」青年尤其突出。2009年夏，一群年輕人以「八十後六四文化祭」名義紀念1989年天安門民主運動的20週年；接著，2009年底，菜園村反高鐵運動發展出「八十後反高鐵」的青年人網絡，後來演化成「八十後反特權」。他們成員有重疊，亦有不斷擴大之勢。特別是到了高鐵爭議時，由於撥款獲得大量「功能組別」選舉產生的議員所支持。在這群年輕人眼中，一小撮由工商界及專業精英小圈子選出來的議員，竟然把持著香港的發展方向，所以，讓反高鐵年輕人感受到「功能組別」象徵著香港政經特權階層，這些特權階層更往往得到北京政府的「政治祝福」。因此，到了2010年夏天，他們成爲反對香港政府保留「功能組別」的政改方案的一大主力，亦成爲批判以民主黨作代表溫和泛民的聲音之一。這個轉化過程，令香港的民主運動由1990年代的政黨操作，變得具有多一層基進民粹主義的（populist）情感元素，對許多民眾來說，爭取普選的目的不單是代議政制的確立，而且是讓小市民感受創造新政治、新生活的可能。

小結：破地緣想像與批判

　　以上的闡述具有一定的選擇性，對香港本土認同論述的流變也許缺乏全面性的掌握，失諸偏頗。事實上，由1970-80年代所形成的「大香港主義」，並沒有消失。可能隨著中國的經濟崛起，這種本土認同少了幾分自傲，多了幾分排斥與恐懼，扣連上不同論述。我們從許多事例中看到相關跡象，例如，2000年左右，隨著「港人內地所生子女居港權」的爭議，形成了排斥「中國大陸」的民粹情緒；這幾年間，2011年3月，香港政府為緩和公眾壓力，決定派發6,000元現金予全港市民，引發網絡上有人反對政府把新移民包括在內，甚至產生了保守右傾的「本土力量」（從成員及論述上都大大有別於之前的「本土行動」）。同時，排外的香港地緣認同及意識，在近年許多議題上持續發酵，例如內地孕婦來港產子的爭議等等。

　　與以上的排外地緣認同相對，新近出現的本土社會運動多了不少批判性，筆者姑且稱之為批判的本土論述。它除了要持續與「大香港意識」抗衡及辯論外，也不得不面對北京政府這個國族國家。在去年的政改方案一役中，批判性本土運動作為近年所謂「激進民主派」的一部分，迫使北京政府拉攏溫和派（民主黨及民協），在政改方案及進程上做了少許讓步[14]。不過，與此同時，北京政府積極地分化及收編香港的公民社會及政黨，與香港親北京政治力量（包括傳統親共政團及社團，以及工商界精英）合力，極力邊緣化所謂「激進派」。批判性本土論述除了要面對被邊緣化的處境外，亦要面對

---

14 Ho-fung Hung. "Uncertainty in the Enclave." *New Left Review* 66 （Nov/Dec, 2010): 55-77.

「一國兩制」的框框。回歸後，香港繼續扮演中國大陸的「離岸公民社會」功能[15]，容納異見媒體、出版、資訊流通等等，以及提供有限空間讓民間團體活動，但是，社會運動與政治實踐仍然難以跟國內連結。主要原因是國內的維權力量在黨國日趨嚴密的監視下，由2003年起被嚴重打壓得難成氣候，因此，香港只能停留在1989年以來聲援異見人士的角色，近年包括聲援胡佳、劉曉波、艾未未等，極其量只多了互聯網上的互通聲氣。國內部分媒體雖因反高鐵多留意香港的本土論述，但影響力還是有限，大概只有廣州的年輕人，因為接觸到香港媒體及共同方言，所以才有較顯著的互動，在2010年7月至8月間廣州的「撐粵語」遊行及其他零星的保育訴求中，稍見動靜。總言之，批判性本土論述的影響力，多少被圍限在香港這個小城之中。

　　不過，本文想強調的是，從社會運動角度看，香港的本土論述明顯地發生了變化。一種並不圍限於地緣想像框架的本土意識與論述正在形成。新本土論述跟1980-90年代的香港意識相比，具有較強的自我批判意識，對香港的殖民特性、資本主義制度、都市消費生活方式等採取批判。同時，相對於1980-90年代的本土意識與民主運動的關係，它更能激發出一種民粹式的情感，試圖擺脫全球資本主義及國族主義對香港的地緣政治定位，反抗「物化」的定型，轉而追求一連串帶有烏托邦理想的意象，一個即將消失的「家」，一個懸而未決的政治社群，一種有待實現的生活方式及身分認同。

　　若把這套批判性本土論述放在一個較宏大的歷史脈絡去考察，

15　Ho-fung Hung and Iam-chong Ip. 2011. "Hong Kong Democratic Movement and the Making of China's Offshore Civil Society." Paper presented at the North American Chinese Sociologists Association Conference, Las Vegas Nevada, August 19, 2011.

我們會發現，它之所以可能發生，是在一連串地緣政治力量中發生的。香港過去一直被延後的非殖民化，以及其身處於國族力量之間，以至於晚期殖民的政經文化發展，令它既不可能再併入殖民版圖，亦沒有過早併入國族國家。然而，更重要的是，1980-90年代的新地緣政治經濟籌謀與控制，遇上了上世紀末的重重危機，本土意識在新一波的民間運動中轉化成自我批判，以及對新家園的追求。在「一國兩制」之下，香港的批判性本土論述，跟國族國家持續緊張，短時間之內，它不容易觸發更廣泛的地方自治力量，但從長遠來看，它持續擾亂國族國家，維持抗衡性的地方政治共同體傳統。

葉蔭聰，任教於香港嶺南大學文化研究系，研究興趣包括中國城市社會文化、香港社會運動、文化保育政策等。近著包括《為當下懷舊：文化保育的前世今生》與《草根起義：從虛擬到真實》（編著）。

1960-70年代香港的回歸論述

羅永生

　　1997年管治香港的權力由英國轉移至中國手上。一直以來，中國以「香港回歸」稱之。因爲環繞「回歸」二字所發展出來的各種論述，一方面可以讓中國宣示自己與英國交涉及談判的立場，也即不承認「三條不平等條約」有效、標示中國對香港的主權從未完全失去、並且迴避了1997年問題是因爲「新界租約」期滿的尷尬。另一方面，「回歸」也展示出中國的歷史觀點，以香港自古以來爲中國的神聖領土，雖然曾經暫時離開母體，於今終於返回「祖國懷抱」。「香港回歸」這說法既否定了英國關於「主權移交」的說法，因爲這種說法使英國殖民者輕易洗脫香港的殖民歷史，不過，「香港回歸」也同時令得中國自身免於要正視在香港應進行「去殖民地化」的需要，以便它在香港接收英國管治期間所遺下的各種體制，維護既有的權力集團利益，方便它的接管。所以，香港的回歸論述，在爲中國取得香港管治權力的政策贏取了一種「政治現實性」的同時，也確立了一套政治論述的「歷史合理性」。這種「歷史合理性」與「政治現實性」的相互糾纏，鞏固了一整套政治話語，奠立了1997年香港政治轉變的一種形式上的「合法性」（legitimacy）。不過，也正因爲這套回歸論述是以某種所謂「不可抗拒的歷史潮流」的歷史大論述爲其鳴鑼開道，但對「回歸」後的政治安排具決定作用的中

英談判及基本法起草，香港人並無真正的參與，所以人們根本無法置身於這個使「回歸」、「取得合理地位的論說過程」（legitimization），沒有從中建立深切的認同，也不會去考究，這套關於「回歸」的論述構成，竟是在怎麼樣的歷史和知性條件下達成的。

　　本文的目的，並不志在完成上述這項龐大的反思工作，也不是去討論回歸是否為一般香港人所接受的問題，而是集中於檢視，在1960-70年代之交，也即政治上的「回歸」還未成為中英兩國要處理的逼切工作之前，「回歸」如何曾經在香港的知識分子中間，構成一個論戰焦點。這些爭論的出現，遠早於1980年代的中英談判出現，但這些爭論卻設定了往後香港人身分認同紛爭的基本面貌。這場論爭的角力，出現在1960年代香港親中左派發動的「六七暴動」之後，對「六七暴動」的社會歷史影響作了註腳，所以，從中我們也可以管窺當時使「回歸」成為談論主題的各種條件和基礎。這裡嘗試做的歷史回顧，同時是針對一種簡化的香港自我敘述，這種敘述往往把1960年代末至1970年代初的香港經歷的轉變，特別是「六七暴動」，過分戲劇化地表述為一種歷史的斷裂和轉向。筆者認為，這種簡化的斷裂論述，可能掩蓋了我們去真確認識1970年代之前和之後歷史的連續性，也會模糊掉促成1960-70年代之交這場轉變在本地的思想及意識型態層面上的微妙操作。

　　就以本文要處理的「回歸」論述來說，它在1960-70年代的出現，雖然頗有象徵性地顯示了一種話語權勢上的轉移，以及香港政治思想主導權問題上的一場重組，可是，我們並不能輕率地以一種劃時代的（monumental break）轉向視之。為了釐清箇中的論述轉移，本文特別將它置放在當其時香港文化話語場域，審察其間的複雜角力和鬥爭，目的正是希望避免一種往往簡化了冷戰和中國民族主義之間錯綜複雜關係的傾向。

文化冷戰與花果飄零

要了解「回歸」論述的源起，首先要認識戰後1950年代香港的
文化思想氛圍——也即是「難民社會」和「冷戰時代」。不分少析
將1950年代香港文化歸納入一個「文化冷戰」的解釋架構下，將資
本主義的香港，簡單地劃為冷戰中的西方陣營，因而和社會主義中
國產生對抗和割裂。但事實上，文化冷戰對香港的直接影響，並不
像在亞洲其他多國，例如韓、台、菲等地，由美國冷戰的宣傳全面
主導，或由西方勢力對親共思想文化進行檢查。相反地，冷戰對香
港的影響，既有西方在香港建立反共宣傳陣地的一面，也有親中國
的「愛國左派」在香港執行反美反西方的文化統戰工作的一面。而
就以反共的這一方面來說，有香港特色的文化冷戰，也主要是透過
由美國人間接地在香港扶植（與台灣蔣介石政權有親密關係的）華人
反共盟友，透過他們那種中國民族主義，建立遏止共產主義思想的
精神堡壘，而不是由管治香港的英國殖民政府，以高壓的方式在香
港實施嚴格的反共文化政策。於是，在1950年代冷戰環境下，在香
港所伸延的，其實主要是國共兩黨在1920年代就已經開始的對抗。
重要的是，國共兩黨的對抗，只有在冷戰時期才以意識型態，也即
「自由」對抗「共產」的形式出現。筆者認為，區分這一點是有必
要的，因為雖然所謂冷戰意識型態對抗，是訴諸自由主義vs.極權主
義的二元對立修辭，但國共兩黨其實都是中國民族主義的政黨，兩
者也都是在黨組織形式上師承布爾什維克模式和一黨專政理念的政
黨。而對香港人來說，所謂冷戰對抗，往往並不意味著自由主義和
共產主義的對抗，而是兩種民族主義之間的對抗。

當其時，國共對抗主要是發生在難民社群中間，原因是1949年

之後，相當一部分同情共產新政權的香港人移返內地，而從大陸往
香港遷居的人口，則構成了一個龐大的難民社會。當中有一些人依
歸蔣介石政權，只是以香港為中轉站，隨後移居台灣。但也有不少
人抱有既反蔣介石國民政府，也害怕中共政權的態度，他們一些力
求遷移外國，包括東南亞和歐美，另一些卻自願或被逼無奈的留居
香港。

　　在這一大群離散的華人社群中間，不乏從事知識生產的文化及
教育工作者。他們當中，或受美援資助而延續文化、教育或研究工
作，或與親台文化單位合作，觀察和研究大陸的情報和動態，從事
所謂的「匪情研究」。他們以香港為寄居地，但有鑑於香港的政治
前途並不明朗，初期蔣介石所承諾的「反攻大陸」亦無望，所以不
少人盤算繼續遷居他地。居港的新儒學大師唐君毅，就曾在1961年
發表一篇文章〈說中華文化的花果飄零〉，深刻地點出了當時離散
華人群體的文化和心理困惑[1]。

　　在這篇文章中，唐君毅大力抨擊海外華人社會當中，急謀歸化
外國的風氣，指他們匆匆放棄本國的文化、語言和傳統習俗。唐君
毅大力主張文化保守主義，批判以進步或時代潮流風勢之名，或以
打破狹隘國家民族觀念為藉口，拋棄傳統的歷史和文化。唐君毅的
文化保守主義，意在批判難民和流徙社群中廣泛的文化危機。他結
合哲學思辨的口吻和激動的語調，認為華僑社將會面臨解體的大悲
劇。他寫道：「五千年之華夏民族，亦如大樹之崩倒而花果飄零，
隨風吹散，失其所守，不知所以凝攝自固之道。」[2]唐君毅對失去理

1　唐君毅，《說中華文化的花果飄零》（台北：三民書局，1976），頁
　　3-29。
2　同上，頁28。

想的進步觀大肆撻伐，他認為，「求進步而不根於理想，只是求變遷、務新奇、失本根、離故常，此並非真進步，並不表現價值，而只是輕薄。」[3]

新儒家的文化保守主義，在香港和冷戰反共話語同調，因為冷戰反共話語亦在文化保守主義中間，找到批評共產主義的武器。但其實，新儒家也批評西方的自由世界。唐君毅就在文章中寫道：「今日共產世界之大罪，正在其不守人類文化之正流而加以叛逆，而自由世界之大罪，亦正在不能自守其宗教文化道德，亦不知所以守此社會上之自由民主。」[4]所以他勸說在自由世界的人，不要只談進步，就算要談進步，亦應當為保守而談進步。

〈說中華文化的花果飄零〉一文發表之後，在海外華人社群，不斷引起討論和回響。而1964年，唐又再發表〈花果飄零及靈根自植〉一文[5]，進而批評學術文化教育中之價值標準之外在化，並大力抨擊華人知識分子社群放棄守護民族自身學術及文化的價值。他認為當今的學術風氣，是以他人之標準為標準。他認為，「必待他人之認識與批准其有價值，然後能自信自守其思想與人格之有價值之處，此即為奴隸的人」[6]，這是「由於精神上之失其信守，而進至一切求信守於他人的悲哀」[7]。這種「只居於求信守於西方人，只求西方人加以認識的地位，忘了自信、自守自己，認識自己」[8]，是一種奴隸意識之開始。

3　同上，頁23。
4　同上，頁23。
5　同上，頁30-61。
6　同上，頁34。
7　同上，頁32。
8　同上，頁33。

　　唐君毅這些文章發表的時間，正是他為了抗議殖民政府強行要削弱中文大學書院的自主權，因而憤然辭去新亞書院校董一職的時候。所以他對民族學術文化的被邊緣化，以及離散華人知識分子寄居他人、仰人鼻息的處境十分憤慨。然而他對於如何落實文化保守主義為一種可行的綱領，亦只能給予相當思辨性和哲學性的答案。他說：「人能如此自覺其理想而自信自守，人亦即能真正認識其自己的存在，肯定承認其自己之存在，能自尊自重，自作主宰。」[9]面對流離海外的處境，如何仍能自信自守，他並不給予標準答案。他說「人亦可抱不同之理想，而各有其由自覺反省而自信自守之處，以自植靈根。」[10]「能自作主宰之人，即真正之人，此種人在任何環境上，亦皆可成為一自作主宰者。故無論飄零何處，亦皆能自植靈根，亦必皆能隨境所適，以有其創造性的理想與意志。」[11]

　　唐君毅關於花果飄零的意像，既能準確捕捉當時海外華人離散社群的心理特質和悲情意識，不過亦同時展露了這種海外華人文化民族主義的局限。一方面，他以悲劇的眼光看待離散族群的命運，但另一方面，他又拒絕離散族群在新居住地落地生根的需要和現實。在現實和理想的拉扯當中，他並沒有提出具體的綱領，規限文化保守主義所要保守的具體內容，而是提出一種較為抽象的關於「存在自覺」的要求，認為雖然花果飄零，但人亦可隨境所適而「自植靈根」。「自植靈根」的主張自是一種嚴格的自省和自我要求，但亦同時令新儒家文化的實踐理想無處著力，而變成一種空洞的哲學式或宗教式要求，與急劇變化的本地現實日漸脫節，似是無可避免。

9　同上，頁58。

10　同上，頁59。

11　同上，頁61。

以唐君毅本人來說，他在〈說中華文化的花果飄零〉一文的結語，
把這種與香港本土疏離的心境，表達得淋漓盡致。他寫道：「香港
英人殖民之地，既非吾土，亦非吾民。吾與友生，皆神明華胄，夢
魂雖在我神州，而肉軀竟不幸亦不得不求托庇於此。自憐不暇，何
敢責人？……」[12]顯而易見，以唐君毅爲代表的這一輩「南來文人」，
從沒有以香港作爲他們的發話對象。

　　可是，1960年代香港華人青年，如非屬於富裕階層，或得以進
入以香港大學爲終極求學目標的英語教育系統者，一般都廣受唐君
毅、錢穆等香港新儒家的影響。因爲在以香港大學爲中心的殖民地
英語精英教育系統之外，香港戰後的華語大專教育，都是由一大批
移自內地的私立大專院校支撐的。它們的背景多半因恐共而徙遷香
港，老師與同學均深受唐君毅、牟宗三等知名大儒影響，他們對香
港青年學子的影響巨大。然而，這些新儒學者後來久居香港，顯然
是有點爲勢所逼，非其所願，所以使他們對香港現狀和未來的關注
也甚少，更從未在思想及學理上作出全面探討，亦未能有效地發展
一套如何讓香港本土青年面對本土具體問題的智性或實踐方案。他
們所守持的理想主義，以及背後的文化民族主義學理，雖有同時批
判共產世界和西方自由民主體制的傾向，可是，與本土情況的巨大
脫節，也不免使他們的學說顯得有點虛玄。在以中國文化尊貴的守
護者自居的同時，卻輕忽甚至拒絕考慮在異地落地生根的實際需
要，這就使得他們那一套文化民族主義思想，只能像是遊魂野鬼一
般，永遠飄泊。這種與本地社會格格不入的尷尬情況，在進入1960
年代後期的香港，也即是戰後土生土長新一代已經成長起來的香港
就更爲嚴重。

12　同上，頁29。

　　因爲香港是冷戰的重要戰場，冷戰的二極化政治趨向，和「美元文化」對中國民族主義的曲線收編，使得這些南來的文化民族主義者和本地英國殖民政府之間存在著非常尷尬的關係。1963年中文大學的成立，集合崇基、聯合及新亞等各書院，原意爲扶助本地華文教育系統，得以具備和英語教育系統平起平坐的地位，以有利於遷居香港的中國學人，使他們也有一展教育和文化抱負的機會。蘊釀成立中文大學之際，香港的華人文化界曾予以熱烈的討論及支持，在多份知識分子刊物反覆被談論及報導，掀起熱情和期望。可是，中大成立未及十年，殖民地政府卻立意施行「明扶持，實管制」的中央集權政策，削減成員書院的各項自主權，使大學的實際權力牢牢地掌握在英國殖民教育官僚的手中，實行殖民政府所屬意的大學發展方向，例如爲了與英國學制看齊，多番意圖令中大實行三年制，結果導致唐君毅等一大批新亞創辦人在1973年憤然辭任新亞校董。這場衝突突出地顯現了在文化冷戰的反共聯盟內，殖民主義和中國民族主義之間的緊張和矛盾。

《盤古》雜誌與回歸運動

　　1960年代末期新儒家主導的文化民族主義，面對著與香港本土情況日漸脫節的挑戰，但真正使其受到致命打擊的，其實是來自中共對香港青年學子所發動的統戰攻勢。1960年代末，中共對海外的統戰不因文化大革命的發生而稍息，相反地，文化大革命對西方世界迅速興起的左派運動，具有很大的鼓舞作用。雖然當時文化大革命的全貌無法公諸於世，而中共又很成功的利用了文革中所創造出的各種新形象，使海外華人中間，激起了很大的波動。香港發行的《盤古》雜誌和後來由李怡主編的《七十年代》雜誌，都在當時爭

奪海外華人的意識型態戰爭中，變成起關鍵作用的平台。

　　首先帶起回歸問題爭論的是《盤古》雜誌。《盤古》雜誌原來是1967年由一班散居在港的民族主義知識分子所創辦的，在香港和海外華人社群之間廣泛流通。它和不少其他華文刊物，例如《南北極》等一樣，成為海外華人社群的輿論和意見交流空間。《盤古》雜誌的初期，表現出濃烈的反共立場，在創刊的年頭，適逢發生「六七暴動」，《盤古》強烈地發出了譴責的社論，批評左派分子。但在不足十期之後，發生了一場關於「回歸」問題的爭論，標誌著《盤古》雜誌由右向左的急轉，使這份刊物在短期之內急劇地轉變為一份毛派的親共刊物，在1970年代之初更成為香港毛派(即「國粹派」)青年學生運動的喉舌[13]。

　　第10期《盤古》刊登了由包錯石執筆的，代表了十多人共同討論結果的一篇〈海外中國人的分裂、回歸與反獨〉的文章[14]。在文章中，作者提出了「回歸」這項議題，呼籲推動海外中國人的「回歸運動」。要清楚的是，這項回歸運動的呼籲，並非指香港的主權回歸。相反地，這時期的「回歸」話語的誕生，竟是在一個直接由(反共的)新儒學者搭建起來的哲學論述平台上開展的。這篇洋洋灑灑以

13　在《盤古》67年5月第3期的社論〈我們對於九龍事件的看法〉裡，編輯們認為，「九龍事件造成本港重大損失，影響本港之安定與繁榮」。在第4期，更直指「香港的左派分子用了一切政治上的卑劣手段……造謠、煽動、暴亂、收買、恐嚇、罷工……製造事端……是香港左派分子因為文化革命的影響而發起的行動。可是，到了1972年，這份刊物卻轉而發表了像〈向本港牛鬼蛇神輿論宣戰〉，《盤古》，第44期，頁1-5及〈棒打文化落水狗〉，《盤古》，第50期，頁1-4這一類紅衛兵式的文化大批判文章作為它的社論。

14　包錯石等，〈海外中國人的分裂、回歸與反獨〉，《盤古》第10期(1967)，頁2-16。

華麗修辭組織起來的文章，把「回歸」首先哲學性定義爲一個關於一個人如何運用自己的「人的條件」，找尋生存憑藉的問題。作者寫道：「漫天動地的，人生只是一個回歸的運動，在這運動裡，每個人挾著他的鄉愁、他的貢獻、他的需要，回歸到他應該歸屬的人間世。人生的悲歡離合，都只是這派回歸之流中的浪花……諸如失落、無援、分裂、獨立也都只是我們不能回歸的反動。」

文章又接著寫道：「誰是中國人？這個問題也就是人類中甚麼人最適合把他們個人的寄托和進展——情感上的、知識上的、技能上的、物質生活上的——契合而且歸屬到一個有著特殊存在條件的——文化傳統的、物質和技術的、地理與歷史上的、社會價值的、社會發展方向上的——中國社會。只有當這個歸屬運動受到致命的阻礙時，這些命定的中國人才開尋找代替品，才開始陷進一個個人生的虛位中，去矇蔽自己的歸屬的挫折。」

在這裡，作者儼然重複著唐君毅的同一調子，認爲人和其歷史、文化、傳統、生活方式等不可分割，否則人將失去民族文化歸屬，墮入失落及飄零的處境。可是，作者並沒有在掀動悲情之後，像唐君毅一樣停留在失去歸屬的悲鳴，而是去將他筆下被病態化的失去歸屬狀態，重新演繹爲尋找歸屬，並作理性選擇的動力。所以，他進而把「回歸」定義爲找尋一個我們「應該主動參與的社群」。作者寫道：「凡是能連貫我們的過去(傳統、歷史、習慣和回憶)與未來(理想、方向、要和發展潛能)而又爲我們的現在(目前的問題、處境和能力)找到一個位置、提供一個角色，安排一個發展的社群才是我們應該主動參與的社群。」作者所指的這個「我們應該主動參與的」社群是「當代中國社會」。

顯然，作者是針對著唐君毅等文化民主義者作出既是學理上也是政治上的批判。他們認爲，文化民族主義者強調人和社群的關係，

個人與民族歸屬的關係，都是一些歷史的和客觀的範疇。但作者們卻提出了一個「主動參與」和「理性選擇」的認同論。他堅持認為，「我們」應主動參與的是一個經過「重新估價」的中國，而不是以歷史文化和傳統出現的中國，因為那個中國，其實已成墓木早拱，只存在於歷史記載中。他認為，「重新估價」要衡量的，是「這眼前仍然存在的中國人的生活潛力和土地資源以及人文認同」、是他們目前顯現出來，能夠「學習現代文化的動力的部分」。他說：我們應該在現代中國社會中，找到那種「學習現代文化的動力部分」，而不應該「空喊一些抽象空洞的口號如科學自由之類，也不能空搬一些抽象空洞的制度如民主之類，去硬套在中國社會的頭上。」作者說：「我們應該把這些價值放在心上，把它們當作中國現代化的理想。然而我們當務之急卻在於如何能把人力和物力和一切潛力動員起來。只當一個民族動員起來了，民眾們才知道自己的需要和自己的功能是多麼強大，有了這種自尊自信，他們才能積極地歸屬自己的社會……如此看來，社會整合和社會動員才是現階段的現代化。」

作者在高舉以「現代化」作為重新估價中國的標尺時，從60年代美國主流的現代化社會學學說中，抄來了關於三大種社會動員方式的見解，列舉了「民族主義」、「工業化」和「國民教育」。在這篇文章的餘下篇幅裡，作者努力論證了「現代化的中國人民」，才應是海外中國人回歸的主體，因為「在中共治下，大陸民眾達到中國有史以來最大規模的社會動員。」而在約莫同一時候，包錯石也以包奕明的筆名，在《明報月刊》發表〈民主社會動員下的道德多數、少數和知識分子〉一文[15]，以更長的篇幅闡述他的社會學觀

15　包奕明，〈民主社會動員下的道德多數，少數和知識分子〉，《明

點。當中作者論說政府是現代社會的中樞組織、是社會最主要的動員者,而社會的動員狀態則決定一個社會是否有所創進。由此,作者區分出兩類社會,一為動員之中,一為解體之中。前者令「人」參與到社會之中,建立歸屬與認同(歸同),後者失去「人」的認同,引致人的原子化、疏離和道德冷感。作者由此而推出中國大陸是一個政權(中樞組織)能夠成功透過動員而令多數人運動起來,成為他稱為「民權多數」的社會。相對於這個所謂「工農多數」的,是由中產及專技人員等組成的「功能少數」或如買辦、知識分子等組成的「特權微分數」。他們如果脫離多數群眾,便成「幫閒」。這些人「從屬商業、經濟依賴、道德冷感、思想雜取、符號抽象、生活虛榮、地位不安、立場善變、情緒軟弱、態度虛偽……」。在作者夾雜社會學術語和濃烈的情緒修辭的書寫底下,一套「知識分子應接受貧下中農再教育」的毛式話語便躍然紙上。

從匪情到國情

在這篇引起相當大回響的文章發表之先,包錯石早在《盤古》的第8及第9期,針對海外中國留學生和港台準留學生,另外發表了一篇名為〈研究全中國──從匪情到國情〉的文章[16]。這篇文章一方面揶揄那些為反共文化工作服務從事所謂「匪情研究」的人,但另一方面,他卻建議海外中國知識分子都要做一點「國情研究」。作者一方面大力批判留學生,認為他們都是和軍閥和買辦一樣是「介

(續)────────────
　　報月刊》第三卷,第4期(1968),頁2-13。
16　包錯石,〈研究全中國──從匪情到國情〉,《盤古》,第8期(1967),
　　頁24-28、33;第9期,頁31-37。

於洋人和中國土人之間的中間人物，都是心屬外國而貌似中國，身在中國而魂在外國的中間人物」，而留學生更是在文化領域上爲西方勢力「招魂放蠱」，以西方的眼光賤視中國大陸，以負面的態度看待中國大陸的變化，爲西方進行「匪情」的研究。但在另一方面，作者又以揶揄挾帶認真的語調，認爲海外中國留學生應該追上西方學術潮流，以中國作爲研究對象，以符合世界知識市場的行情。

他寫道，「西方專家已經開始對中國產生巨大興趣，特別對中共十七年的工業化科學化視爲一個『支那奇蹟』。……到外國學會了另一套整理資料分析道理的方法學以後，我們就更應該找些中國的新材料來製造知識，不能只自謙爲中國最高級北京塡鴨去塡一些舊中國事變的廢料，而同時又自大如南京板鴨要解決當今的中國問題。……到外國知識界去乞討的浪子突然發現自己家裡山積著知識或知識素材，本該是欣喜若狂的。不幸正因爲中國留學生或準留學生反而把這片的大好園地當作出產『匪情』的荒涼沙漠，才縮出一片真空使外國學者『專家』在一知半解中以嚴肅真誠的態度作出不少曲解的判斷和報導。」他又說：「中國今天正當一個大變革的時代，一再遲延不去研究，我們就會離了隊落了伍，而落伍之餘，又不能從心所欲的當外國公民，就會淪爲『不知今日何日，今世何世』的白癡了。」[17]

包錯石以左派的立場批判右派的留洋知識分子對國情漠然，淪爲抱西化心態、販賣落伍過時的「匪情研究」材料的附庸，其關懷本與唐君毅在〈花果飄零〉的文章中對留學生社群中學術和價值標準的外在化，失去自信、自守的精神，淪爲奴隸意識的開始的文化

17　包錯石，〈研究全中國——從匪情到國情〉，《盤古》第9期（1967），　頁34-35。

民族主義批判，本是異曲同工。然而，弔詭的是，包錯石顯然是針對唐君毅等右派學人的飄零落泊論述的弱點而給予致命的一擊，並反其道而行的舉出要至少在智性上回歸中國大陸，發起「回歸運動」，了解那裡的「土情況」，從而置換這些文化民族主義者的認同對象，由歷史的舊中國及其文化，到當代的新中國。有趣的是，這種對新中國的「認同理論」，顯然不能訴諸文化、血緣、種族的範疇中，而是依仗「理性選擇」，甚至是「利之所在」，以及美國現代化社會學所提供的理論工具。

美國學者萊參在他的近著《現代化做爲意識型態》一書[18]，批判性地詳論了現代化理論、美國的研究機構和冷戰需要三者之間的共謀關係。他的研究發現，現代化理論並不是純粹學院的產物，而是配合著冷戰期間美國的國策，透過掌控對第三世界的發展計劃和援助方案，控制這些新興國家的經濟政治命脈。但有趣的是，在1960年代的香港，積極地在公共論述場合大力援引現代化理論的左傾知識分子，卻是爲了瓦解美國在香港的反共盟友，亦即文化民族主義者的話語優勢。不過，出現這種歷史錯位也並不出奇，因爲針對台港留學生的統戰話語，從來都不在冷戰意識型態所訴諸的原則及價值對立上開展，而是明目張膽的以「拿來主義」的權宜性修辭來進行論戰。於是，我們在香港思想史上，可以留下這道巨大的論述上的裂縫，也就是：當中國大陸上的周恩來、鄧小平等，因爲曾經提出「四個現代化」的口號而在1970年代受黨內敵人嚴加批判的時候。香港新冒現的一些中共同情者，卻從爲冷戰服務的美國現代化社會學當中，借來一組理論武器，爲中共的「成就」辯說。在這裡所涉

---

18 M. Latham. (2000) *Modernization as Ideology*, The University of North Carolina Press.

及的歷史前提是，冷戰時期的悲情式的民族主義右翼論述退潮，而以西方「現代化」理論武裝起來的「進步觀」，卻奠定了另一波的中國民族主義，以左翼的面貌取得香港青年思想的主導權。可是，這一波由一種民族主義取代另一種民族主義的過程，也並非毫無爭持、變異和分裂的。

反共與科學

《盤古》發表了包錯石的這篇文章後，引來了不少的回應[19]。例如，《盤古》第17期發表了署名李金曄的文章，題目爲〈爲發『回歸』熱的人醫病〉[20]，指責他爲中共宣傳張目，利用了「盤古精神」向海外的「少數人」招降。第19期又發表了鄭振球的〈再看回歸及其他〉，質疑包錯石氣盛而理不足，對中共政權認識不足。還有其他大大小小的回應文章，散見其他刊物。可是，這些回應除了和包錯石商榷他的立場和一些中國大陸狀況的辯論之外，卻未見針對他所運用的社會學理論和他以「社會動員」爲中心的認同理論，提出有力的反駁。在這種情況下，包錯石這套以新辭彙、新姿態組裝起來的認同理論，正好迎合新一輩希望突破老右派知識分子，在「反共八股」之外尋求新話語空間的需要。

第13期《盤古》刊出了一篇由雜誌編輯撰寫的文章，爲包錯石

19　回應包錯石的文章不少，例如思光，〈關於留學生與「中國問題」〉，《展望》第145期，頁12-13；包的回應見包錯石〈再論中國知識分子和全中國國情研究的關係·兼答勞思光先生〉，《盤古》第12期，頁6-12。

20　李金曄，〈爲發「回歸」熱的人醫病·從包錯石的文看包錯石〉，《盤古》第17期（1968），頁2-5。

的文章進行進一步的解說。文章說，包錯石的文章雖然尖辣刻薄，
但筆鋒帶著深厚感情。包文應該繼續深化的，反是政治經濟分析，
亦即冷戰中的社會主義和資本主義對立、海外中國人在心理、輿論
上如何受到當地壓迫等類性格的統治機構操縱、控制，及國際資本
集團如何發動科學研究，社會工作人員、援助、情報等控制小國的
政治經濟。而更為關鍵的是，編輯不去談包文的其他細節，而只集
中焦點，首肯了包錯石的方法，也即「把民運，把社會運動當做一
門學問(「科學」)來看！」。顯然，《盤古》的編輯們正好看出，
包錯石文章具有的最大優勢，正是它比老派的反共文章，具有了一
種前者缺乏的優勢，亦即一套有「科學」姿態的論說，以「科學」
取代老反共的「人文／哲學」論述。

　　不過吊詭的是，和這篇立意為左派的政治經濟話語鳴鑼開道的
文章所指的相反，香港老一輩右派知識分子所進行的反共論述，最
為欠奉的正是國際資本集團的科學研究，而日漸左傾的《盤古》編
輯卻明顯是為新一代留學生所嚮往的「科學」話語塑造一個優越的
地位，亦間接肯定包錯石那一套以「社會動員」為核心，以政權(中
樞組織)的動員力為價值標準的新的認同理論。這套新的認同論，一
方面鬆動了海外華人民族認同的(文化的、歷史的)本體論基礎，另
一方面就將新的中國認同論，移向以國家政權的動員力為核心。除
此之外，它也直接針對著海外華人知識分子，對於自己前途地位心
感不安的心理。例如包錯石就在另一篇文章寫道：「舊知〔識〕分
〔子〕，尤其是幫閒知〔識〕分〔子〕，千萬不能以奇貨自居，反
而應該乘著今天中國社會的教育還有大幅位差的時候，棄暗投明地
立刻為民權多數服務。」可見，雖然回應包文的反共作者在這場討
論中仍占多數，但包文已經為海外華人知識分子在思想上從右到左
的轉向，建立了一種既為科學主義亦為實用主義的雙重優勢。單以

香港為例，1970年代在大專校園急劇發展的親中共「國粹派」學生，當中以理科及工程科的學生占極大的比例。他們既沒有太強的反共包袱，也不受人文學的知識傳統束縛，更有香港一直以來在教育界的殖民地處境下，強烈的「重理輕文」，學以致實用的功利傾向。以科學主義的面貌包裝起來的新國族認同論，以社會工程、社會動員來合理化的國家主義，正好填補了老反共人文／哲學論說當中空洞無力的悲情。今日歷史敘述往往將1960-70年代尚處文革時期的中國描述為身陷非理性的狂熱，但從香港與海外「新中國」贏取統戰的歷程看，起作用的卻是以科學主義及實利精神所重新整合、重新定義的國族認同。正是透過這系列新的語彙、新的修辭形式，「國家」與「民族」的關係被重新構造。這就是1960-70年代香港從「右」向「左」轉的背後實質所在。

　　《盤古》第13期同時刊登了由陳婉瑩、馮可強、莫壽平及劉廼強所合寫的〈第一塊石頭：我們對回歸運動的一些建議〉，就很能代表了包錯石「回歸運動」的提議，對改變新一代香港學生國家認同對象的果效[21]。

　　陳婉瑩等四人都是香港大學的學生，在這篇文章中顯示了當時香港新一代對「回歸運動」的積極回應。他們在文首就指出，自己並沒有包錯石筆下「對過去的相同的回憶」，中國土地上古老的一切在他們而言是陌生而遙遠，對中國的認識又是非常隔閡。可是，他們對她的苦難還是感覺淒苦，不過仍然甘願負起這沉重的包袱。他們說十年前早聽過秋貞理先生（亦即香港一位最知名的反共文評家司馬長風）所說的「黑暗之極、光明之始」，但害怕這份沒有現實

21　陳婉瑩等，〈第一塊石頭——我們對回歸運動的一些建議〉，《盤古》第13期（1968），頁48-52。

上精神上的根的感情，會隨歲月沖洗乾淨，所以深信不應再在愁苦、恐懼和孤獨中過日子，因而認為應該重建一種「中國性」，一種海外華人精神的維繫和新的民族自信心。他們合併地回應了包錯石的文章和盤古同人早前舉辦過的「盤古華年」活動和「生活方式創新運動」，一方面肯定了包錯石提出了「回歸的主體是當代中國走向現代的巨大民眾和土地」，最終要「在個人心理和符號層次上回歸到包括中國大陸人民在內的全中華民族」。他們對包文感到的不足，只是嫌他的具體答案只觸及推翻台灣的蔣政府，以去除回歸的障礙，卻未及考慮聚居香港的四百萬中國人在回歸運動中的功能和意義。雖然作者不滿足於很多這些提出回歸運動的人，大都未能解答究竟要怎樣的回歸、我們的「根」是甚麼、民族智慧是甚麼、怎樣找回「我們自己的心靈」等等的問題，但很快，作者們就直接去談如何把「回歸運動」化為行動。作者們抱怨很多自稱愛國的知識分子不能勇敢地步入人群，而選擇了在象牙塔內辦雜誌、寫一些文章就算盡了愛國責任。而好像「盤古年華」這類活動，也只是流於文人雅士、騷人墨客的玩意，不能走入群眾。

　　這幾位作者還舉猶太人在過去幾十年不斷去建立和界定「猶太性」，直至以色列建國在巴勒斯坦的例子，比附海外華人要建立「中國性」的現況。他們說他們讀以色列社會學家Eisenstadt的著作，了解到猶太人那段「回歸運動」雖有不少觀念性的辯論，但最終是啟導行動，而非停留於玄談。接著，作者們就列舉出「回歸運動」的簡單原則：一放棄玄談，二走入群眾，三要團結、容忍和了解，並附列一些可以立即推行的運動工作：國語運動、出版適合中小學生的圖書雜誌和加強海外華僑之間的聯絡、搜集、整理和發揚中國民歌和民間藝術，以及改革中小學中文教育等。

　　這幾位作者後來分別參加了香港學生運動的領導工作，對香港

大專學界在1970年代初急速向左傾斜，將運動焦點放在「認識祖國」活動之上不遺餘力。這篇文章則見證了他們如何從右的民族主義轉移到左的民族主義，中間的轉折是透過包錯石的論述中，鬆動了文化民族主義核心命題，再嫁接到一種借取自冷戰社會學作為基礎的政治民族主義。在一代與中國（無論是歷史、文化上的，還是現實地在羅湖邊界以北的）並無真實接觸的殖民地土生一代，這種想像力的急速爆發，與1970年代初香港的激進躁動氛圍，產生了共震。這便是香港的「回歸」論述首次形成的面貌。

香港人？中國人？

當然，1960年代末香港右派的文化民族主義受到沖激，其結果也不完全是親中國的「國粹派」冒升，而是香港人身分認同的進一步問題化。對「回歸」口號提出質疑的也大有人在。1969年11月在港大學生刊物《學苑》上的一篇名為〈我是個「香港人」〉的文章，作者耕耘便直接批評新儒學者們關於文化民族主義的高談闊論[22]。作者敘述他自己的心路歷程，他曾了解中國近代史，也從新儒學者那裡獲益良多。有時候也會相信錢穆先生的論調，以為當前海外中國青年的首要任務，就是肩負即將沉淪的中國文化的重擔。但當他進入香港大學，卻發現一個奇怪的現象。他發現很多外國講師，雖然只來香港任教了數年，可是他們對香港社會中不合理、不公平的地方，卻毫不留情地抨擊。還有不少外國來的傳教士，真正為香港的貧苦大眾工作，為香港的工人爭取工人們最基本的權利……。他立即反省到自己為香港人做的事實在太少。他寫道：「而我自己生

---

22 耕耘，〈我是個「香港人」〉《學苑》，1/11/1969。

於斯、長於斯，在香港大學唸書，用香港納稅人的錢，卻只空談愛
國，對香港的不平等、不合理的現象，熟視無覩，香港四百萬同胞，
漠不關心。其實又談甚麼愛國。」他又寫道：「其實如果我們不能
面對香港目前的問題，甚麼中國重建、回歸、文化重擔的口號，都
不過是自欺欺人的夢話，現在不能爲香港的中國人犧牲的，將來也
不能爲祖國的同胞犧牲。如果我自已不能爲香港的同胞做事，又何
苦空談將來回國服務，以不可知的未來、空泛的理想來麻醉自己，
徒然堆砌空中樓閣來逃避良心自譴？…China is but an empty
shadow. Hong Kong is concrete…It is only recently that I realize I value a
strong sense of justice much more than a strong national sentiment, that
Hong Kong is much more authentic to me than China.」[23]

　　這一篇刻意以中英文夾雜，並被作者稱之爲以「香港文」寫就
的文章，在《學苑》刊登後引來很多熱烈的批評，甚至有一些文章，
以〈給「我是個『香港人』」看病〉爲題，抨擊作者爲文立意要香
港獨立，發白日夢[24]。這些批評文章，大都執著於原作者耕耘聲聲
「香港人」、「香港文」，實有鼓吹「香港人」運動之嫌，妖言惑
眾，提倡「忘國」之說。對於這些民族主義批評者來說，作者從香
港生活經驗所感受到的那種與中國之遙遠距離，不足以去肯定一種
「香港人」的身分命名。對他們來說，以「香港人」這身分來扣連
出一個關於愛國是虛妄的論述，更是要不得的思想。或者反過來說，
居港華人無論是與歷史還是現實的中國相互疏離的經驗，如果被引
伸爲一個人認同香港甚於認同中國的理據，那就更是離經叛道，思

23　耕耘，〈我是個「香港人」〉，《學苑》，1/11/1969。
24　林下風，〈給「我是個「香港人」」看病〉，《學苑》，16/11/1969。

想混亂，因爲他們認爲「中國人」這一身分是與生俱來，不證自明的。就如批評者之一署名向京的作者所寫：「香港戰後的一代目前只有兩條路向：勇敢的確認自己是中國未來的棟樑，或與中華民族斬斷情絲，否認自己是一個中國人……但當你走入這兩路外的歧途時——我是個『香港人』，非『中國人』——則中國人民即可以毫不留情的對你口誅筆伐。」[25]

批評耕耘的這些民族主義者，雖無明示支持《盤古》雜誌上包錯石的「回歸」運動，但他們都肯定香港將來要歸還中國。雖然作者耕耘在回應批評的文章中，反駁了對他的指控，他更又區分出種族、國籍、和認同三個範疇。他解釋他並沒有否認自己是種族上的中國人，同時是國籍上是British subject，但認同是關於感情的，他要表達的其實是在認同上，他無法以自己是「中國人」而不首先是「香港人」看待。

今日，「香港人」的身分命名大體不會引來當年這般敏感的民族主義反應。而一個人既是中國人也可以是香港人，兩者互不矛盾的說法，目前是廣泛地受到接納的身分描述。但是，當年這場論爭當中，卻見證了一種強烈的張力，至今仍未解除。署名耕耘的這位作者，在爭取以「香港人」作自我的身分命名時，展露出香港認同問題中「香港本土」、「現實中的中國」和「歷史的想像和記憶中的中國」三者之間的鴻溝和張力，這種多角張力的存在，並不是當時開始在左派知識分子所推動的「回歸運動」所能解決的。而其後在青年大專學生運動中關於「認中」還是「關社」優先的路線爭論，和「國粹派」與「社會派」對峙的現實，也只是將這種多向度的張力在實踐層面上顯現出來而已。

───────────────

25　向京，〈「我是個香港人」一文商榷〉，《學苑》，16/11/1969。

耕耘這種以「強烈的正義感」，以對當下具體生活社群作為實踐對象，以抗衡空洞的愛國口號來作為認同的基礎，與包錯石那種以社會學修辭包裝的左派國家政權認同論，可能分享著一種現實感和實踐導向，同時都拒絕一種文化民族主義者往往訴諸宏大的「歷史」、「文化」論述的本質主義傾向。可是，和包錯石那種以政權作為「中樞組織」，以群眾動員來作為價值標尺的政權主義（statist）社會學大論述相比，耕耘為「香港人」這身分命名所作的解釋及背後隱含的認同論，正好也是逸出新的左派國家主義統戰與認同陷阱的一條逃逸路線（line of flight），一種同時拒絕在左與右的國族認同泥沼中繼續糾纏的本土後認同（post-identity）。也正是這個原因，當年這種溫和但非正統，非政治正確的「香港人」論，同時受到既來自左也來自右的猛烈批評。

在1971年保衛釣魚台運動爆發之後，《新亞學生報》9月號發表了學生劉美美一篇〈給新亞書院校長及各位師長的公開信〉[26]，沉痛地指責新亞的教授們對保釣運動寂然不動，明哲保身，並聲稱新亞精神已死，南來新儒學者對香港新一代的文化領導角色，至此可說成為過去。左派學生亦乘時對這些大儒窮追猛打，瓦解右派的文化民族主義[27]。可是，1970年代激進社會運動的抬頭，亦使得以爭取青年學生認同祖國的運動，陷入另一種空有感情，充滿對「祖國」的革命浪漫想像之中，以「紅色中國」的宣傳作為認識中國的替代。當1976年四人幫倒台之後，這一切認識中國的努力，都需要被重新了解為一種誤識，「國粹派」學運受此打擊而引致的消沉，使中國

---

26 劉美美，〈給新亞書院校長及各位師長的公開信〉，《中國學生周報》，1/10/1971。

27 例如簡復，〈反共文章，一片慘白——評中大學生報上幾篇講師級的大作〉，《盤古》第51期，頁9-12。

之遙遠和神秘莫測，再次被印證了。

小結

　　香港在1960-70年代的「回歸」論述，和往後在1990年代真實展開的「回歸」過程，只有稀薄的傳承關係。事實上，1960-70年代的「回歸」論述爭議，影響力亦只及於活躍於政治的部分青年學生。但在1980年代的中英談判之初，它的餘緒亦的確影響了部分青年學生及民主派政治人物，支持所謂「民主回歸論」。但與1960-70年代的「回歸運動」相比，1980年代開始的「回歸」，更多地是用來預測和描述一種「不可避免的現實或命運」，因為在社會的整體層面，香港「回歸」中國顯然是一個被動的過程，遠多於發自一個全面的「回歸運動」。然而，檢視和分析這場「回歸」論述的源流譜系，卻能為我們展現香港文化意識的一些深層的構成，以及香港身分問題的一些基本面貌。在政治的「回歸」完成後的十多年回看，「被動回歸」的後遺症亦見日漸浮現，一方面是「回歸論述」所遮蔽的「解殖」議題仍然縈繞，激發出一系列遲來的「本土運動」，另一方面，「被動回歸」亦遺下一個縫隙，讓一些人認為「回歸」並未完成，於是另有所謂「文化回歸」[28]的需要，香港人需接受加強的

28　「文化回歸」的口號在1997回歸之後由不少親中派人士提出。2002-2007年出任民政事務局局長的何志平亦曾大力宣揚。而當年《盤古》雜誌核心人物古兆申在一篇討論記錄中，仍然引用當年包錯石的文章，以闡述「文化回歸」的理念，其理據在於視香港為一個「解體社會」，缺乏「文化的認同」和「社會的歸屬」。見古兆申，〈文化回歸的理念與實踐〉，收錄於盧瑋鑾、熊志琴編，《雙程路：中西文化的體驗與思考・古兆申訪談錄，1963-2003》（香港：牛津，2010）。

國民教育，培養更深的民族認同，國家認同的提法。前述這段早期
香港關於「回歸」的爭論，雖然無法等同於香港版的「統獨」爭論，
但對於探索本土文化政治未來，這種歷史回顧所展示的駁雜的民族
主義經驗及其局限，對我們還是滿有啓示。

羅永生，香港嶺南大學文化研究系副教授，研究興趣包括香港殖
民文化史，香港電影，宗教社會學，文化理論等。著有*Collaborative
Colonial Power: the Making of the Hong Kong Chinese*，《殖民無間
道》，編著《文化研究與文化教育》、合編《宗教右派》。

廢妾四十年：
殖民體制與現代性的曖昧

王慧麟[1]

前言

　　香港富豪之爭產風波，本地乃至於各地華人報章競相追逐內幕。富豪有四名伴侶，除正室之外，餘者俱以「房」稱之。一時之間，香港市民對各房之起居生活、子女情史、物業控股等，瞭如指掌。亦有八卦者，論及富豪爲何可以納妾，是否應按《大清律例》平分家產云云。

　　自1971年起，香港法律不再承認妾之法律地位，但在該法生效之前，妾之法律地位不受影響。由是，香港法院仍然不時需要就1971年之前的妾之法律地位進行裁決，可見中國傳統之婚姻習慣，在香港社會仍然存在。香港廢妾之議，始於二次大戰之後，卻要經過三份官方報告，一份白皮書，方能在1971年通過，其過程中華人權貴之反對尤烈。細心分析，若非英國殖民地部鍥而不捨，不斷向殖民地政府施壓，港府未必願意推動包括廢妾在內的婚姻改革。然而，中國早在1930年已立法不承認妾之地位，而在1950年，中華人民共

1　本文得到張嘉雯的協助，特此致謝。

和國的婚姻法亦禁妾，香港同為華人地區，為何足足遲了二、三十年，才能廢妾呢？這亦引申了另一個問題：究竟有什麼原因令香港政府不得不提出廢妾呢？究竟是英國意圖洗刷殖民地習俗的一項有計劃之行動，抑或是因為政治壓力不得不做的政策呢？本文嘗試從英國檔案之中，尋找答案。

殖民主義與習慣法之關係

　　英國普通法之構成，既有成文法，亦有判例及習慣法。這套富有彈性之普通法制度，隨著英國侵略殖民地，亦擴展至全球各地。但原本普通法內之習慣法，係指英國本土之習慣法，這些與英國人息息相關之習慣（或習俗），不可能照搬到殖民地。因此，當英國建立殖民地之法律制度，除了搬來一套英國成文法之外，亦需要因地制宜，按照當地之情況，將當地之習慣法，透過立法或者判例予以實施。

　　那麼，殖民地之習慣法內容又是什麼呢？首先，習慣法之內的習慣（或習俗），需要一個「被發現」的過程。其中，人類學家、社會學家以至醫學專家等等，將透過各式各樣的研究來尋找殖民地之本地「習慣」，而且透過掌握對習慣的權威解釋，令這些法律透過立法及判例，予以「法律化」，取得法律地位。

　　更重要的是，這個過程中，專家們往往以「尊重」部落秩序為理由，將種族之領袖或長老制度，捧成神聖不可侵犯的社會結構或體制。由於當地部落領袖或長老往往與殖民地政府結成管治同盟，這些「被發現」的習慣或習俗以至體制，變成了殖民地政府強化管治之重要工具。法律學者如錢諾克提出了「被創造之傳統」（invented tradition)概念[2]，指出殖民地習慣法，是殖民地「主人」(masters)所創制，目的是要確保順民之支持，以及維持現有的社會結構。有法律學者指出，婚姻習慣之「被發現」，具有以上的特點，因為「官方」之習俗論述，往往將傳言當作真實，甚至創制部落之歷史，令殖民地社會維持長幼有序、男高於女之體制。他們認為，這些「被創造」的家事法律不應成為習慣法之一部分[3]。

這些學者提出之理論，是建基於對非洲習慣法之觀察，但在香港，其適用性存有疑問。因為英人建立香港為殖民地時，中國婚姻之法律(包括《大清律例》及相關習俗)已經行之千年，根深蒂固，殖民政府難以「創造」，更不可能連根拔起。反之，殖民地政府需要尋找、考察以至尊重中國習俗，以此維繫高等華人之支持，維持有效管治。香港婚姻改革之動力有二：除了鄰近地區如中國法律已經轉變之外，更重要的是，倫敦殖民地部(及之後的外交部)不斷向港府施壓而成，此點本文稍後會詳述。

妾在香港法律的地位(1971年之前)

在1971年的《婚姻制度(改革)條例》實施之前，妾在香港法律之地位，並不完全體現於成文法例之中，而是透過法例及判例而形

---

2 Martin Chanock, *Law, Custom and Social Order: The Colonial Experience in Malawi and Zambia*(Cambridge: Cambridge University Press, 1985), Chapter 1, 可參考Fitzpatrick, Peter, *Modernism and the Grounds of Law* (Cambridge: Cambridge University Press, 2001), Chapter 5.

3 David James Bederman, *Custom as a Source of Law*(New York: Cambridge University Press, 2010), pp. 58-60.

成的。

　　先從1841年談起。

　　1841年，義律公布了兩項公告（proclamation），宣布除了英皇所不同意者之外，中國法律與傳統繼續在香港實施[4]，中文所示為：「凡有禮儀所關鄉約舊例，率准仍舊，亦無絲毫更改之誼。且未奉國主另降諭旨之先，擬應照『大清律例』規矩主治居民，除不得拷訊研鞫外，其餘稍無更改。」[5]另外，在最高法院條例的多次修訂之中，亦指出在1843年4月3日開始，英國法律將在殖民地實施，除非與殖民地的本地情況相悖及遭到本地立法機關之修訂[6]。其後，本條在

4　James William Norton-Keyshe, *The History of the Laws and Courts of Hong Kong*, Vol. 1（Hong Kong: Vetch and Lee, 1971）, pp. 5-6. 按察司 Rees Davies及Sir Henry Gollan在兩宗案例之中，同意這觀點，見*Ho Tsz Tsun v Ho Au Shi*, [1915] 16 HKLR, p.79，以及*In the Estate of Chak Chiu Hang*, [1925] 20 HKLR 1。但法律學者史維理教授則不認同義律公告有法律效力，因為英人委任義律時，並無包括發出公告之權限。史教授認為，中國法律及習俗能在香港實施，源於殖民地的一貫憲法慣例：在建立殖民地之前，其原有法律將繼續有效，除非受到新宗主國的法律取代，或者有違英國法律之原則。見Peter Wesley-Smith, *The Sources of Hong Kong Law*（Hong Kong: Hong Kong University Press, 1994）, Chapter 12, pp. 207-209.

5　「義律佰參在香港地方所出偽示（抄件）──道光二十一年正月初十日」於中國第一歷史檔案館編，《香港歷史問題檔案圖錄》（香港：三聯書店，1996），頁58-59。

6　最高法院條例（Supreme Court Ordinance）1873，第五條：
"5. Such of the laws of England as existed when the Colony obtained a local legislature, that is to say, on the 5th day of April, 1843, shall be in force in the Colony, except so far as the said laws are inapplicable to the local circumstances of the Colony or of his inhabitants, and except so far as they have been modified by laws passed by the said legislature." 見 *Chinese Law and Custom in Hong Kong: Report of a Committee*

1967年爲英國法律適用條例（Application of English Laws Ordinance）的條文取代，但不減其應用性。由於香港本地法律一直沒有制定一套完整之婚姻法律，妾作爲中國傳統婚姻法律的構成部分，一直給保留下來。

　　問題是，妾在香港之法律地位爲何，需要香港法院嘗試「建構」。過去百多年，香港法院一直尋找及建立與妾有關的中國法律及習俗。法官及判例則爲妾之地位，作了多方面的決定。2000年，香港特區終審法院之*Suen Toi Lee v Yau Yee Ping*一案，爲此作了較好的總結[7]。然而，儘管累積了不少案例，在本案中，兩位終審法院外籍法官包致金（Bokhary）及苗禮治（Millett），對妾之法律地位，亦有不同見解。

　　終審法院首席法官包致金在判辭中指出，在香港之中國法律及習俗下，男人既可有髮妻（principal wife, *tsai*），及有無數婦人爲妾（concubines, *tsip*），共同居住，生下合法的孩子[8]。包致金認爲，從

（續）

　　Appointed by the Governor in October 1948（Strickland Report）（Hong Kong: Hong Kong Government Printer），p. 5. 本條文由Application of English Law Ordinance，第3條所取代。學者佩格（Pegg）認為，第3條容許中國法律及習慣，在未遭英國法律修訂之前，仍適用於香港，有關中國法律及習慣之分界日是1843年4月5日，見Leonard Pegg, *Family Law in Hong Kong*（Hong Kong: Buttersworth, 1994），第4頁。但史維理教授認為，既然第3條的內容，不再提及1843年4月5日，法院則不應以1843年作為中國法律及習慣的參考日子。然而，佩格提出，在*Wong Yu Shi & Ors v Man Chi Tai* [1967] HKLR 201 at 211，法院會先確定1843年時之中國習慣法及其基本法則（rules），然後再應用，不過這些法則就會受制於在此日子之後的演變。故此佩格堅持，仍應以1843年作為分界線。

7　　（2001）4 HKCFAR 474; [2002] 1 HKLRD 197.

8　　同上，第三段，此段原文為英文。譯文與原文若有歧異及出錯，由筆者負責。

香港法院過往的判例可以得出，妾與妻(wife)，地位相等，妾是所
謂的第二個妻子，即是「二房」(second wife)。那麼，究竟妾與夫
之關係，是否普通法下的「一夫一妻之婚姻」(monogamous marriage)
呢？包致金指出，根據兩宗案例，在一個可持續的一夫一妻之婚姻
之中，納妾是有關維繫的阻礙(bar)[9]；而一名丈夫納妾之後，是其
日後建立一夫一妻之婚姻的阻礙[10]。包致金認爲，所謂納妾，並非
指一名丈夫多了一名妻(tsai)，但他並不認爲，中國傳統婚姻是一夫
一妻制。他指出，根據英國案例*Hyde v Hyde* (1866)的解釋，婚姻的
定義是一個男人與一個女人的自願終身結合，不容他人介入[11]，納
妾不符合有關定義。因此，他認爲，中國傳統婚姻是「一夫多妻」
(polygamous) [12]。

　　包致金以「二房」來描述妾在家庭之地位。他指出，納妾並非
是已婚男性的專利，在一些極不尋常但確有其事的情況下，未婚的
男性也可納妾。納妾方面，需要妻的公開接受(acceptance)，及獲男

9　*Wong Kam Ying v Man Chi Tai* [1967] HKLR 201.

10　*Kwan Chui Kwok v Tao Wai Chun* [1995] 1 HKC 374.

11　*Hyde v Hyde* LR 1 P&D 130, p. 133: "the voluntary union for life of one
　　man and one woman, to the exclusion of others"（1866）.

12　第6段。香港案例指出，中國習慣婚姻關係是一夫多妻：*Ho Cheng Shi
　　v Ho Au Shi and others*, 10 HKLR 69，頁80。另一個英國東南亞殖民
　　地，海峽殖民地(Strait Settlements)的六寡婦案件，*In the Matter of the
　　Estate of Choo Eng Choon decd* (1908) 12 SSLR 120，法官也認為中
　　國婚姻是「一夫多妻」，見M. Barry Hooker, *Law and the Chinese in
　　South East Asia* (Singapore: Institute of South East Asia Studies, 2002),
　　p. 110. 學者陳玉心引述K.K.Swee認為是一種特別的一夫多妻制
　　(special polygamy)，見陳玉心 (Carol G.S. Tan), "The Twilight of
　　Chinese Customary Law Relating to Marriage in Malaysia,"
　　International and Comparative Law Quarterly, 42(1) (1993), pp.
　　147-156.

方家庭的同意。但他亦指出，這種接受只是適用於丈夫有妻之情況[13]。包致金亦援引樞密院的案例指出，以「二房」一詞來形容「妾」是有用的[14]。

　　不過，另一位終審法院法官苗禮治勳爵對妾之見解，與包致金有所不同。他先強調，納妾是中國傳統婚姻的一部分，而理論上，未婚的男性亦可以納妾，不過實際並不多。他指出，只有華人才能以中國傳統方法結婚，並根據中國習俗納妾[15]。他亦指出，納妾無需要特別之儀式[16]，他提出三點，以判斷一名婦女，是否為妾：

　　第一，該男性有意把妾成為家庭成員之一部分，並且公開維持之；

　　第二，該女性同意（consent）成為該男性的妾，並且其地位處於妻之下；

　　第三，妻（若有）願意接受（acceptance）該名女性為妾。[17]

13　包致金之判辭，第7段。

14　*Khoo Hooi Leong v Khoo Chong Yeok* [1930] AC 346.

15　苗禮治之判辭，第57段。

16　*Cheang Thye Phin v Tan Ah Loy* [1920] AC 369.

17　苗禮治之判辭，第58段。苗禮治沒有援引任何香港案例支持。在1963年的案例，*In re Ng Ying Ho v Tam Suen Yu* [1963] HKLR 923，不認為妾需要介紹予家庭，以及家庭承認妾的地位，是為一個重要因素，以判斷妾之地位。不過，在 *Wong Kam ying v Man Chi Tai* [1967] HKLR 201，則認為妾需要「過門」及為髮妻（principal wife）所接受。在 *In Re Eong Choi Ho & Anor* [1969] HKLR 391，法官認為一名婦人需經與男方拜祭祖先，媒妁及向結髮（Kit Fat）妻斟茶，才可證明該名婦人為妾。基於普通法原則，苗禮治在本案的三個要素成為重要案例，成為日後下級法院驗證一名女性是否為妾的原則。不過，究竟納妾是否需要妻子同意，學者與法官的看法可有不同，中國大陸學者程郁指出，納妾無需要妻之同意，見程郁，《清至民國蓄妾習

　　苗禮治沒有以一夫多妻來形容中國習慣婚姻；反之，他認為中國傳統婚姻是一夫一妻，但由於納妾不符合普通法的有關婚姻之定義，故此是「潛在的一夫多妻」(potentially polygamous)。他認為，納妾不符合英國有關婚姻的概念，因此，即使在香港或其他地方，在婚姻關係之中，不容納妾；反之，已納妾之男士，除非與妾中斷關係，亦不能合法地按一夫一妻之原則，與一名女子締結婚姻[18]。

　　苗禮治認為，妾與「丈夫」之關係，是法律認可的一種特殊的婚姻關係(matrimonial relationship)，是公開而非「通姦」的關係。在家庭之地位方面，苗氏認為，妾的地位比情婦(mistress)為高，但及不上「二房」(這觀點與包致金不同)。苗氏指出妾與情婦不同，擁有認可的法律地位，但此地位比妻低。妾之「丈夫」對妾在生時有責任贍養(maintain)她。而在「丈夫」死後，妾可取得「丈夫」部分遺產以作供養。另外，妾的兒女是合法的，而且與「丈夫」之妻所生的子女，視為兄弟姊妹。因此，苗禮治認為，就妾在家庭地位來看，難怪外界認為妾是「二房」了。

　　香港法院對妾之解釋，基本上是從《大清律例》入手，輔以專家之證供，以及按普通法有關婚姻的解釋，以至香港實際環境結合而成的。例如說，1843年的清朝，沒有所謂「一夫一妻」或「一夫多妻」的爭論，相關討論只存在於普通法。至於妾之地位是「二房」，《大清律例》無所載，而是香港社會之慣常稱呼。又例如納妾是否需要妻之同意(有稱「入宮」)，有學者指是必須，亦有學者認為不必，香港法院更發展為「三個驗證」(比香港法例的要求更多)[19]，

(續)————————————————

　　俗之變遷》(上海：上海古籍出版社，2006)，頁177。

18　苗禮治之判辭，第59段。

19　見財產繼承(供養遺屬及受養人)條例第2條：「夫妾關係(union of concubinage)指男方與女方在1971年10月7日前締結的夫妾關係，而

這都是在《大清律例》沒有的。至於可否未婚納妾，香港法院認可，亦在東南亞國家普遍發生，然而，有學者指稱，有妾而無妻確較少見，但在沒有妻之情況下納妾則完全不可能[20]。香港一個更重要的判例，就是假如男方已經在中國或其他國家，按「一夫一妻」之原則下，按登記婚姻而成婚，就不能以中國傳統婚姻為由，在香港納妾[21]。

英國殖民地部對納妾之反感

香港法院直至2000年，還要處理1843年時有關妾的定義，委實不可思議，主要原因是1971年的《婚姻制度（改革）條例》生效之後，法律上雖不容納妾，但並沒有取消條例生效之前妾的法律地位。換言之，香港法院仍然需要處理1971年之前與妾有關的法律問題。

然而，香港鄰近地區的婚姻改革，卻有翻天覆地的變化。中華民國政府在1930年制定了民法，嚴格推動一夫一妻制，形同廢妾[22]。1950年，中華人民共和國政府制定了《婚姻法》，實行一夫一妻之登記婚姻制度[23]。按香港政府之分類，這種屬於中國新式婚姻（即一

（續）—————

在該關係下，女方於男方在生時已被男方的妻子接納為其丈夫的妾侍，而男方家人亦普遍承認如此。」香港法例沒有用「家長」一詞形容納妾之「丈夫」，這顯示香港法律亦偏離了《大清律例》之用辭。

20　程郁（2006），註釋16，頁221。

21　*Wong Kam Ying v Man Chi Tai* [1967] HKLR 201（亦見[1971] HKLJ 30），以及 *Re Estate of Wong Wong* [1998] 3 HKC 405.

22　趙鳳喈，《中國婦女在法律上之地位》（台北：稻香出版社，1993），頁181。

23　《中華人民共和國婚姻法》1950年第二條：「禁止重婚、納妾。禁

夫一妻及登記婚姻，英文稱作Chinese Modern Marriage），在中國已
慢慢形成。而且，在1950年之後，中國大陸不承認傳統習俗婚姻，
亦禁止納妾。香港仍然持守中國舊式婚姻（英文卻稱作Chinese
Customary Marriage），容許納妾，顯得不合時宜，而且，製造更多
行政混亂[24]。

　　1948年10月，政府委任史德鄰（法律政策專員）全面檢討在香港
實施的中國法律與習慣，但要延至1953年才公布報告之內容。報告
裡，委員會考慮到，有妾之家庭往往因妻妾妒忌而導致家庭不和[25]，
加上兩岸已推行一夫一妻制，再有社會的強烈支持廢妾（如香港婦女
會）[26]，若不立法廢妾，妻隨時會被丈夫威迫，接受納妾[27]。因此，
委員會建議禁止納妾，建議任何嘗試或建立新的夫妾關係將不會有
法律效力[28]。

　　問題是，華人領袖非常反對史德鄰報告之建議。最重要的反對

（續）

　　止童養媳。禁止干涉寡婦婚姻自由。禁止任何人藉婚姻關係問題索
　　取財物。」

24 在1971年未作香港婚姻改革之前，香港法律承認六種婚姻制度：按
　　中華民國民法締結的婚姻；按中華民國民法而在香港及中國以外締
　　結的婚姻；按1843年中國婚姻習俗而在香港締結之婚姻；按香港婚
　　姻條例締結之婚姻；因同居關係而獲親戚朋友認可之夫妻關係；在
　　外國按當地法律締結之婚姻，包括按中華人民共和國法律締結之婚
　　姻。見 Chinese Marriage in Hong Kong, 1960（即所謂的Ridehalgh /
　　McDouall Report）（Hong Kong: Hong Kong Government Printer），第
　　3段。

25 Chinese Law and Custom in Hong Kong（以後稱史德鄰報告書），第
　　76(vii)(a)段。

26 同上，第76(viii)段及第76(ix)段

27 同上，第76(xiv)段。

28 同上，第76(xv)段。

意見，來自行政局議員羅文錦[29]。而其意見，亦輯於史德鄰報告書之內。羅文錦之反對邏輯，建基於他維護中國傳統習俗之意志，以及英國尊重中國習俗之承諾。羅文錦指出，委員會不應以中國走向一夫一妻的婚姻制度，以及香港越來越少人納妾為由，要求立法廢妾[30]。他又說，他認識很多老一輩的中國人，由於本人及妻子年老，或健康問題，在妻子明確要求下納妾，讓他得到妻或妾的照顧[31]。因此，羅氏指出，既然納妾正逐漸淘汰，就隨它逝去吧[32]！

羅文錦是不是因為眼見中國傳統習俗受到中華民國之民法以及中華人民共和國之婚姻法所摧毀，為了維護中國道統之歷史承擔而捍衛納妾，不得而知。但是，他貴為行政局內舉足輕重的華人議員，由於他帶頭反對，史德鄰報告書的廢妾建議無疾而終。不過，香港廢妾之政治壓力，卻來自英國。

1957年，英國國會議員就香港納妾問題，在英國國會提出質詢。按慣例，殖民地部需要詢問港府應如何答問。港督葛量洪在回覆殖民地部的一封電報中坦言，「我相信要令妾之消失的最好方法，就是透過教育及公眾意見逐步施予壓力，而不是透過立法措施，令部分人受苦。」[33]葛量洪提交一份附加資料指出，華人社會之反對，令廢妾問題變得複雜：「英國人的思維之中，納妾令人倒胃，但中

---

29 委員會亦得悉羅文錦對此有保留。同上，第76(ix)段。

30 羅文錦, *Comments on the Report of the Committee on Chinese Law and Custom in Hong Kong*(Hong Kong: Hong Kong Government Printer, 1953), 第28(9)段, p. 11.

31 同上，第28(14)段, p. 12.

32 同上，第28(15)段, p. 12

33 "Telegram from Hong Kong (Sir A. Grantham) to the Secretary of State for the Colonies, 11th March 1957", 第1段, 於 CO1030/819, *Chinese Laws and Customs in Hong Kong*.

國人的意見(99%的人口)有其份量。行政局內的華人議員全部反對立法。」[34]面對華人領袖之強烈意見，葛量洪認為「最好的方法，是讓事情擱在一旁，因為事情十分清晰：公眾意見已逐步走向正確的方向，毋須急於求成。」[35]

　　葛量洪道出了廢妾之難，在於行政局的華人代表之強力反彈。這班華人代表是殖民社會中的富裕階層，往往以納妾為名，行買賣及玩弄婦女之實[36]。一般華人三餐不繼，納妾幾近不可能，所以葛量洪所言似乎誇大。不過，當時殖民地部官員，對葛量洪之處境倒有同情之意。殖民地部官員布朗寧說，「雖然我十分支持一夫一妻之原則，我對於香港政府在此事情(的反應)，深表同情，我們一直相信，習俗及道德的事情，最好是透過教育，而非立法來處理，我不認為，殖民地大臣會處於困難的境地，需要為香港政府辯護。」[37]

　　但是，英國國會並無放棄此事。1958年2月，又有國會議員質詢香港廢妾的問題。香港總督葛量洪只能向殖民地部報告，將成立一個由華民事務司及律政司之委員會，重新檢討法例，最終達至廢妾之目標[38]。葛量洪明言，不可能立即廢妾[39]。1958年6月，葛量洪向殖民地部報告，這個小型委員會業已成立，其職責包括考慮是否可以透過立法，讓中國舊式婚姻合法化，以及推動有關夫婦進行合法

34　同上，第3(2)段。

35　同上，第4段。

36　鄭宏泰、黃紹倫，《婦女遺囑》(香港：三聯書店，2010)，第二章。

37　"Minute by Mr. Browning to Mr Terrell, 23 May, 1957", 於 CO1030/819, *Chinese Laws and Customs in Hong Kong*.

38　"Telegram from Hong Kong (Sir R. Black) to the Secretary of States for the Colonies, 5th February, 1958", 於 CO1030/819, *Chinese Laws and Customs in Hong Kong*, 第3段.

39　同上，第5段。

登記，而且，他又認為，委員會可進一步考慮在一定日期之後，立
法強制婚姻登記[40]。

　　事隔一年，殖民地部的反應已截然不同。官員似乎難以接受港
督的方案。特里爾語帶無奈，以譏諷的語氣說：「談到妾，似乎是
一個很好的制度。或者它需要改進，而非取消。設立委員會似乎是
一個好的主意。」[41]另一名官員欽亦接著特里爾的看法道：「我同
意。我希望我們不會被問到，如何就改進妾的制度提出建議！」[42]

　　委員會談了三年，終於有眉目。香港政府推出一份報告書進一
步諮詢[43]。但殖民地部官員坦言，廢妾進展並不理想。殖民地部官
員格威利姆批評，英國在推動香港達致男女同工同酬，以至廢妾兩
方面，做得不夠[44]。在廢妾的問題上，她亦批評殖民地部內有官員
不思進取：「我們似乎把事情交給一些不願意轉變的人作主導。」
[45]她認為，「（殖民地部）有責任盡量提供進步的意見，而且繼續提
出意見，目的在於在一段時間內，刺激某一些觀點。」[46]她批評，
殖民地部以較為人性化及現代的方法，向香港提出意見，只會讓中

40　"Savingram from the Governor, Hong Kong to the Secretary of State for
　　the Colonies, 19 June, 1958," 第2段，於CO1030/819, *Chinese Laws and
　　Customs in Hong Kong*, 第3段.

41　"Minute by Mr. R. Terrell, 29 August, 1958", 於CO1030/819, *Chinese
　　Laws and Customs in Hong Kong*, 第3段.

42　"Minute by Mr. Chinn, 1 September, 1958," 於CO1030/819, *Chinese
　　Laws and Customs in Hong Kong*, 第3段.

43　報告書名稱為 *Chinese Marriage in Hong Kong, 1960*（即所謂的
　　Ridehalgh / McDouall Report）.

44　"Minute, 5 May 1961" by Freda H Gwilliam, 於CO1030/1346, *Chinese
　　Laws and Customs in Hong Kong*.

45　同上，第2段。

46　同上。

國男人不感到頻密及刺痛——而中國人最懂得的就是以「滴滴」
(drip drip method)的方法處理問題[47]。格威利姆是殖民地部的助理
教育主任，歷來在殖民地部致力推動婦女之教育，提倡男女擁有平
等教育之權利，難怪她對於殖民地部的拖拖拉拉之作風有強烈不
滿。她不單針對殖民地部，亦批評香港政府在廢妾問題上缺乏有力
的承擔。

　　格威利姆的批評，與香港政府之嘆慢板，成了強烈對比。如1963
年5月，香港政府曾諮詢殖民地部有關《關於婚姻的同意、結婚最低
年齡及婚姻登記的公約》會否伸延至香港的問題。不過，英國國會
議員等不及了。到了1964年11月，又有英國國會議員提出有關香港
繼承法的質詢，矛頭指出香港婦女在繼承方面之不平等問題。香港
總督戴麟趾依然老調重彈：「由於多種類的(婚姻)習俗，包括大部
分人，都依據中華民國民法第980至988條而締結成婚的新式婚姻，
以及繼承的法律問題的複雜性，令到進展困難，特別有好多其他更
緊迫的事情，不斷令我們要預先處理。當然，我們將嘗試走前一步，
但我不認為在預計之中有任何急速的發展。」[48]

　　戴麟趾的說法，顯然得不到殖民地部的支持。海厄姆十分關注
繼承法及婚姻法內的歧視條文[49]。他的意見得到當時的政務次官懷
德女士(Eriene White)的同意[50]。懷德女士是執政工黨的重量級人

47　同上。

48　"Telegram from Governor of Hong Kong (Sir D. Trench) to the
　　Secretary of State for the Colonies, 18 November 1964", 第2段, 於
　　CO1030/1704, *Chinese Laws and Customs in Hong Kong.*

49　"Minute by J.D. Higham, 9 February, 1965", 於CO1030/1704, *Chinese
　　Laws and Customs in Hong Kong*。

50　"Minute by L.T. Stapleton, 19 February, 1965", 於 CO1030/1704,
　　Chinese Laws and Customs in Hong Kong.

士，一直在黨內提倡男女平等，備受尊重。

倫敦的壓力顯然沒有令香港政府加快進程。1965年2月11日，香港輔政司戴思德修函殖民地部有關改革的進度，說法悲觀：「我恐怕我不能就實施Ridehalgh / McDouall報告書內的部分建議，提出一個立法時間表。」[51]殖民地部的官員對此非常失望。卡特在錄事中指出，「我認為，從現時（香港政府）的操作，而期望有任何改變的啟動的話，將是錯誤的。」[52]卡特又認為，假如Ridehalgh / McDouall報告書的大部分建議得到採納的話，「這將是一個很好的願景，就規管中國人的婚姻作出非常有用的開始，就妾之問題作致命一擊，並符合聯合國有關婚姻的國際公約的要求。」[53]他批評香港政府毫無主見，並建議催迫香港政府就此問題在合理時間內總結完成[54]。後來，香港政府終於在1965年6月提交一份報告的草擬本予殖民地部省覽。卡特仔細研究報告書的內容之後，完全同意這份報告書的建議：「假如這些建議全部獲得（香港政府）採納的話，我認為我們不能再要求香港政府更多了。他們（的建議）完全符合聯合國有關婚姻的國際公約，而且更與新加坡的婦女約章的有關婚姻與離婚條文的要點相同。納妾遭到禁止……當然，在我們能夠確定這些建議真正全面實施之前，仍然有些事情要做。」[55]懷特女士回覆，對這份報

---

51 "Letter from E.B. Teesdale to J.D. Higham, Colonial Office, 11th February, 1965", 於CO1030/1704, *Chinese Laws and Customs in Hong Kong*.

52 "Minute by W.S. Carter to J.D. Higham, Colonial Office, 15 March, 1965," 於CO1030/1704, *Chinese Laws and Customs in Hong Kong*, 第2段.

53 同上，第3段。

54 同上，第4段。

55 "Minute by Mr. W.S. Carter to Mr. Stapleton, 24th June 1965", 於

告感到鼓舞。[56]

　　這份報告的最終版本經行政局通過，以*Chinese Marriages in Hong Kong*為名發表，成為了日後所稱的 Heenan / McDouall報告書。由於卡特及懷特等均同意這份報告的意見，但香港政府卻堅持，需要殖民地部的正式批准。卡特指出，「(香港政府)暗示，本報告需要得到殖民地部的正式同意，因為這報告書是香港皇室訓令內，有關剩餘(立法權力)的部分。」雖然殖民地部的法律意見不同意香港政府的見解，認為有關中國婚姻的問題並非屬於剩餘權力所覆蓋。但是，卡特為保險起見，最終仍是尋求懷特的正式同意，因為「這些建議本身就是一條主要以及史無前例地干擾香港華人社區的法律，無論日後法例的制定是否屬於剩餘權力，在極為艱辛的立法草擬工作展開之前，我建議需要得到殖民地大臣(或者閣下)之批准。」[57]最終，懷特亦點頭同意。她在錄事中說：「這當然是一個十分重大的轉變，事情已經在香港廣泛討論，並且與中國大陸的做法一致，可減低日後可能出現的難題。」[58]

　　香港政府得到殖民地部首肯之後，在1967年發表了白皮書，即所謂《香港婚姻白皮書》，提出終極方案。但是，由於香港發生左派暴動，香港政府的立法部署遭到一定干擾。在政治局勢大抵穩定之後，香港政府再重新推動改革。不過，已拖了近兩年。1969年2月26日，港督在立法局施政報告中提到，將啓動婚姻法律改革的程

(續)──────────────

　　　CO1030/1704, *Chinese Laws and Customs in Hong Kong*.

56　同上，"Minute by Mrs. Eriene White to Mr. Carter, 25 June 1965".

57　"Minute by W.S. Carter to Mrs. Eriene White, 2nd March 1966"，於
　　　CO1030/1705, *Chinese Laws and Customs in Hong Kong*.

58　同上，"Minute by Mrs. Eriene White to W.S. Carter, 3rd March 1966".

序[59]。最後，婚姻改革條例草案在1970年6月3日提上立法局，在1971年7月8日通過[60]。

總結

自1953年史德鄰報告書提出改革中國法律與習俗，到1967年5月的香港婚姻白皮書為止，香港政府總共推出了三份報告及一份白皮書，至1971年才能為婚姻法的改革邁出一大步。從中可見，殖民地政府之改革方向，出現了轉化：1953年討論的是中國法律與習俗的改革，理想宏大，幅度較廣，到了1967年的白皮書，只集中討論婚姻改革。換言之，殖民地政府原本的改革理想，在華人之反對，政治之壓力下，只變成中國婚姻改革，而不是大張旗鼓地針對中國之習俗全盤「西化」。

假如沒有英國政府不斷向香港政府施壓，香港政府為免得罪高等華人，可能不知拖到何時。過往，在討論英國殖民政府改革殖民地社會習俗的時候，我們很輕易跳入一個結論，即殖民地政府有意識及有計劃地透過法律去「創造傳統」，以西方文化較為優越之思維，創造了被殖民的人民之傳統文化，有意識地扭曲當地社會習俗。從檔案可見，英國殖民地部催迫香港政府加快廢妾，並非完全是一項有意識及有計劃地之行動，意圖完全剷除中國習俗；又或者是基於殖民地「主人」之優越心理，向被殖民的「僕人」所推動的習俗洗刷（wipe out）之圖謀。反而，英國政府是基於國會議員之政治壓

59　Enclosure 6, in FCO40/225 *Hong Kong Legal Affairs: Chinese Laws and Customs.*

60　Hansard, Hong Kong Legislative Council, 8th July 1971, p. 789.

力，以及個別官員對男女平等權利之信念，不斷向港府施壓，以達致廢妾之目標。

英國殖民地部基於中國法律之改變，以及西方對於納妾習俗之厭惡，迫使香港政府提出婚姻習俗之改革，推動廢除中國習俗內歧視婦女之做法，令香港之婚姻法律走上尊重男女平等之普世價值的道路。這個過程，有助我們了解及反思英國在香港殖民管治之歷史。我們不能以教條主義的角度，認為凡是港英殖民政府的所作作為，都是十惡不赦的，反對到底；反之，我們也不能一味歌頌殖民主義，把殖民主義對香港華人之壓迫，輕輕帶過。我們不得不承認，沒有英國殖民主義，香港走不上現代性之列車，一些港人仍然堅信的民主、自由及法治之價值，不可能在香港生根。管治香港之難，在於需要更細緻地了解殖民管治對香港之影響。問題是，北京在1997年後，不斷摧毀香港之現代性，試圖把香港與普世價值硬生生地分開，難怪有不少香港人，依然眷戀殖民主義了。

王慧麟，倫敦大學亞非學院法律系博士，研究香港法律史、人權法及行政法。學術文章包括 "Social Control and Political Order–Decolonisation and the Use of Emergency Regulations in Hong Kong"，將於《香港法律學刊》發表；〈香港去殖與人權立法〉，將於《政治與法律評論》刊登。

無怨無悔的解殖思考

周思中

　　2007年，時值回歸中國十週年，香港發生了一場保衛「皇后碼頭」運動。運動的主體是一群自稱「本土行動」（local action）的香港社會行動者，而保衛的對象皇后碼頭，則是香港常識裡歷任港督下船履新的一個公眾碼頭——特區政府要把碼頭身處的貴重海傍發展為大商場及大型基建的要衝。運動持續超過半年，其間「本土行動」不斷被親政府的報章及評論批評為「懷殖民地的舊」。

　　2001年3月上旬，香港特區政府的財政司司長於財政預算中提議，向所有香港市民派發6000元，引發了社會對於居港未滿七年的所謂「新移民」是否應受惠於同一措施的討論。以「為香港人發聲，捍衛本土文化，保障香港權益，抵禦文化清洗」為主張的網絡組織「本土力量」（Hong Kong Native Power）應運而生，該群體以香港的移民政策（主要是由內地來港的「新移民」為主）為焦點，反對特區政府「派錢」給新移民。

　　事實上，回歸後香港特區政府一邊廂以國民教育、香港與內地更緊密經濟合作關係、基本法23條國家安全立法、香港與深圳的邊界規劃、廣州深圳香港高速鐵路的修建等政策及手段，文攻武鬥，把香港進一步地定位為另一個中國城市。另一邊廂，各種各樣的措施又激發起各種抗共甚至仇恨中國的情緒，包括內地孕婦來港產

子、「自由行」遊客不文明的旅遊風格、炒高奶粉價格、炒賣豪宅
推高香港樓市、當然也包括對回歸以來中央政府干預香港事務的積
怨，造就了以「他者」作爲敵人來定義自身的廉價條件。

三十年來，從前途談判始，歷經後過渡期及回歸，香港進步的
知識及社會運動界一直在排他、攻擊性的國族主義，及殖民主義以
外，尋找和實踐第三條路。然而，2007年保衛天星皇后碼頭後，事
隔不過四年，由被誤解爲保衛殖民象徵皇后碼頭的「本土行動」，
到看來充滿排外情緒的「本土力量」，這場鬧劇，在殖民遺產解殖
方案等思考幾乎已一片死寂的今天，難道就是香港——地球上最後
的殖民地之一，並且以不成立獨立主權國爲解殖方案的例子——尋
找本土性的宿命嗎？

對甚至從未曾有系統、有沉澱地形成的本土關注，是否必然會
在開花結果前便猛然轉化爲排外主義？這種轉化雖然在歷史上絕不
罕見，但在香港出現的形式，卻是「大香港式的」反國族主義的排
外傾向。從殖民地過渡到後殖民階段，除了愛國主義及懷殖民地的
舊之後，是否還有其他可能性？有沒有一種既不排外、亦非愛國主
義的路徑呢？或從最低限度看，如何理解這種轉化的意義或警號？

海地的教訓，或兩個黑格爾

解殖作爲一項思想及政治工程，難度到底有多深不見底，加勒
比海小國海地的經驗，足以作爲一個韻味深長的參照。讓我們把日
曆調回18世紀。

眾所周知，以自由、平等、人權作爲核心價值的啓蒙運動，發
源於17世紀中後期的歐洲。吊詭的是，有別於以往家用奴隸，大規
模的殖民地奴隸制度，卻在歐洲人對自由平等人權等猛烈追求的同

時，在非洲及南美等地迅速擴散。數以百萬計的黑人奴隸，就在殖民主所設立的大農莊裡，在被剝奪自由及其他基本權利的情況下，日以繼夜地勞動，爲莊園主及廣大的歐洲人提供豐收及富饒。

1789年，專制君主路易16世，在巴士底監獄的頂沸人聲中，在革命一片追求自由平等博愛的呼喊聲中被推翻。這場革命的一個不經意效果，乃是革命因子竟一發不可收拾地傳到歐洲的殖民土地。位於加勒比海的海地，於17世紀末成爲法國殖民地，靠大量出產糖、咖啡、可可和靛藍染料等成爲法國最富裕的殖民地。在法國大革命發生時，時名聖多明尼哥（Saint-Domingue）的海地，咖啡及糖的產量占了全球產量分別六成和四成，但當地的莊園主當然也是以白人爲主，而其生產的基礎是正是黑人奴隸制。

法國革命的發生和其後的人權宣言，無可避免地傳到聖多明尼哥，迫使法國人思考及承認他們所發動的革命的後果及意義：現代政治所追求的自由、平等及人權等價值觀，適用於黑人嗎？適用於被殖民者嗎？法國大革命兩年後的1791年，聖多明尼哥的黑奴起義，經過13年的內戰和傾軋，共和國於1804年成立，並正式命名爲「海地」（此乃音譯，當地語解「高山之地」）。

海地共和國，是人類歷史上第一個由黑奴起義推翻殖民宗主國而成立的獨立主權國。而黑奴起義之時，起義的主體不僅有當地的奴隸，亦有大量被法國人飄洋過海運來的非洲奴隸；國內除了白人殖民者，也有自由黑人及黑人白人混血兒等，從解／後殖民的角度來看，海地革命中一個後不見來者之處，便是其立國並非依賴單一國族（主義）的神話，而是建基於種族平等這種現代政治的價值觀[1]。

1　David Nicholls, *From Dessalines to Duvalier: Race, Colour and National Independence in Haiti*(New Brunswick, New Jersey: Rutgers

　　然而，問題是：歐洲人願意接受這個後果，不計撼動令他們經濟上富裕，文明上永遠領先的奴隸殖民制度嗎？兩百多年前的海地革命，不啻是早得不合時宜的「批判的批判」：受到法國大革命的召喚，海地革命並不接受後來的宿命觀，認為南美／加勒比海地區本質上無法企及現代性；她認為黑人和其他有色人種，在平權意義上與歐洲人並無二致。她要把這種平等精神實踐到底，把西方自啓蒙運動以降的思想家所倡議及論述的價值觀，從一向幾乎安全和正面得無可詬病的歐洲安樂窩，押送到充斥黑人奴隸的殖民地，鄭重地推到極致邊界，推到把歐洲人嚇得不寒而慄今夕何夕的地步[2]。

　　換言之，有若斯洛文尼亞思想家齊澤克所言，海地革命無疑稱得上是法國大革命實至名歸的一次「重覆」：有若以共和國推翻帝制，海地不僅揭開了黑人解放運動的第一頁，推翻殖民地社會及政治組織制度，從革命的時機而言也是「早產」，即革命發生之時人們根本還未知悉——遑論接受——其後果，因而篤定失敗[3]。

　　美籍思想史學者蘇珊‧巴克莫斯在《黑格爾，海地與普世歷史》一書裡，提出過一個命題：啓蒙運動、現代哲學的高峰黑格爾，與聖多明尼哥的革命到底有甚麼關係呢？作者的看法是，對之熱切及正面的接受，在黑格爾的著作裡曾經靈光一現。需知道當黑氏書寫其經典《精神現象學》之際，正是緊接海地共和國1804年的成立；

（續）

　　University Press, 1996), p. 4.

2　有則小插曲：拿破倫當時派去的法國軍隊及波蘭軍隊，聽到聖多明尼哥的前奴隸高唱像徵人民起義及法國大革命的《馬賽曲》時，全部方寸大亂，一時間以為自己身處了錯誤的一方，不願下手。見 Susan Buck-Morss, *Hegel, Haiti, and Universal History* (Pittsburgh: the University of Pittsburgh Press, 2009), p.75.

3　Slavoj Zizek, " Democracy versus the people", http://www.newstatesman.com/books/2008/08/haiti-aristide-lavalas

而黑氏關於自我意識的比喻——主奴辯證，正是典出此書。黑氏後來寫下一句廣為引述的說話：「早上讀報猶如現實的早禱」，當時黑氏在讀甚麼報呢？巴克莫斯的研究發現，他讀的正是德國的 *Minerva*（黑氏另一著名比喻「智慧女神Minerva的貓頭鷹總是在夜幕低垂時才拍翼高飛[4]」裡的Minerva），以及《愛丁堡報》（*Edinburgh Press*）。兩報一直以來都正面評價及報導法國大革命及聖多明尼哥的革命。換言之，當黑格爾書寫思考其主奴辯證時，聖多明尼哥正在發生的革命難以不是他的現實參照。

哲學上，有別於理所當然的主支配奴，奴受支配而不能自控，黑氏的主奴辯證指出，所謂的「主」，其實才是絕對的依賴，依賴奴隸的生產力才能達至富裕；黑氏又指，奴隸的自我解放乃「殊死鬥爭」（trial by death），沒經歷押上生命的鬥爭，奴隸不可能獲得獨立自我意識的真相。類似的這些說法，難道不是整個歐洲殖民主義及加勒比海正在發生的革命的精準描述麼？

有趣的是，兩百年來關於黑格爾的學術研究裡，他對海地革命之歷史意義的思考及評價，均不見得獲得多大的重視。而後世對其主奴辯證的詮譯，亦多視之為指涉中世紀前的歐洲，多於視為黑格爾對其當代的歷史評論。這裡存在的問題，也不僅在於後世如何閱讀黑氏的著作，亦包括在他後期的著作裡，已從其一度對聖多明尼哥革命的熱情，猛然歸復到當其時的一般見識，例如認為奴隸制雖不公義，但考慮到黑奴的自我意識尚未成形，自由的行使需要循序漸進云云。換言之，這裡存在著兩個黑格爾：對聖多明尼哥黑奴推

4　貓頭鷹乃智識及哲學的象徵。此話的意義指哲學無法處方世界應該怎樣，反而只有在事情發生後，哲學知識才能夠開始沉澱，有如貓頭鷹只有在日光完結之時才能拍翼。

翻殖民地政權額手稱慶、對人類平等充滿期待的黑格爾；以及跟隨
流行與庸俗目的論、幾乎會被誤以為社會達爾文主義的另一個黑格
爾。對於這兩個黑格爾，與其還留著一個歷史的問號，倒不如說這
問號兩百年來甚至還未曾成為議題。

　　於是就形成了我們今日所認識的海地了，首都太子港幾乎是難
民營的同義詞，政治混亂、貪污腐敗、經濟環境惡劣。然而，常識
沒告訴我們的，還包括法國在海地共和國立國後，馬上便反指其獨
立為法國帶來經濟損失，並索價1億5000萬法朗，以換取法國對海地
的外交承認[5]。直至19世紀末，即其立國近100年後，海地每年償還
法國的款項，仍占其國家每年開支的80%，所有賠償要到1947年才
完全清還[6]。及至20世紀末，首位經由民主選舉產生，並且獲得國內
2/3支持的總統阿里斯蒂德（Jean-Bertrand Aristide），雖然大力推動各
種福利政策、加強基層組織、消滅人口販賣及貪污、解散專門針對
平民百姓的軍隊等，結果卻在美國及其他西方國家或明或暗的干預
下，兩度被迫流亡[7]。

　　歷史的教訓，從海地的經驗來看，未嘗不是有點太弄人。倘若
國族主義及排外情緒，都是後殖民政權的致命誘惑（如果不是陷
阱）；海地兩個世紀的獨立史告訴我們，相反的嘗試並不就是陽光燦
爛的康莊大道。沉重的代價甚至不禁令人問道，真的有選擇存在嗎？
把宗主國大革命的理念，在一個連歐洲人在當時常識裡也無法接受

5　同註1, p. 247.

6　同註3。

7　對歷史人物的功過評價總是複雜和局部的，筆者無意把阿里斯蒂德
　描述為完美或單純的受害者。更多可參考Peter Hallward的 *Damming
　the Flood: Haiti and the Politics of Containment*（London and New
　York: Verso, 2011），及相關的評論。

的國度裡實踐，不僅連可能是哲學史頂峰的黑格爾都陣腳大亂前言
不對後語；到今時今日國際社會仍然是以各種政治經濟軍事攔截，
懲罰海地幾經艱辛的民主實驗。面對海地革命這場劃破各種刻板典
型的解殖實踐，歷史除了消音、否定和封殺，是否可能還有其他總
結或意義？

「失敗」辯證法，或歷史主體的眞身

　　若果以海地爲參考，這加勒比海小國，起碼還曾經發生過首個
黑奴推翻殖民政權、以種族平等作爲立國原則、到近幾十年在國際
監視及控制下撥亂反正舉行民主選舉及加強基層組織／培力等——
雖然種種嘗試都處處碰壁，猶如身陷生鐵囚牢，承受各種攔截及懲
罰。讓我們暫且歸類此種情況爲「失敗一」。回頭看，作爲最後殖
民地之一，香港難道不是苦悶得無話可說面目無光嗎？回歸以來的
大型社會運動，比如2003年的反對基本法23條立法[8]、2005年的「反
世貿」[9]、2006-07年的保衞天星皇后碼頭運動、2008年開始的保菜
園反高鐵運動[10]，還有其他大大小小的都市拆遷、社區保存運動、
新界與內地接壤地區的規劃問題等，有別於香港社會運動幾十年來
爭取政治制度民主、勞工權益、房屋醫療等議題，反倒是檢討和回

8　基本法第23條內關於國家安全，2002年特區政府欲就23條立法，引
　　起翌年7月1日50萬人上街反對。
9　2005年年底，世界貿易組織於香港舉行部長級會議，引來全球反全
　　球化的行動者來港抗議。
10　特區政府2008年底於香港石崗菜園村張貼告示，指菜園村由於高鐵
　　香港段工程的關係，需要收地。由此引起社會人士的關注，及後來
　　大規模的反高鐵停撥款運動。

顧自身文化及社會經濟歷史，同時思考香港本土何所指及往何處
去。然而，運動幾乎都是以「反對」、「停止」、「抗議」爲運動
的動詞。而上述運動（除了23條立法暫時擱置。雖近日又以出缺立法
會議員的替補機制借屍還魂，但已是後話），從最表面的目標來看，
幾乎可謂全軍覆沒，被鎭壓、被歪曲、被消費、被轉移視線。而這
種「失敗」，就讓我們暫且歸類爲「失敗二」。

　　兩種「失敗」有甚麼分別呢？分別重要嗎？該引發甚麼思考？
表面上，後者，即以「反對」、「抗議」、「停止」、「爭取」等
爲主調的運動，其層次彷彿仍停留在有些目標未達成，又或者阻止
某些現存有意義的東西被剝奪或消失。換言之，這種「失敗」，其
場景就是仍然停留在舊世界，這世界多半是封閉，並且非由行動者
所意願或創造出來。行動的主體仍然是社會的邊緣或少數，孜孜不
倦地希望掘起包圍舊世界的牆腳而不得。而前者，其層次則是當舊
世界的缺口，已被哪怕是偶然但無情的力量打開，打開了的缺口如
何能通向新世界呢？如何抵擋在鋪路往新世界的過程中，種種墮
落、投機、復辟的誘惑呢──換言之，如何對打開缺口那刻的革命
意志維持忠誠。縱使從種種後殖民案例中，誘惑是張牙舞爪，而忠
誠是崎嶇窄路。

　　日常語言中，上述兩種「失敗」，彷彿都缺乏現成的字眼能夠
清楚區別：前者是求之不得，後者是畫虎不成嗎？前者是失之交臂，
後者是功敗垂成嗎？前者是愚公移山，後者是守業艱難嗎？似乎都
未能準確捕捉兩種情況的關鍵及神緒。這種失語狀態，難道不就是
我們缺乏辯證思考的確鑿證據嗎？上述兩者的分別我們不僅難以描
述及把握，兩者微小但重要的兼容之處，不是也有被忽略的危機嗎？
在論述「否定」時，黑格爾曾說：

「空無」（void）構成運動的基礎，這觀點包含著更為深刻的思考：「形成」（becoming）及自我運動的生生不息的基礎內藏於「否定」裡——在這意義下，「否定」就要被理解為無限（infinite），名副其實的否定性（negativity）。[11]

法國哲學家巴迪烏以此為參考，建立其關於主體的理論：由一種狀態到另一種狀態，當中的機制及操作到底為何？人作為主體在這變化的過程當中扮演了甚麼角色，和主體的本體論又是如何？繞過其技術性的集合論數學哲學，簡單來說，由「空無」（void，即絕對的無）到「原子」（atom，即物質最基本的單位）的變化，是由一種狀態到另一種狀態的最極端情況。兩者到底存在甚麼關係，如何由無到有，由「空無」到出現「原子」？所謂「原子」並不單是簡單一顆占據空間的最基本物質，它還意味著關於這種物質的規律，以及在這規律裡所可以出現的無限種情況；空無的世界就是絕對的缺乏、虛空，而這也是一種秩序。

原子——不論甚麼形式及數量的組合、移動的速度及角度——從絕對空無的角度而言，是同質的，反之亦然。所以，巴迪烏及黑格爾所提的問題的有意義之處，就是若這兩種狀態存在絕對的差異，並不能互相化約，那麼兩種狀態轉化或過渡的條件及可能性在哪裡？

巴迪烏的答案就是：「消失項」（vanishing term）[12]。簡單來說，

11　引號及括號內的英文為筆者所加。Hegel, *Science of Logic*, quoted from Alain Badiou, *Theory of the Subject*(London and New York: Continuum, 2009), p. 56.

12　巴迪烏又稱這「消失項」為clinamen。台灣的朱元鴻教授曾撰文從古希臘的數學到德勒茲的哲學中，考據此觀念的意義，他把clinamen

「消失項」是一種異變及脫軌項，它既不可能是「空無」裡的元素，亦非按「原子」世界的秩序行事。反之，它突如其來，無法預兆地干擾著原子世界，向原本一色一樣的原子動態施以哪怕是最微小的外力，然後原子之間便會開始相撞、變速及產生另一種均衡。換言之，形成新的原子秩序，亦即構成另一世界。「消失項」既不屬於空無亦非舊有原子世界之物，其出現就等同其「消失」，干擾原子原有秩序的一刹，同時就是它排除自身於原子新秩序的一刹。質言之，這道力不占任何空間，施力的一瞬同樣也就是消失的一瞬；它產生意義和具備意義，但卻不在時間跨度或是空間地域裡占據位置。

離開物理的想像，讓我們走回人類社會的場景，巴迪烏嘗試指出的，群眾運動就是「消失項」。它的出現就是為了攪動原本社會／國家(即原比喻裡的「空無」)與人民(即原比喻裡的「原子」)的關係，從而產生另一個世界(此即為歷史的另一階段或面貌)。群眾運動的另一名字，換言之，就是歷史主體，他她們的出現是為了突破原有世界的封閉性，新出現的秩序可能是烏托邦，也可能不是。他們的消失的必然性，就是在維持歷史的動態這前提下，不讓自身重投另一種逐漸由攪動而安穩下來的秩序。「可能把你大嚇一驚」，巴迪烏說，「對馬克思主義者來說，這釐清了群眾運動的角色，從力度而言它是絕對的，從位置而言它卻是零的。沒錯！群眾運動就是……消失項」[13]。對照1920年代後的蘇維埃，和中國文化大革命

(續)─────────────

　　譯作「微偏」。詳見朱元鴻，〈偶微偏：一個古老偶然的當代奔流〉，發表於「眾生眾身」，2005年文化研究會議，中央大學。http://www.srcs.nctu.edu.tw/srcs/teachers/Chu/Clinamen.pdf。

13 Alain Badiou, *Theory of the Subject* (London and New York: Continuum, 2009), p. 63.

1970年代後的革命委員會等[14]，不輕易重投後來形成的秩序，就是巴迪烏認為「主體」對革命或「真理事件」的忠誠。

如果革命或社會變革是有意義的話，巴迪烏認為意義就在於由一種狀態突變到另一種絕對異質的狀態，再到下一個狀態，生生不息。轉變和過渡的動因就是存在著歷史主體，亦即群眾運動，他們的出現為了在某一秩序下施加一道律令式的力量，攪動原有的均衡。而他們必需消失，是因為世界和歷史並不是決定論的，也無所謂宿命，即使物理學裡也有所謂「微偏」的假設概念[15]，任何新規範和秩序都需要重新攪動。以他自己的話來說：「他們似乎忘記了，任何政治大計都是沒有將來的——無論風暴過後的當下顯得多麼蒼白貧乏——除了在群眾運動那奠基／開創性的消失所指引的那條路上，堅穩的走下去。」[16]在這條路上堅穩地走的人，就是對「真理事件」忠誠的歷史主體。

14　在另一近著，*Communist Hypothesis*（London and New York: Verso, 2010）裡，巴迪烏分析指他認為文化大革命的革命意義存在於1965至1968年之間，當毛澤東面對日益官僚化的共產黨政權，他先後發動青年學生及上海的工人，在全國翻天覆地進行黨國之內的階級鬥爭。對巴而言，這短短的幾年運動，不僅體現了毛澤東矛盾而具歷史性的角色：當權的反叛者、呼召人民不服從領導的軍方領導等，文化大革命也像一個實驗般證實了黨國政權的極限。當然巴氏並非盲目樂觀得看不見其後的發展，例如在1967年後以「革命委員會」這滿有地方黨機關味道的名稱置換了遙遙向一百年前巴黎人民致敬的名稱「公社」；及革命過後毛澤東的目的都不過是整頓黨政機關讓自己重新掌權等——巴氏確認文革最初幾年，在共產主義史裡的重要意義。

15　見註12。

16　同註13，p. 64.

眾數的「本土」？抑或沒位置的忠誠

巴氏的理論大廈，難道不就能爲我們思考海地和香港兩種不同的解／後殖民經驗的參考嗎？當主流的後殖民經驗，都是以民族主義與帝國主義(懷舊)爲縱軸的時候，海地既非民族主義，亦不懷法宗主國的舊，卻堪稱苦難的兩百年，與香港甚至可稱爲「甚麼都沒有發生」、五十年不變、所有社會、政治、文化體制近乎急凍的十多年，顯然都無法被這座標所覆蓋，亦不是甚麼主流風調雨順國泰民安意義下的「成功例子」。

而保衞兩個前殖民地時期興建的碼頭、保衛二戰後從國內移居香港的難民所聚居的一條散村，到批判及反思後殖民時代中港融合的矛盾及出路，雖然從深刻程度及波及範圍來量度，恐怕都遠遠及不上當年黑人奴隸以自身解放起義，來測試歐洲啓蒙運動及現代政治理念的普遍性。然而，在其各自的規模上，及其往後受到的攔截、消音及否定的歷史暴力，還有各式各樣變種及復辟誘惑，難道不就體現出透過出現／消失的事件鏈而構成的歷史嗎？

但從積極的意義看，作爲歷史主體的意義，便從來不是建立任何長治久安的「事態」(state of affairs，而state從來兼具「事態」和「國家」兩義)。海地革命揭開了黑奴解放成爲獨立主權國的第一頁，這事件不容於當時；若把歷史人格化，歷史這判官要不是嚴懲這趟「例外」，亦不會輕易的把這缺口任意放開。1791年聖多明尼哥的黑人奴隸，在當時未必能完全意會他她們起義對後世的意義，但這事件的尖銳性及前瞻性，便同時造就了海地人民兩百來來的苦難。無論是立國之初的禁運與賠償，還是近年的基層民主改革的迂迴曲折，難道不是他她們能否在「在群眾運動那奠基／開創性的消

或其目標正是要突破舊世界舊規範的箝制——不求安枕長治，卻以
出現／消失的一瞬撩動出新的均衡，同時跳出其新墮性的引誘。本
文的篇幅不容筆者仔細分析回歸後每一場重要而持續的社會運動，
但保衛天星皇后碼頭運動對批判的後殖民自覺的求索，難道不是馬
上被親建制評論指為後物質主義的小資心態，被主流傳媒翻譯為懷
舊反動的戀殖心態，甚至成為了至今不衰的懷舊風氣麼？至於保衛
菜園村反高速鐵路的抗爭，行動者和組織者明明是有意地透過自給
自足的非原居民「散村」形構，與回歸後日益被唱得有如香港宿命
的經濟「中港融合」之間短路，來反思香港社會的自主條件和未來
定位，卻被毫無遠見、沒有歷史視野的特區政府標籤為「反發展」。
由殖民地從20世紀初一直遺留至今的所謂「原居民」的特權和利益
（此中的利益直接連繫到新界土地近二、三十年來大幅大幅由原農地
改變為「低密度豪宅」），不僅沒有被認真對待，香港非原居民「散
村」彌足珍貴的不把土地視為一般隨時買賣的商品的土地觀，亦白
白犧牲了，效果上取消一切立足於回顧經驗的批判思考空間。當然
亦少不了另外一些批評，不假思索便指香港難道要由現代化城市變
回小農經濟、及對於參與者小資地把田園風光浪漫化，諸如此類。

　　參與運動的，是一個一個有血有肉的個體，不可能把所有人都
規訓成帶著同一目標（每年七一遊行都有人帶著港英時代的殖民地
獅子旗，難道又可以把這每年一度的大型示威看做英國人指使
嗎？）。但這一連串事件的出現，後來出現的種種消音、扭曲和鎮壓，
當然可以作為長嗟短嘆形勢比人強的證據。但一個尚未解殖的社
會，一個被攪動過的社會，就是主體需要透過群眾運動來不斷伺機
重訪的社會，若從巴迪烏忠誠主體的角度看，這些事後甚或同期的
力量，便不過是「出現／消失」所必然意味的元素。

　　所謂「為香港人發聲，捍衛本土文化，保障香港權益，抵禦文

化清洗」的「本土力量」，其排外的界線與國族主義並不重疊，其立足點似乎更像是1980-90年代香港的文化偏見，排他的合法性也似乎坐落於當時歌舞昇平、大香港主義式的鄉愁。又換言之，不過是1970年代，又或者八九民運之後的本土論述的老調。所謂的「本土文化」、「權益」及文化潔癖，與其理解爲抗衡內地力量入侵的「自治」，不如說與港英年代所容讓甚或培植出來的文化身份夾纏不清水乳交融。兩種「本土」，並不是陽關道和獨木橋之間瀟灑及廉價的二選一。

即使「本土力量」與「本土行動」操相近的修辭，若前者並無反省回顧早年香港本土論述的自覺，甚至理所當然地假定回到當年就是理想、就是自主的話，作爲後殖民階段的進步社會行動者，就更需要恪守後殖民時代未完成的解殖計畫的「真理」，作其忠誠的主體。以中國共產黨，甚至無差別地把內地人視爲當下香港的對立面或他者，是一回事，是否正確也當然可以辯論，但思考香港在後殖民時代進步及適切的本土論述而言，這恐怕並不是答案，而是要批判的問題本身，也是要嚴肅對待的思考惰性。

巴氏分析列寧與毛澤東時，指出資產階級必需被摧毀兩次：首先是列寧主義把傳統的資產階級政權摧毀，但這次革命的勝利氣氛並不能滿足所有人。事實上從中國建國後的國家官僚資產階級興起的情況來看，列寧式政黨及社會主義國家也可以包庇許多列寧主義所反對及打擊的元素。巴氏意義的文化大革命，就是對此的第二次摧毀[18]。質言之，兩次摧毀應視爲兩個不同的「消失項」而非單純

---

18 巴迪烏的好友及理論對手齊澤克，對毛澤東及文化大革命的評價並沒太樂觀，他回應說文化大革命在其決定性的時刻無異於斯大林式的大清洗。齊氏認爲，文革雖然反攻了（亦即否定了）逐漸變得資產階級化及官僚化的黨國機器，但文革的否定性卻有更內在及解決不

及偶然的重覆，甚或不相關。第二個「消失項」是以第一個的覆沒或缺席為基礎[19]。這是對事件忠誠的歷史主體的基本責任。香港的本土論述及運動近三四十年來的迂迴跌蕩，加上近年的民粹復辟，可以有不同的描述及評論方式，但從如何才能成為忠誠而進步的後殖民主體來說，巴氏的事件及主體理論，說不定已是嚴格而尖銳的標準。

革命當然尚未成功，同志當然仍需努力。新世界並未到來，這固然可視為浪奔浪流的嘗試及實踐的付諸流水。只是若純然把失敗視為沒意義的空白，放棄從否定性的辯證思考中辨別事件發生的條件及限定其有效的範圍，則不僅失去行動的座標及準繩，甚至任何行動都難免顯得虛無，被看似無序的世事隨時擊倒，墮進萬劫不復的宿命。

跋：把問題（繼續）懸擱

17世紀法國數學家費瑪，在閱讀一本古希臘的數學著作時，眉批了一條定理，後世稱為「費瑪最後定理」。他自稱這定理已被他證明了，只是該書的空白不足，無法讓他完整寫出來。三百多年來，多少最精細或最狂妄的腦袋都前仆後繼地嘗試，最終要到20世紀末即1995年才被破解。在這過程中，雖然定理本身並未能證明，不斷的失敗卻成為了無數後來重要的數學發展的起點。而事實上，所有

（續）

　　了的一面：毛氏無法產生新的秩序。從這點看，齊氏甚至不認為文
　　革具有「事件」的性質。見 "Introduction," *Slavoj Zizek presents
　　Mao*(London and New York: Verso, 2007).

19　Alain Badiou, *Theory of the Subject* (London and New York:
　　Continuum, 2009), pp.80-81.

失敗的教訓、驗證的過程及其衍生出的想法，就實質上成爲數學發
展之所以能生機勃勃的血液，全部寫進數學史裡[20]。

　　本文僅以這個巴迪烏曾說過的故事作結。

　　周思中，曾參與2005年反世貿、2006年保衛皇后碼頭、2009年反
廣深港高速鐵路等社會運動。現從事有機耕種，亦於大專院校兼職
授課。研究興趣為當代哲學及文化理論。

20　Alain Badiou, *Communist Hypothesis*（London and New York: Verso,
　　2010），pp.6-7.

是對外在世界的回應和折射，它一旦經公開流通，就會引發他人對於作品的理解和回應，而整個世界的物質條件和社會氣氛，都會構成文學的內涵特質。而文學作品紀錄了大量人類的經歷、情感與思考，因此閱讀文學亦是讓讀者從個體的世界中走入他人的世界。本文參考漢娜・阿倫特的《人的狀況》（**以下譯文據汪暉及陳燕谷編：《文化與公共性》**）以及理查・桑內特的公共性理論，並放大其中部分，作為論述的概念框架，以針對香港的獨特情況。

漢娜・阿倫特認為，「公共性」首先必須有一定的公開性和可見度（visibility），公共性的行為仰賴公共場合為基礎，必須「被每個人看見和聽見」——他人的在場和見證，是公共性的前提。因此私人情感都應該轉化、非個人化和非私人化，例如講故事就是將私人經驗轉化為具公共性的藝術作品。阿倫特深信我們對現實的感受完全依賴於表象（我們和他人所共同聽到和見到的東西），而公共領域的衰落，便會導致人類對「現實性」失去體會。在阿倫特的理論中，公共—現實性—世界，是互相扣連的三個概念。阿倫特說，「『公共的』一詞指的就是世界本身。」世界不是純粹實存的自然現實，而是一種將人類和萬事萬物聯繫或分隔開來的存在；而公共領域就是一個共同的世界，將人聚集在一起，但卻不致於互相爭勝擠壓。公共領域並不等同於大眾社會，缺乏公共領域的大眾社會，會令人們無法區隔也無法聯繫在一起。而由於公共領域的出現，世界被轉變成了一個將人們聚集在一起、並將他們互相聯繫在一起的事物共同體。共同世界借以呈現自身的無數視點和角度之同時在場，乃是公共領域的實在性之關鍵。站在不同位置和立場的人，持有不同觀點，但都在關注同一個對象。缺少了複數視點和共同對象，公共領域必然會崩潰。本文不同於以往香港文學研究「鉤沉探秘」者，便在於重視意在引起公眾關注、願意陳示公眾面前，並意在貫通文學

群體及「文學的他者」(不關心文學的普羅市民)的一些文學活動及事件。這些活動和事件打開了一些空間,讓世界的人事物重新聯繫起來。

阿倫特認為,「假設死後有另一世界存在,當前這個世界不會永久存在下去」的基督宗教觀,會導致「無世界性」。相反,阿倫特讚賞世俗不死(earthly immortality)的精神,呼籲人們肯定當前生活的必然性,而又想望一種塵世的永恒,即通過讓自己的某種東西或與他人共有的某種東西比個人生命更為永恒。進入公共領域的人,會想望並建立一個超越個人生死大限,進入過去與未來,由我們的先輩與後輩共同擁有的世界。本文所選取的議題,亦有這種超越個人的想望。

漢娜‧阿倫特特別重視「眾人之事」的政治領域,「政治性的行動,自由地去思考和談論政治問題,並就此自由地行動」,能開啟公共空間及公共性的體驗。因此,本文較著眼於探討那些帶有政治訴求的文學事件或現象,包括政治封鎖對言論自由及公民權利的打壓、與政府建制對抗或周旋等。阿倫特一直強調政治領域應超越經濟領域,本文亦沿此論調,放棄涉及商業的出版範疇(有待識者補充),並選擇著重記述反極權統治、反資本主義、不談經濟利益的文學歷史。1990年代中,內地學者汪暉曾指出:「『公共性』首先是對一切不平等的等級關係的否定和對社會多樣性的肯定」,而非以普遍主義去瓦解世上各種文化特徵,或摧毀一切爭取經濟民主、政治民主和文化民主的社會運動,以換取由資本控制的高度同質化的世界。「『公共性』應該成為一種爭取平等權利的戰鬥的呼喚。」(汪暉:《文化與公共性:導論》)而在香港,文學如何結合社會其它異議力量,對抗官商勾結下呈寡頭壟斷的高地價狀況(港稱「地產霸權」),亦是本文的聚焦所在。

　　阿倫特以希臘城邦為例，標揚希臘城邦中人經常以「偉言」來
追求卓異，是為一種公共性的體現。換言之，公共性並非是抹殺個
性，而更是一個人呈現自我之獨立性時的行動所開拓出來的共同世
界。下文中文學創作和論述的大量實踐，可佐證參與文學公共性的
實踐反而可以成就創作風格、獨特作品、一家之言。

　　阿倫特並認為，公共世界中最無可取代者，便是絕對的多樣性
中的同一性。透過關注同一對象，徹底迥異的人之無數視點，可以
集中起來，我們的共同世界便是在其中構造。另一位研究公共性的
社會學者桑內特，亦針對現代社會的自戀傾向，呼籲人們進行政治
活動時應考慮普遍性的公共及政治理念，而非迷信領袖的個人魅力
或道德情操。「公共性就是陌生的人可以一起行動」。（桑內特：《再
會吧！公共人》）。相較於其它強調著名作家位置的歷史紀述，本文
亦特別注意非專業文學人、一般文學受眾、年輕文學愛好者，在整
個過程中的位置和力量。

二、此前的冷遇

　　「公共性」一詞在香港極常遭到冷遇。筆者曾將一個名為「文
學的公共性面向」的綜合推廣計劃提交到香港藝術發展局，面對評
審時，就有一位評審員不解地問：「什麼是文學的公共性面向？」
最後計劃亦只有部分獲得撥款。可見在掌握資源分配權力的所謂文
藝界人士中，仍有為數不少的人對於「公共性」這個概念非常陌生。

　　最典型的港式對「公共性」的誤解，可見於出道於1950年代、
至今仍創作不輟的香港小說家崑南的以下論斷：

　　　在漫長的文學路上行走時，我們很容易發現，眼前的一把秤子，

一邊是私密性，另一邊是公共性，[……]如果作家刻意拚盡氣力，投入眼前的公共性空間，是一個頗為危險之抉擇。結果往往不是向群眾獻媚，就是被群眾所吞噬。原來我們一直沒有一個具有公民性的社會空間，缺乏健康的市場經濟，沒有以人為本的法制，又何來一個理想的文化空間，去容許文學獨立於不同權力集中的制度下而生存呢？我們看見的只有政治極權的公共性，一點也不文明，或面對的是金錢至上，欺榨式的公共性，而不是尊重及捍衛私人的自主性及創造性的公共性。最令創作人難以生存的，就是廣大群眾，一代不如一代，喪失對文字閱讀的熱誠，他們寧願花近百元去吃名牌雪糕，也不肯購買一本售價僅三十元的書。他們看漫畫，動畫，電視電影，根本就騰不出時間去翻多幾頁書。[……]
——崑南：〈在公共性和私密性的天秤上〉，《文化現場》第十五期，2009年8月

由於崑南把公共性和私密性對立起來，並且將「公共性」理解為：一、箝制性的迫令文藝服務的狹窄政治（直指是毛澤東《延安文藝講話》以來的中共文藝政治觀）；二、市場，而文學在香港的市場又長期位居邊緣。於是崑南認為，追求「公共性」便等於「討好讀者，光為市場寫作，或甘心做商業或政治集團的工具」，而喪失藝術的自主性，因此對創作者是絕對的戕害。而因為市場並不健康，崑南便宣告在香港宣揚「公共性」是自說自話。弔詭的是，崑南本身非常留意政治及社會問題，亦經常撰寫相關的專欄和短文來表態，歷來作品中毫不掩飾其政治及社會關懷。因此，以上反應毋寧可以理解為對「公共性」這一概念的陌生所造成的誤解和抗拒（在香港的公共領域討論概念問題，常常會演變成對於市場不夠多元的埋

怨，這也是一種悲哀）。

在香港這個資本主義社會，「私人」經常被理解為自由的保障。而香港文學一直被殖民地政府邊緣化，創作不受重視，學校裡長期不教授本土文學，文學歷史的整理也幾乎全靠個體的力量。八十年代經濟起飛後，面對市場化進程，作品若無法在市場上大幅獲利，便及身而止、湮沒無聞。市場的單元化是香港社會長期性的結構問題。因此，堅持創作的文學人的目光非常「純粹」，他們把創作理解為個人活動，文學社群的連結在於私人情誼，文學的傳承是在於私人交往，它們不被市場和政府理會（因而也好像較不受它們影響），在社會新聞的版面幾乎是不可見的。

想起梁秉鈞於2000年6月4日所寫的〈紙鳶〉紀其北京遊歷所感：全詩寫日常平淡圖景，結尾寫道：*只是大家也未完全忘記／旗幟這裡那裡揚起片片紅光／天空的夾縫昇起一尾黑色鯉魚／是我向你作出私人的招呼*。這裡分明指涉八九民運的場景，表達詩人對民運的未能忘懷，而面對北京彷彿平靜而遺忘一切的周遭環境，詩人會將彰顯自由的政治異議，稱為「私人的招呼」。可見在香港，「私人—個人—異議」這種連結方式，其實是其來有自的發展脈絡。

明明是異議卻不願牽扯政治，香港文藝界對於「政治」二字傳統以來是有戒心的。去政治化也是一種長期的保護策略，免於政治性的攻訐：在概念上它抵抗被標籤為單一立場，在市場上它也有某種程度的保護策略——香港許多大型連鎖書店都是中資的，造成了「鮮明政治立場會令作者和書籍被邊緣化」之慣常印象。從歷史角度來看，這更可追溯到香港文化在1950年代的起飛：當時正是由於香港在政治上相對於中國和台灣的「中立」位置，令許多不見容於

左右的優秀文化得以流傳到香港，豐富了香港文化的底子。這種冷戰思維的影響，在香港也許尚未消失。

藝術抗拒「政治」這種心態當然也有文革創傷的影響。董啓章曾分析這種對於「公共性」的抗拒，與「恐共情緒」有關：即「狹義來說，指政治上對共產主義體制的抗拒，而廣義來說，則指在文化上懷疑中央的領導，拒絕官方的包辦。因爲『恐共』、『疑共』，所以重『私』、尊『私』。跟集體保持距離，主張自力更生，這是香港作爲一個自由社會的特殊體現方式。」中共對文藝的態度一直是「文藝服務政治」，而政治扼殺文藝的最高峰期是文革，全國只有八齣樣板戲。有趣的是，高舉個人來對抗政治操控，自文革後的傷痕文學以來，已發展爲近年中國文化界的慣常論調。近年也有中國學者意圖在概念上闢出「公共」此一範疇，以求在「個人」的消費話語與「政治主旋律」之間尋求「共同世界」的可能。中國學者如徐賁一直提倡「公共生活」(徐賁：〈什麼是好的公共生活〉)；學者陶東風近年以阿倫特的「公共性」、「政治」、「行動」等觀念，提倡中國文學界應該不再以延安文藝講話的「藝術／政治觀」，去理解公共／私人、政治／藝術等對舉概念；陶氏並指出，在去政治化的消費社會中，文藝學界不斷高舉「個人」而否定文藝廣闊的政治面向，其實也是一種政治效果(陶東風：《文學理論的公共性：重建政治批評》)。從這個角度，不難發現內地與香港的傳統文藝思維有同構現象，而近年也同樣出現求變的聲音。

三、轉變的基礎

近年香港文學界出現對公共性的呼聲，有意識地發揚「公共性」此一概念，其改變有背後之基礎。

　　殖民地政府一向把文學邊緣化，政府對文學比較開放的資助是從1990年代中開始(資助額一直低於其它藝術範疇)，此前香港文學在正規教育課程中亦很罕見，甚至大學課程亦不多。回歸後各大學都開設香港文學課，香港文學作品大幅進入基礎中文教育的正規課程，同時文學科考核中的創作成分也大大增加，學校非常需要作家到校進行演講及教育創作。這些教育制度帶動的改變，幫助提升了創作氣氛，也令香港文學的力量實質上得到壯大。此項影響深遠，惟本文焦點所限，在此未能深究。

　　近年，許多作家及雜誌營運者都有高等學院的學歷，受到西方理論的影響，對於公共性的概念，較前人更能接受。例如讀文化研究出身的書評人鄧正健，就曾以桑內特的《再會吧！公共人》一書中的公共性概念，在報章撰文，提倡文學讀者應更有世界主義者的視野。此文得到作家董啓章回應，撰文〈文學不是一個人的事，文學是所有人的事〉，在文學雜誌上刊登。此外，近年香港社會上多次湧現的公共空間之討論，亦多論者援引西方理論去闡釋，阿倫特、桑內特、哈貝馬斯，都被多次重提。一些論述採取藝術理論的觀點，例如公共空間是讓陌生人可以相遇並達成互相理解的良好場域，也帶動了文學的思考。

　　同時，近年湧現的青年文學雜誌，其展現的視野也都超越了文學本科的範疇。例如文學雜誌《月台》，除了文藝性的題目，亦有「窮」、「灰爆」(新生粵語，即「絕望」之意)等呈現青年生存狀況的專題。文學雜誌《字花》亦在發刊詞中就提出文學須介入現實政治：「我們也發現這社會比以前更需要文學，因為我們看到，愈來愈多平板虛偽、似是而非、自我重複的話語滲入無數人的生命，同時香港社會的隔膜與割裂愈來愈大，各種無形宰制日趨精微而無所不在。而文學，正是追求反叛與省察、創意與對話的複雜的溝通

過程，我們的社會需要文學的介入。」《字花》特別強調，抗議和
論辯與購物唱K一樣都是日常生活的一部分，並強調對「陌生人」
和「未知世界」的重視：「對本來與文學並不親密的陌生人，我們
將會花最多心力，以試圖拉著他們的手。」筆者參與編輯《字花》
五年，每年編輯都會編定一個與現實抗爭關連較緊的專輯，如「六
四」、「遊行」、「激進」等，以呼應香港六、七月較熾熱的政治
氣氛，同時亦設法翻譯外國的激進左翼理論，強調寫作的反抗性質。
《字花》是香港近年較爲長壽和受社會注意的文學雜誌，它慢慢引
發了框架的轉變：以往即使是對政治發表意見的作品，都被理解爲
作家「個人」的思考；而《字花》強調公共性的框架，則令彷彿非
常個人的城市感觸，都變成與公共管治、教育問題、城市管理相關。
比如以往作者面對舊區變遷只是「物是人非」的私人感觸，但漸漸
文學社群較能以城市規劃的公共眼光去看自己的傷感，傾向認爲那
是社會因素所造成；而對城市管理、政治及教育問題表示異議的作
品，也彷彿找到了它的「收容地」，《字花》經常收到也經常刊登
這種作品。

　　這些文學雜誌持續的倡議和企劃，令文學的面貌顯得更開放，
亦催生了文學與民間社會、異議政治的連結。現時香港的民間團體
經常都會與文學界人士聯繫，令抗爭現場染上文化活動的色彩，也
令抗爭史與文學史有連結雙生的部分。作家參與各種抗爭運動，並
爲之書寫。這種文化和政治互相介入的模式，已經成爲近年抗爭運
動動員的慣例。當然，這和香港社會近年的統治困局相關，下情不
能上達，加上網絡消息流播方便，作家經常與受剝削的群衆同行。

四、未完的紀錄：文學公共性實踐

以下將分四個方向簡略記述，近年香港文學界如何摸索和追尋
文學公共性。限於篇幅和心力，容有遺漏之處，謹待識者補充、討
論。

1. 行動

一般論及作家多先談創作成績，但以公共性參與來說，近年比
較突出的是作家以參與社會運動的行為模式，這些行為引發了作家
的創作。作家會在社運現場出現，朗誦自己創作的相關作品、甚至
朗讀書的章節；他們發言，表達對於抗爭的支持；部分作家甚至會
加入現場的抗爭中。就筆者所記得的，作家出席社運相關場合的文
藝活動，就有以下各項：

土豆詩燴——反世貿詩歌朗誦會（2005.12）
反詩世貿——西洋菜街朗誦會（2005.12）
告別天星碼頭詩歌音樂會（2006.11）
本地創作音樂及詩歌會（2006.12）
皇后碼頭香港文學史簡課（2007.1）
一二一人民登陸皇后碼頭暨自由文化音樂節（2007.1）
廢墟之花——保衛皇后碼頭詩歌音樂會（2007.5）
利東街舊街保衛行動（2007.12）
世界新聞自由日集會（2008.5）
一般的黑夜一樣黎明——六四二十週年多媒體詩歌朗誦會
（2009.6）
書堆裡私悼六四燃燒詩——西洋菜街朗誦會（2009.6）
獨立筆會要求釋放劉曉波集會（2010.1）
反高鐵包圍立法會集會（2010.1）

順寧道反迫遷支持勇氣媽媽楊源柳集會（2010.4）
反政改方案立法會門外集會（2010.5）
菜園村廢屋文學館（2011.2）

　　以上的文藝活動多半是在抗爭現場、公共空間中舉行，節目的前後及中途都會有社運人士和弱勢團體發言。這個數量是頗為龐大的，出席的作家由四至二十多位不等，朗誦詩作不少是因為該項議題而寫，即使不直接相關，親身到現場參加亦是一種鮮明的支持姿態。其間城中還同時另有比較純粹的文學活動及朗誦會舉辦。這種現象的出現，除了社會議題的牽引外，與文學活動欠缺實體空間有很大關係。香港的場地一般是由政府管理，時間表和議題亦由政府主導，因而多半不會言明與政治事件的關係。另一方面，亦與香港的高地價問題相關，1990年代至2000年初，二樓書店盛行，不少書店會舉辦文化活動，包括詩歌朗誦會，詩歌仍有寄身之所；但在2003年後，由於大陸開放自由行，令書店街（西洋菜南街）的地價大幅飆高，大量二樓書店結業、文化活動空間也大幅減少。文學能夠棲身的小居所被地產蠶蝕淨盡，便開始移往公共空間、走上街頭。而民間團體往往亦希望藉文學和藝術的參與，來壯大聲勢、引起關注及拉闊其議題覆蓋面，因此這些一次性的文藝活動，往往會引發延伸性連結，包括作家聯署、作家訪問受打壓的弱勢群體等等（如董啟章訪問因襲警被捕入獄的市民馮炳德，曹疏影、陳麗娟等訪問未獲身份證的準來港婦女）。

　　作家參與這種抗爭場合，慢慢開始如魚得水。因為文學作品在日常生活中往往顯得艱澀，但是在有共同關注和相近情感反應的集體行動場合，往往可以引領受眾越過文字修辭的門檻，去領會作品，而受眾會對作品表示更大的熱情。筆者親眼目擊過，詩人廖偉棠語

言混雜變化多端的詩歌，在反政改的場合中朗誦，在場市民反應明顯地熱烈，甚至比其它語言較淺白的詩歌更受注意。是以作家很少認為抗爭場合扭曲或利用了他們，反而覺得找到了受眾，因共鳴而欣快。

2. 創作

　　同時，筆者認為更值得留意的，是上述這種持續的行動之累積，會在作家的創作中引入參與者的視角。近年香港文學作品中，多了抗爭者角度出發的作品，許多詩直接表達了被壓迫者和反抗者的聲音，有別於以往的旁觀者視角。香港向來都有作家根據時事而寫即事詩，映照出由現代都市之大眾傳媒繫連構成的「想像的共同體」。而在近年，主流新聞媒體受到質疑，網絡上紛陳各種立場的資訊和意見，亦對「想像的共同體」產生了分解作用。從2000年始，香港媒體受內地影響，自我審查，經常大吹「和諧」之風，將異議者標籤為滋事份子；而在2003年後，經過長期的累積，這種眼光開始轉變過來。2005年的反世貿運動，由於韓國農民的各種行動，引起了社會對於抗爭者的同情；2006年及其後的保育和爭取公共空間運動，雖然成果未豐，但卻確定了異議者的理想主義形象，逐漸深入民心；至2010年後，由文藝和社運青年組成「八十後」旗幟，已經是社會上廣受注意的標籤，消費推廣也常要以「八十後」為目標。而香港的寫作群體中，許多人意見經常與商業社會的主流悖異。他們支持多元文化，支持保留舊區特色，支持每個人都應有安居樂業和自由表達的權利，這令作家們的視角本身就近於異議群體。他們與異議團體的連結部分來自對議題的態度，部分來自文藝圈內的脈絡。不少社運內部人士都認為，作家及藝術家的參與，令異議運動某程度上難以抹黑。

　　董啓章雖然不會直接進行現場抗爭，但其長篇小說《學習年代》，則以一群參與抗爭的知識青年為主體，其中涉及大量的思辨與學術討論，關於抗爭與理論的關係。雖然小說並非完全參照現實而寫，但卻比同時期的任何一篇小說都更正面、大膽地呈現抗爭者的主體視角。董氏不時提及漢娜‧阿倫特的公共性理論（輔之以巴赫金的「眾聲喧嘩」概念），讓書中的知識青年以大量論辯去探討政治和行動，並進行群體的抗爭行動（並呼應社會上的保育運動議題）。《學習年代》貫徹董啓章近年的現代主義執著，在形式上挑戰讀者的閱讀習慣，因此雖然在正面描寫社運行動者，仍然是非常純粹的文學作品。而在《體育時期》開始，董啓章已經開始處理有政治理想的青年角色，在其小說中，逐漸形成文藝、知識與政治互相交流的空間，《天工開物‧栩栩如真》及《時間繁史‧啞瓷之光》，這類兼具理論知識、社會關懷和文藝創作熱情的青年，逐漸走到前台。

　　以與董相反的方式來進入政治議題的，是李維怡，她的短篇及中篇小說，經常亦是各種視角的交集。她較常採用傳統的現實主義理念，主角多為盧卡奇意義下的「典型人物」，例如〈笑喪〉的主角林曦，一直是社會抗爭的旁觀者，家庭經濟壓力、社會的主流眼光、理想的追求一直都在他身上糾結難解，其它角色如林采希，則是決斷追求理想、思想難以索解的行動者。李維怡以其個人參與社運的經驗，寫居港權運動中的人物、舊區重建迫遷的街坊、性工作者等等的處境，寫法上並不高調以抗爭者身份出發，反而經常用低調的暗場去交待關鍵轉折。那些彷彿是普通人的故事，然而卻是以非主流的目光去組織的。我個人相當喜歡比較明快的〈紅花婆婆〉，以一個較理想化的形象（具有分析管治邏輯的語言能力和古代女俠行動的敏捷），寫在日常公共圖書館裡進行的小小抗爭。

　　廖偉棠經常親身參與社會運動，常在抗爭隊伍前後浮游，寫下

大量從抗爭者角度出發的作品，如獲獎詩集《與幽靈一起的香港漫遊》，就有〈灣仔情歌〉、〈天星碼頭歌謠〉、〈利東街〉等根本如同抗爭戰歌一樣的作品。廖偉棠可以用個人獨有的歌謠體及文白混雜語言，寫出抗爭者與警察、權力鬥爭的情緒、感受和思考，即使在其主題不那麼直接的作品中，反抗者的聲音仍然響亮，讀之令人血脈沸騰，筆者有時忍不住想，這不就是阿倫特所說的「自由的人」的主體感嗎？

陳智德（筆名陳滅）本來是非常低調的作家和文學史工作者，2006-07年間則活躍參與保育運動，並因此而尋得了大量讀者。他的《市場，去死吧》，有一系列「回歸十周年紀念」作品，便寫到了七一遊行（2003年7月1日50萬市民大遊行，迫令政府撤回23條立法案）中的感觸，「七一的路太遠，市場會否近些？商場就在附近」的句子，語言簡捷而具迫力，就是上街遊行者的傷感。陳滅也以知識分子的眼光，寫到了維園六四紀念靜坐、保育碼頭抗爭等等政治行動題材。陳滅的詩往往傷感，有虛無的疑問，看到歷史的輪迴，卻從不否定高超的理念、反抗的理想，對抗爭者的哀嘆也是沉重而憤怒的，對讀者有激發作用。

一群年輕詩人的創作實踐亦不可小覷，其中璇筠和陳麗娟，以其女性視角、跳躍語調、童話意象，創作不少關懷社會的作品，部分亦是直接由參與社會行動引發。更年輕的創作者中，亦開始更活躍地討論社會議題、政治事件，並為此創作。文學雜誌受到社會牽引，亦會策劃與時事較相關的作品專輯（如《城市文藝》的皇后碼頭專輯、《秋螢詩刊》的六四20週年詩輯、《字花》的反核詩專輯等），進一步引領作者們觸摸時事和社會議題。這些實踐，與前代以「私人」來包裹公共思考的方式，逐漸有明顯差別，可視作從「自在」到「自為」的創作轉變；這雖是新生的現象，但卻有持續的勢頭。

3. 論述

　　在文學而言，書寫應也算行動的一種，而正面的論述和評論，較創作更能即時與社會互動。文化評論人鄧正健，在任《字花》編輯期間，多度在雜誌內提倡文學的公共性。他更曾援引桑內特的《再會吧！公共人》，撰寫〈從鄉巴佬到世界主義者〉（明報），呼喚文學不應自戀，應有世界主義者的廣闊眼光，關懷公共性的理念。此文出發點是《字花》的改版，關注的其實主要是讀者的眼光和水平，但因為報章編輯編排在文學前輩的文章之後刊出，而被部分文學界前輩誤會為對前代人的抨擊（亦可能因此引發前引的崑南文章）。

　　受到鄧正健引發，董啟章撰文回應，其〈文學不是一個人的事，文學是所有人的事〉，特別點出討論文學的性質便是締造公共性，真正的文學是處於人共同的生存空間，也參與建造和維繫這個空間。通過公共空間，文學跟所有人連繫在一起。董啟章認為，「文學是世界的事」，「為世界的文學必然是公共性的，它必須面向眾數的他人；但文學也不可能全然是公共性的，它也必然具備自身私密和個性化的部分。所以，文學到了最終就是人在公共和私人領域之間出入的橋樑或通道。」這應該是目前為止香港最正面地言及文學公共性的論述。其實，早在此文之先，董啟章已在2006年12月香港爆發天星碼頭直接行動抗爭的時候，以阿倫特理論，去闡述示威者是以行動來打開政治表達的空間——如此正正彰顯了人的自由狀態。該文題為〈保留與開展——保留天星的雙重意義〉，實下開數年來文藝界與社運界對公共性的思考。

　　說到以論述來參與世界，廖偉棠以雜文和藝術評論的方式，將社會行動的理念，以及參與其中的藝術成分進一步闡發。廖偉棠近年著作甚勤，結集為《波希中國 嬉皮香港》、《衣錦夜行》等多本

文集。此外，陳智德以大量書評及文藝評論，也闡發了文學的公共性，例如他初步提出「社區文學」這一概念，舉出舒巷城《太陽下山了》、西西《我城》、也斯《剪紙》、鍾玲玲《玫瑰念珠》、鄧阿藍《一首低沉的民歌》、馬國明《荃灣的童年》、李碧華《胭脂扣》和董啓章《永盛街興衰史》諸作，實在有待進一步整理和發揮，以發揚延伸「社區文學」此概念。

　　文學評論往往被指是少數的議題，但能人可以乘時勢、以文學爲刀，將問題迎刃分解鞭闢入裡，重新將文學融入世界和政治。作家葉輝在報章上撰寫時評和文化評論，經常匯融文學的作品、知識及歷史入內。例如香港近年居住問題幾乎是一觸即發，葉輝便提出「徙置區文學」如舒巷城的作品，揭示香港文學的社會面向；最低工資立法時揭發無良企業，企業發言人赫然是前度詩人，葉輝亦即能引出其舊作來作諍諫。以文學視角去切入時事及文化議題，葉輝可稱獨步一時。

　　另一位近年聲譽極隆的評論人是陳雲。陳雲治民俗學，對香港本土風俗文化有研究有熱情，又曾任職政府文化部門的研究總監，因而政治評論廣受注意。而他近年分析語文現象、語文常識、粵語典故的文章及著作，引起了很大迴響。陳雲的語文書的特色在於，他以古雅中文的知識，去評論當下的語言現象，尤其以分析政府公文、新出現的公關語言，極爲促狹抵死(粵語嘲諷尖銳之意)，才氣畢露(考據或有可議之處)，尖銳之處令人大汗淋漓。陳雲以甚有古風的行文，政治評論的眼光，開拓了語文的政治向度，使得許多非文學人都開始在日常中實踐，以語言爲切入角度，來分析政府及政策。這種做法獨樹一幟，一方面的政治及公共事務，另一方面的語言文法，一般都被視爲沉悶而且少數人才明白的東西，陳雲卻能令兩者都重新對公眾開放，寫出超越時評的快感，本身又同時示範雅

馴的白話文如何寫作，可稱是文學世界中另闢的蹊徑。

　　學院對於公共性的反應似乎較慢，也許是因香港學院與社會的距離較遠，兼之文學在報章上所佔的篇幅又較少，研究文學的學者很少即時對時事有所回應；即使有，往往是在學術研討會上宣讀，亦要等到研討會結集、學報學刊或學者個人著作出版，方能進入公共領域。香港學界不乏對於舊日報章、文學雜誌的整理與研究，亦間接涉及政治與公共空間之歷史變遷及辯證博奕，學者張詠梅在這方面研究常指出「文學」乃是突破政治陣營隔閡的發表空間。但對於當下時事的回應，學者論文則未見踴躍——此亦可能是筆者閱覽未足之故，實待識者補充。

　　2011年6月學者樊善標出版文評集《爐外之丹：文學評論及其他》，書中有一篇〈集體回憶：有詩為證〉，明顯是受到2006年以降社會上「集體回憶」的熱潮引發。文中簡潔地爬梳了法國社會學者哈布瓦赫（Maurice Halbwachs）關於「集體回憶」的論述，指出「集體回憶」是一種安置及引發回憶的框架，由群體說話和思想的習慣所形塑，因此「回憶」具有集體的性質，而不同群體便有不同的集體回憶，集體回憶與其說是固定不變的，毋寧說是「維繫、劃分群體的力量」。故重新召喚「集體回憶」，實應延伸到「何種群體的回憶」之思考，同時必須注意到「控制」集體回憶的權力掌握在誰手裡。樊善標透過分析數首香港詩歌，指出詩歌可以令被主流論述壓抑的群體（如低下階層）現身，亦能以詩歌的語言力量對抗刻板的官方歷史敘述；樊氏甚至進一步表示，現時香港的「懷舊」之風是無權無勢者保護自身的記憶與群體方法，「我們」對講述回憶甚至負有責任。如此論點實與董啟章「透過文學來參與構築世界」的論點暗合，是文學公共性的一次正面證詞。可惜此文在書出版前未曾發表，待得出版，社會上討論「集體回憶」的風潮已衰。

　　2011年3月出版，學者陳潔儀的《香港小說與個人記憶》，序言中提出文學(該書專論小說)有責任留下「共同記憶」，「文學與當時整個文化狀況、歷史大氣候必有裡應外合、或明或晦、種種似斷還續的關係」。此番思考明顯是回應「集體回憶」的社會思潮，但陳氏對於「集體回憶」一詞態度甚為保留，仍傾向肯定「個人」對於「集體」的消解作用，不傾向文學加入「『不斷革命』的豪情壯志」，故仍採用「個人回憶」的概念命名。陳氏將個人與革命對舉，此中亦未嘗沒有反對中共「革命文學」傳統的意思，可視為某種「冷戰遺痕」。然而書中第一章〈簡論：小說與香港〉，將文學歷史與社會歷史扣連而論，將文學視為反映、回應、參與甚至諫諷社會的空間；第二章〈1960年代：劉以鬯《酒徒》與公共空間〉，將劉氏小說的「複調」特色，與香港當時較兩岸三地都開放的言論空間並論，將文學技巧與理念視為社會與政治狀況的癥候，間接亦肯定了言論自由作為香港核心價值，本身是一種具有公共性眼光及文學視野的進路。

　　香港社會的氣氛已經愈趨政治化，期待有更多有關文學公共性的論述、理論爬梳，令致文學能在社會進程中闡發知性面向。

4. 文學館運動

　　以上的公共性實踐，多半立足於異議者、受壓迫者的角度，在民間及文學領域發生，而少進入現代民主社會中文化政策與文化規劃的範疇。事實上，近年以文學角度出發，立足民間及學界，持建設性的倡議態度與政府周旋博奕爭取，又涉及文化政策與文化規劃範疇，並能引起社會廣泛注意的，當是「香港文學館」的爭取運動。香港文學館的受眾包括一般公眾，更涉及公開展示香港文學成果及香港歷史，更不得不融合各代的文學人之視野與觀點，因此香港文

學館運動實是體現香港文學公共性的關鍵場域。

香港文學館的倡議運動與香港西九龍文化藝術區（下稱西九）的發展息息相關。1990年代末起，香港政府針對面積達40公頃的西九龍新填海地區，醞釀建立一個綜合性文化藝術區的概念。2004年，曾有一群老作家提倡在西九建立香港文學館，在西九綿長的諮詢整理中留下了數個註腳，惜余生也晚，當時未能與聞。然後當2009年西九重開公共諮詢，一群香港作家包括董啓章、馬家輝、葉輝、廖偉棠等組成「香港文學館倡議小組」開始倡議在西九建立文學館，筆者也參與在這場運動中。

這場運動首先由董啓章、葉輝等於公共領域撰文，明正要求建立香港文學館，並闡釋文學的理念和可能。此番論述旋即在社會激起不少迴響：幾乎是所有文化版面都出現了關於文學館的討論，也成爲西九此次輪諮詢最矚目的議題；社會上不時出現對於文學館的質疑（別的地方大概很難想像：文學館還能質疑啊？），包括質疑香港文學的價值、質疑受眾數量、文學能否展示、質疑文學館只爲作家搞聯誼等等。在回應這些質疑時，香港文學的公共價值（或曰群眾基礎）便被重提。葉輝便曾引楊牧〈文學的社會〉一文：「文學的社會」是一個「理想的社會」，即使身未能及，心嚮往焉，它「應該是一個是非分明，有愛有恨的社會。我們的時代是一個充滿詭異欺瞞的時代，狼在羊群中行走，貪婪地伺機撲殺無辜，以建立其兇殘暴虐的制度。在這種時代裡，我們尋覓一個合理的社會，通過文學所展現的邪惡和善良，去認清是與非的分際，愛和恨的真面目。」葉輝認爲今天香港「百病叢生、盲從附和、是非不分、見利忘義、奢言和諧、苟安拖拉，正是由於香港沒有人文底蘊的命根而空言人文」。鄧小樺亦以西九文學成分闕如爲切入點，批評香港政府自殖民地時代就將文學邊緣化的文化政策。

　　最正面闡釋文學公共性的，仍是董啓章。他一再表示，這一輪文學界所倡議的「文學館」，「它不是架床疊屋的另一個文學圖書館，也不是把某些人搬上神枱的文學博物館。它是一個讓人學習、觀摩、交流、討論和創作的場所。它不是一個統領和管理文學界的權力部門，而是一個創造條件和開拓空間的服務機構。」換言之，它不是作家或文學界內部聚會的會所，也不是文學萬神殿或萬鬼塚，而是以立體和互動的敘述形式，把香港文學作為香港故事講述出來，形式比較接近一個綜合性的文學活動中心，回應文學的公共性要求。

　　董啓章更以文學館為例，直接回應香港社會對於「公共」的恐懼。對於部分作家認為文學是個人自主的創造和表達、不應仰賴任何公共機構的支援、更不應服從任何公共機構的管理，董啓章分析這種想法是歷史與政治因素使然。

> 香港社會歷來也瀰漫著強烈的「恐共情緒」。所謂「恐共情緒」，狹義來說，是指政治上對共產主義體制的抗拒，而廣義來說，則指在文化上懷疑中央的領導，拒絕官方的包辦。因為「恐共」、「疑共」，所以重「私」、尊「私」。跟集體保持距離，主張自力更生，這是香港作為一個自由社會的特殊體現方式。個體獨立性、自發性和創意成為了香港的嚴肅和通俗文化的共通特質。事實上，在殖民地時代，政府既無文化政策，對推動文化藝術亦沒有承擔，只是任其自生自滅。這一方面令本土文化藝術長期陷於困難的生存環境，但也間接促成了港式自為自主的民間文化創造力。我們很自然會把香港文化，看成是一些個別的創作者私下打拼出來的成就，不但跟「公共」無關，更加是跟「公共」對立起來的結果。

就文學的情況而言，香港作家從來都不是「靠政府」的人，也沒有多少作家會認同內地的作家協會制度，接受由國家供養。
——董啟章〈要「館」不要管：再談文學公共性〉（《明報》世紀版2009.12.13）

用文學館的例子去看，對一些重視文學自主性的人來說，「公共性」似乎意味著一體化、同質化和管理化，在在違反自由的創作生態。董啟章認為，這是因為香港是個缺乏公共空間的城市，市民公共參與的經驗甚為貧乏，故而對文化藝術的公共性產生懷疑和誤解。如前所述，董啟章一直視文學為公共和私人的連結橋樑；以文學館為例，它可以更有效地把文學這個開放空間拓展，成為更多人可以參與的文化實踐形式，包括幫助創造更有利的物質條件和文化氛圍、支援文學創作、深化和引導文學閱讀和欣賞，如此在在能改善產生作家和作品的環境條件——而環境條件，就是屬於公共空間的事情。文學館所開拓的公共空間，讓文學更開放、更可見、更活躍、更互動，可有助體現香港文學的獨立性。而文學本是人共同建造和共同分享的精神居所，其流布和傳承所牽涉的物質條件和社會因素亦指涉公共面向，故由一所文學館去完善文學的公共性，順理成章。文學重新聯繫人群，文學館就是這種聯繫的起點場所。

文學館運動的公共性，除了在其構思方面，也體現於其倡議的方式。除了在公共領域進行倡議，文學館倡議小組還在西九的公開諮詢會上進行過一兩次比較大膽和鮮明的示威。事緣作為倡議者之一的筆者發現，西九「持份者」的諮詢名單裡，連澳門的娛樂機構「威尼斯人」都包括在內，卻連一個文學團體都沒有，即認為文學的意見對西九完全無用，文學人不是西九的受眾。這種完全無視文學的荒謬令文學界大怒，作家到諮詢會上示威，譏西九為「文盲」，

而受到傳媒廣泛報導，成為該輪諮詢最矚目的新聞，對西九造成了龐大壓力，迫得馬上在諮詢名單中加入文學團體；而其後公布的三個候選設計方案，均某程度地提及了「文學成分」。

是以這次文學館運動，是由作家帶頭，以公共倡議方式進行，並一直銳意立足民間（董啟章：「民間社會具備了公共性的特質，一個完善的民間社會就是人民自由參與社會及文化事務的公共空間」）。事實上，這次強調公共性的文學倡議運動並不孤單，一直都有作家群體以外的人支持，包括來自劇場、電影、視藝等各藝術範疇的藝術工作者，也包括大量支持文學的一般市民，裡面又包括大量的年輕人。在facebook上的「香港需要文學館」，成員近5000人，這是一個龐大的團體，會持續地分享相關訊息、關注事件，進行支持，上述的矚目示威行為，參與者多半是在網上招募加入，年齡均在30歲以下。在這種民間的基礎上，倡議小組得以組織關於文學館的論壇，自己發動關於西九文學館的民意調查，並持續進行倡議文學館的講座、類文學館試驗的計畫（如2011年在茱園村的「廢屋文學館」、2011年與浸會大學國際作家工作坊及前進進劇團所合辦的「駱以軍小說在劇場」等）。在這個過程中，大學亦參與到這個立足民間的運動來。

除了民間之外，倡議運動亦努力與政府建制互動，包括到立法會的西九會議上申訴。一般專業團體有自己向政府表達意見的渠道，但在香港諮詢政治崩潰的今日，加之文學團體長期被邊緣化，如果沒有民意深厚支持、以及鮮明的批判姿態，西九當局不見得會理會文學界。在連續的示威與抨擊後，倡議小組爭取到與西九管理局進行非正式會面，詳盡陳述對文學館的構想。因為說得切實具體，令建制中人都大為驚訝，令文學館的構想在政府建制內都有不錯的名聲。接下來，是爭取更多類文學館的試行實驗，以便在未有實體

場館之前，就啓動市民對於文學公共性的接觸和理解。

總結

　　在多方面的實踐下，香港文學的公共性之追尋，是呈紛繁多姿的狀態。在其中，我們可以看到有以下傾向：一、文學與其它範疇(民間社會、異議族群、政府建制、其它藝術範疇)的互動明顯增加；二、文學在參與社會議題時，令「文學界」的邊緣模糊；三、年輕一輩似乎對於文學之公共性較易接受。筆者愚見，香港文學公共性從「自在」到「自爲」的追尋，將是「文學」的內涵、外緣、邊界的重整，其將來的形態須進一視乎文學如何對外表述自身，以及視何人爲對象(作家／讀者受衆／關心共同公共議題的人？)；而在其中，我們期待見到更多以公共性視野去縫合前輩文學人與年輕文學人的框架差距。

　　鄧小樺，詩人，文化評論人。著有《不曾移動瓶子》、《斑駁日常》、《問道於民》等。文學雜誌《字花》發起人之一，現爲編委。偶爾參與社運，爲本土行動成員、藝術公民成員。香港文學館工作室召集人。

思想訪談

王文興(中)、單德興(右)、林靖傑(左)
於國立台灣大學總圖書館旁。

宗教與文學：
王文興訪談錄

單德興、林靖傑

前言

　　去(2010)年1月11日，我與王文興老師再度訪談，這是自1983年以來與他的第三次深入訪談，也是第一次以「宗教與文學」為主題。兩人於台灣大學明達館的Living One餐廳由下午談到天色漸暗，將近110分鐘，文字稿超過22,000字，卻依然覺得意猶未盡(全文以特稿方式刊於《印刻文學生活誌》2011年2月7卷6期總號90，頁120-143)。

　　另一方面，林靖傑導演應目宿媒體之邀，拍攝王文興紀錄片《尋找背海的人》，需要找人與王老師對談，王老師建議拍攝我與他的宗教訪談，於是透過陳南宏製片與我聯繫，約定4月25日上午10點在距離王老師家不遠的台灣大學總圖書館旁會面。

　　這些年來我所做的幾十次訪談通常只有主訪者與受訪者，頂多加上幾位聽眾，但此次卻是以紀錄片為著眼點。因此，當天到場的除了導演、製片之外，還有不少攝影、錄音等工作人員，陣容相當浩大。待王老師和我在小徑旁的長木桌旁坐定，幾支攝影機和麥克風隨即找位置，不時調整，希望取得最好的畫面和音質，也有人以

數位單眼相機拍照，王老師和我則完全配合。等一切就緒，就開始
進行訪談。由於是在戶外，星期天的小徑上不時有人路過，老少皆
有，其中不乏全家福，投來好奇的目光，有時還佇足觀看。工作人
員唯恐影響影片的拍攝，但王老師總是客氣地說，這是公共空間，
其他人本來就有權利來來去去。

　　雖然這次訪談的焦點依然是宗教與文學，但我準備了一些不同
的題目，導演事先也與我交換意見，提供了若干他想要問的問題。
中間除了一次因為錄影帶即將用完而必須暫停之外，一路都很順
利，最後連導演也忍不住加入，詢問一些他關切的問題。訪談全長
將近140分鐘，由於內容有趣，並不覺得冗長。令我驚訝的是，主題
雖然與上次相同，內容卻繁複多樣，而且大異其趣，可見宗教與文
學是可以反覆深入探討的主題。訪談結束時，不知不覺已日正當中
了。

　　後來紀錄片《尋找背海的人》因為時間限制，未能納入當天拍
攝的畫面，王老師覺得可惜，希望訪談內容「將來可轉為文字稿」，
留下另一種紀錄，也算是紀錄片的外一章。訪談錄音經朱瑞婷小姐
謄打，由陳雪美小姐和我修潤，經王老師仔細修訂後定稿。

訪談

　　單德興（以下簡稱「單」）：你在早期的作品中就對命運的問題
很感興趣，請問你是如何形成自己的宗教關懷或終極關懷的？

　　王文興（以下簡稱「王」）：對宗教有興趣，跟對人生的各種問
題有興趣，兩者是可以畫上等號的。但是，可能有些人是先對人生
問題有興趣，然後再對宗教有興趣，所以這個等號就有先後次序的
不同。我個人基本上跟所有學文學的人一樣，對人生的問題都有哲

學上的興趣，至於什麼時候正式接受宗教，確切的時間我也說不上
來，這就像成長的過程一樣，說不出到底是哪一天長大，而只是逐
漸、逐漸地，沒有特殊的哪一個時間、沒有特殊的哪一件遭遇，但
還是可以問、可以答，可以說出為什麼來。

　　單：那是為什麼？

　　王：為什麼？就是愈來愈覺得人生困難很多，不是個人能夠解
決的。這種種的困難，日常生活也有，於是逐漸、逐漸地感覺到需
要外力的介入、幫忙或援助，而這外力就是宗教，而且累積下來也
覺得這外力愈來愈可靠，這大概就是為什麼的答案。由於這種可靠
的累積，使得自己願意走上這一條路。

　　單：就算是宗教方面的外力，但也有不同的宗教，而你為什麼
選擇了天主教？

　　王：首先，我不否認一般中國人的外力多半是佛道，但是我為
什麼沒有選擇佛道，這也許跟自己的閱讀有一點關係，因為外文系
背景的關係，我的閱讀主要在西方的範圍，容易接觸的是基督教。
當然，我在摸索的同時，也摸索過佛道，乃至於今天有了信仰以後，
我對佛道的閱讀還是沒有間斷。如果再進一步問，除了因為西方文
字的閱讀讓我選擇基督教之外，還有什麼原因呢？那就要回到我最
後決定領洗的時候，我是怎麼想的。當時我已經步入中年，我當時
怎麼想，在幾個宗教裡面有沒有做個明白的選擇？這也是有的。

　　那麼，除了閱讀的影響外，這又是什麼呢？

　　我嚴格地考慮過，佛教基本上是無神論的。這一點別人不一定
同意。但以釋迦牟尼個人的遺言來講，他明白說過：「佛家是無神
的。」那麼為什麼今天的佛教不是這種現象呢？我個人也不太清楚，
只能說佛教是發展出來的，就是從釋迦牟尼的少數經典，發展出更
壯大的一個宗教。假如佛教後來真的是有神的話，那這種有神的觀

念應該是從印度教轉化來的。所以，有神的宗教是佛教，還是印度教，我當時作一選擇時，可能列入考慮。

那麼，再問為什麼不是道教？我26年前，決定信奉天主教時，必須承認我對道教的閱讀比較少。後來才開始閱讀一些。我不敢貿然去選擇道教，可能這是一個原因。後來我信仰天主教之後，純粹以神的觀念來看，漸漸就發現恐怕道教跟基督教是最接近的，乃至我懷疑中國道教的來源說不定是猶太教或基督教。我的想法有些證明，史書上看過唐朝的建國者可能是流浪到中國來的猶太游牧民族。他們何以尊崇道教？在我看來，他們是選擇一個和他們信仰最相近的宗教，然後，為了入境隨俗，就尊奉道教為國教。我也漸漸發現道教和基督教是很相近的。

當年我沒有想這麼多，也還不知道這些。當年除了我剛才講的最大的影響——閱讀——之外，還有一個促因就是實行。這怎麼說呢？那就是，在我領洗之前，我曾嘗試過祈求外力的幫助，這個外力的目標就是基督教的神。然後，在實行上，也屢次證明是正確的，亦即這樣的祈求經常都是有效的。所以在領洗之前，我最熟悉的對象就是基督教的神明。

單：你這裡講的基督教是指基督宗教，包括基督教和天主教？

王：是的，兩教裡神的觀念是一致的，沒有不同，所以一般都稱為Christianity。因為前面說的幾個原因，使我做了信奉天主教的選擇。這選擇也毫無困難，有了實行的基礎、有了實行的影響，末了的選擇等於是水到渠成。

單：你提到宗教信仰的選擇牽涉到自己的背景，也就是有關西方文字的閱讀。能不能更明確一些，比方說是哪些神學家、宗教家的作品，乃至於哪些基督教和天主教作家的作品，讓你透過閱讀他們的文字，而決定自己的選擇？

王：這些在文學裡面是無數了，因爲文學的宗教詩就不知道有過多少。英國浪漫主義以前的詩難免都是宗教詩，美國19世紀詩人狄謹遜(Emily Dickinson, 1830-1886)的詩作也都是宗教詩。這些詩作都可以提供些宗教養成上的訓練。詩方面的影響是最多的。至於小說方面，比如英國的葛林(Graham Greene, 1904-1991)就是我閱讀比較多的一位，其次是法國的莫里亞克(François Mauriac, 1885-1970)；還有德國的伯爾(Heinrich Boll, 1917-1985)，也是天主教作家。另一位就是猶太作家辛格(Isaac Bashevis Singer, 1902-1991)，他那些純粹猶太教的小說確實給我很大的影響，甚至更超過葛林。文學方面的影響來自這幾位詩人和小說家。

可是對我來說，純粹的神學可能比文學還重要。第一個是法國哲學家巴斯卡(1623-1662)，他的《沉思錄》(*Pensées*)帶給我很大的影響。第二個是英國路益師(C. S. Lewis, 1891-1963)的神學著作，小本小本的，闡明基督教的精義是那樣的清楚，也給我很大的影響。說不定這兩人的影響超過前面文學的影響。自從我正式有了信仰以後，反而也接受很多其他宗教方面的神學著作。也就是說，我自從信了天主教之後，反而也大量閱讀佛經和一些道教的著作。我爲什麼閱讀它們呢？因爲它們都可以幫助我的信仰。首先，修行上是一模一樣的，而戒律也是一樣的。至於神學方面的觀念，道教幾乎也和我們一樣。佛教，對神的認同或許不多，但對「空」的觀念很清楚。一般講，基督教也不排斥空的觀念，所以佛學對於空的觀念讓我也收穫很多。不只我一人如此，我記得台大外文系以前有一位修女教授，姓王，是比利時神學院的神學博士。她離開台大時送了我一本書。是什麼書呢？竟是《華嚴經》。她說這部經很好，勸我讀，我到現在也都還留著。我想她一樣也從佛經裡得到很多啓示。

單：除了閱讀的影響之外，還有就是實行。你提到屢屢證明爲

正確，能不能舉一些具體的例子？

　　王：我只能說是日常的煩惱小事，包括人事，問題的解決，也包括生病等等。我在上一回訪談時跟你就講過，別的不講，便是感冒等等小恙，都可以藉由祈禱來化有為無的。當然有人會說：「為什麼有些修行高的人還會生病？甚至還得重病？」這兩者是不牴觸的。祈禱的應驗應該以每一次來決定它是否有效。假如千百次都證明是有效的話，那麼就可以接受，可以信任。至於說哪一次得了重病，根本救不回來，那跟前面的成功是不牴觸的。千百次的成功還是成功，一次的失敗也不能推翻前面，一次失敗那就是天意了。誰都知道，人生是由天不由人的，當然少不了碰到天意不從人願的時候。所謂天意，是誰都不能挽回的，最明顯的解釋當然就是人生那最後一次的生病。如果不是人生最後一次生病，而是人生其他的事，經過祈禱，仍然失敗、仍有挫折，那該怎麼解釋？照我看，那這也是天意，這是天意安排的結果。這跟剛才我講最後的一次生病又有不同，最後一次生病我們解釋得來，而這安排，則是上天另有理由，或者是一個測驗，或者是上天給人一個轉變、一個轉機。例如我深信教宗絕不會因為眼前這一次困難改變他的信仰〔指近日新聞揭露掩護教士性侵醜聞一事〕，我個人也絕不會因他遭遇這一困難而動搖我的信仰。這些是我在信仰實行上近來產生的一些感想。

　　單：有關祈禱的應驗牽涉到修行，其實修行在許多宗教有共通之處。能不能請你就個人祈禱上的體驗說得更明確些，比方說，你每天有沒有固定的時間祈禱？祈禱的內容？方式？有沒有偶爾進入類似佛教所說的「三昧」或「定」的境界等等？

　　王：首先，要依規定嚴格遵守的，就是每週的彌撒；其次是個人每日祈禱。我每日的祈禱基本上採用〈天主經〉和〈聖母經〉兩篇經文。如遇到一些遭遇的時候，個別的祈禱也是採用〈天主經〉

和〈聖母經〉；後來我也會加上〈玫瑰經〉。日用的經文可以很簡單，這跟佛教的淨土宗有些相似，淨土宗就認為可以什麼都不理，只專注一部經文、甚至一句佛號。我想天主教、基督教也會同意這個看法。光是一句佛號，我們也是如此，一句的呼喊，對神的呼喚就夠了。這說的是在奉行上。如此看來，應該說我在奉行上是相當潦草的。如果祈禱上都要嚴格遵守的話，那一定都要百倍於我，齋戒上也一定百倍於我。這些，在我個人，都還在摸索學習的階段。我肯定認為，祈禱遵守得愈嚴格，其收穫也一定更大。因為，整個宗教的過程，無非就是付出與收穫，彼此的往來（give and take），不可能平白地收穫，毫無付出。

單：你剛剛特別提到〈天主經〉、〈聖母經〉和〈玫瑰經〉，你覺得自己讀這些經文和讀文學作品，在態度上或方法上有沒有一些相同或不同的地方？它們對你的效應有何不同？比方說，經文是你沈思、冥想的對象，和閱讀文學作品有沒有本質上的不同？還是說你一樣是很專注，就像你讀文學作品一樣？因為你一向強調閱讀文學作品要很專注、緩慢，仔細體會每一個字的用意。

王：有關經文，兩種方法都可以採用：當文學讀，可以讀得通；不當文學讀，當作一種不可解的經文、符咒來讀，也可以通。起初對這些經文我也是茫無所知，覺得所講的話也沒什麼道理。後來漸漸有所領會，比如說，每次彌撒一定要朗誦的〈信經〉，全文300字左右，到很晚我才發現它已將天主教的神學全部濃縮在內，讀的人如能深切體會，其他的都可以不必讀了。這一篇〈信經〉，首先介紹神的本質，繼之介紹耶穌的本質和任務。這很重要，說明為什麼要信仰祂？確實必須說明，因為一般人太容易拒絕相信、太容易認為這是一個編造的謊話。〈信經〉然後再包括耶穌一生的傳歷；再強調信徒該有的態度；再解釋三位一體，特別說明聖靈是什麼；

最後，再給教徒勸告——將來應該怎麼做。所以，不論講個人也好，教會也好，還是講教義也好，都包含在裡邊了。

〈天主經〉和〈聖母經〉，也都有這優點。〈天主經〉解釋天主和信徒之間的關係；〈聖母經〉也是如此，聖母的本質是什麼，聖母和信徒之間的關係如何，都講得很清楚。一般人如果對哲學沒有興趣的話，不會想這麼多，讀的時候就跟小和尚唸經一般。但是我，附帶講一下，必須說，小和尚唸經也是對的，根本也就是一條正確的路。即便小和尚唸的是印度文的經文，它也是正確的一條路。我們對經文的閱讀，可以是理智上的了解，也可以理智上一無所知，如果就當符咒來唸，也是通的。像是讀梵文的經文，即使內容完全不懂，光是把聲音唸出來，也是正確的一條路，而且是神秘的一條路。

單：一般人對於「小和尚唸經」的觀感是比較負面的，也就是「有口無心」。

王：我必須說，應該是「有口有心」。他對經文的了解是無心，但只要他唸就是有心。他為什麼要唸？就是有所祈求，那就是有心。所以任何事情兩個宗教的看法都可以相同。這樣唸不是有口無心，而是有口有心。我先講自己的宗教，到底天主教是什麼？我能肯定的說，那就是迷信。

單：你所說的迷信，前後要不要加引號？

王：不用加引號。就是迷信，迷信有什麼不對？

單：那你對迷信有什麼特殊的定義嗎？

王：沒有特殊的定義，就用一般的定義，一般是負面的，一般人都搖頭，否定的對待它，但是這種否定性的特質，也就是它正面的價值。——所以非迷信不可。甚至可以，迷信以外一無所有都無所謂。一般人嘲笑執迷不悟，其實真正的信仰就是執迷不悟。這個

「迷」，就是迷信的「迷」，不必修正它。要能做到真的執迷不悟，那才是合格的教徒。別的不問，難道宗教只是給大學程度的人設立的嗎？一定要讀很多經典才能懂宗教嗎？那不識字的人怎麼辦？神可能沒有仁愛嗎？祂不是要你了解教義，祂就是要你執迷不悟，就是希望你迷信就好了。多少不識字的人、多少販夫走卒，怎麼救他們？怎麼幫他們？就是給他們經文，照著聲音背就好了！

單：佛教淨土宗常常強調一句佛號就夠了。

王：整個佛教的精要就在那一句，是吧？悟了半天就悟了那一點點，這就夠了。

單：我剛剛之所以要特別跟你確認你所說的迷信是不是要加引號，是因為牽涉到知識分子和宗教的關係。一般認為知識分子比較難契入宗教，因為他們習慣用理解的方式，或者比較保持懷疑和批判的態度。而你不但是高級知識分子，又是大學教授，也是很知名的作家，所以一般人可能對這個迷信的說法比較難以接受，或者認為你所說的「執迷不悟」指的是非常投入。

王：就是「迷信」的「迷」，沒什麼不對，不必改這個字。就是要抓住這個字。這個迷信是我們宗教的靈魂，宗教的生命，缺了它什麼都沒有。

單：那還要不要悟？

王：迷就是一種悟，不需要其他的開悟。其他的開悟是額外的收穫，可以增加人生的歡樂。就好像我信了宗教以後，我先是迷信，迷信之後我再去讀神學著作，從裡邊得到很高的喜樂。就等於我信仰之外多聽了一首音樂，是這一種的快樂。至於說，對我原來的執迷，則一點幫助都沒有，絕不加分。正信也許只是對一般人講時採用的語彙，其實在我看來，迷信就是正信。此外，就一般人的水平而言，就算佛道不分，害處也應不大。我老早就覺得所有的宗教都

應看成一教多宗，也就是各教有各教的法門，藉此去了解這個最後、最高的存在，因而各教有各教的心得。總的來說，我們是人，人的智慧都是很有限的。所以應該說，在一教多宗之下，每一教都只是以管窺天，所看到的天都是那最高宗教的一部分，都是很有限的。你剛才說各宗教間須要彼此尊重、了解，溝通，是對的、應該的。所以，就是很小很小的地方宗教，乃至別人認為可能是邪門巫術的，我對它都有一種尊敬，我都願意測探它在想些什麼，它的發現極可能是我的宗教還未嘗發現的。

　　單：你剛剛提到迷信，這會不會牽涉到你當初決定信教的那個關鍵時刻？你以往提到齊克果（1813-1855）的"leap of faith"（「信仰的躍進」）這個觀念對你的影響。在你踏出那一步、要躍進的時候，其實是要有相當的信心。

　　王：這倒沒有什麼關係。我當初領洗接受信仰，的確是因為齊克果這句話的影響，他希望追求信仰的人應該跳一步，跳進信仰。換句話說，先信再學。我反而不是一開始就說我該迷信，當時我還沒有這個結論。剛開始時，我只覺路很長，這裡頭該學的太多，不知道要學多久。我是等過了十年、二十年之後，方才有這個信心，相信迷信，願意迷信。現在的確也知道，真的它是學不完，但最重要的重點應該就是，要迷信。

　　單：那你現在怎麼個迷信法？

　　王：我的迷信就是，我相信，整體來講，神都在看你，而且神都會介入，這是第一點。這個信仰要很堅強才可以。然後講到實行方面，要相信祈禱的功能，祈禱的大功能。如果你達到堅強的信仰了，也完全信賴你的祈禱，那麼你的宗教觀念就很牢固了，沒有一點的疑問。下一步就比較困難，而這才是神要我們做的。先要知道，為什麼神要給你那麼多恩惠，幫你的忙，然後讓你認識祂，最後讓

你信仰祂，認爲神存在？這是有理由的。神有極慈悲、極仁愛的理由。祂希望你從這個結論跳到另一個領悟上：你認識了神、絕不懷疑神以後，下一步就會跳到相信永生的存在、永恆的存在上頭。因爲你相信了神以後，無形中就等於相信了神所在的那永恆的空間。那麼，你跟神有一種靈的溝通以後，就會進一步相信：當你的肉體離開世界、化解以後，你的靈繼續還要跟神溝通，你的靈還要存在，這就是永生的觀念，這就是靈魂不死的觀念。這個觀念是神給人最豐盛，最仁厚的禮物。

單：我留意到你的說法是「跳到另一個領悟」，會不會就是「執迷而悟」的過程？

王：執迷而悟……可以的。我想任何一個普通人都可以先從迷信，然後悟到人生過完後還有永生，悟出永生來，就是這麼簡單。其結果可能是想：「人生過完之後，我肯定自己不是去天堂，就是去地獄。」這一種想法也可以，這可以和永生畫上等號。能夠進入這樣的境界也已經是進步，此一境界就是神祂最終要我們領悟出來的。這是恩惠，是很大的禮物。神給人一生的禮物你已經覺得很豐富了，祂最後再給你這個認識，就是告訴你身後還要給你一個更大的禮物，更長遠的禮物。

單：你現在已經超過70歲，照儒家說法應是從心所欲了，就生死大事而言，就是你剛才的領悟嗎？還是有其他更多的領悟？

王：剛才這個領悟是不分年齡的，有人可能一個字都不認識，但從小就迷信，相信天堂、地獄，那他很幸運，很早就得道了。

單：你本身也是作家，你覺得祈禱的專注和你從事文學創作過程中的那種專注，有沒有一些相同或不同的地方？

王：專心應該是一樣的。不要說創作，就拿閱讀來比，你閱讀任何一段文字，要是不專心的話，也讀不出所以然來。人祈禱時的

專心和閱讀一段文學、讀一首詩是相等的，不會更超過。再換句話說，這個專心就是沒有雜念，不能有外界的干擾，專心一志不想其他。就這一點，祈禱和讀詩是完全一樣的。

單：祈禱是宗教中很重要的一個因素或法門，照你剛剛的說法是與神溝通，照佛家的說法就是「感應道交」，這和閱讀文學作品有沒有不同？還是說閱讀文學作品是與作者感應道交，而祈禱是與天主感應道交？

王：我必須說明我個人沒有任何宗教上的神秘經驗，我並沒有在祈禱的時候得到神示，像聖女貞德那樣聽到聲音，也沒有在夢裡得到啓示，完全沒有。所以，我在祈禱時的專心只是跟讀詩的專心相等而已。如果神和我有什麼溝通的話，不是在我祈禱的時候，而是事後。比如我剛才講最基本的祈禱就是有所祈求，希望得到答覆──不一定是語言的答案──我只要看見了答覆，就知道完成了我和神的溝通，除此之外並沒有任何的神秘經驗。

單：也就是你祈禱的專心程度就和讀詩一樣，沒有雜念。能不能談談你讀聖經的方式？

王：聖經是表面讀起來很容易，甚至於看來幼稚，很多中國的讀書人不願讀聖經，因為認為它太淺易，認為是對人智慧的低估。但這就是聖經神秘的地方，它實際卻似易實難，是我讀過最難的書，比佛經難多了。佛經之難主要在於文字，中國古代佛經難讀，在於佛經不光是文言文，而且是印度文的翻譯，可說是難上加難。這一點造成了佛經文字的障礙。但是文字障礙的背後並不難，一旦佛經改成白話文，一般的中等程度都可以了解。

聖經的難不是文字難，相反，聖經的文字容易到兒童都看得懂，但是文字的背後非常難。以聖經的新約與舊約來講，新約比舊約更難讀，這也是我以前錯誤的修訂。早先我讀的時候能夠很快了解舊

約,知道舊約的優美,但是我也曾幾十年沒辦法接受新約。那麼新約難在什麼地方?第一個例子,我們看描寫耶穌復活那一段:耶穌復活,在路上出現,跟門徒講話講了很久,門徒都沒有發現祂是耶穌,等祂離開之後,門徒才恍然覺悟,剛才跟他講話的人是耶穌。這一段要是放在小說裡面,都是第一流的心理描寫。但這個靈異現象,讀的時候常常遭人忽略,它的文學價值很少被人看出來。

再看另一個地方,看是怎麼寫耶穌復活。這裡說,彼得重操舊業,跟其他門徒在提比哩亞海上打魚,打了一整夜始終打不到。太陽出來,他看到岸上有個人,老遠跟他打招呼。那人對他說:「把網朝船的右邊移試試看。」船上幾個人聽了他的話,把網朝向右再撒一次,結果,撈到的魚不知多少。這時,船上有個人忽然同彼得說,岸上的那個人就是耶穌——這時耶穌人已經不在人間了。聽到這句話,彼得連忙穿上衣服,跳到水裡,游了過去。這句話仔細讀,才會知道有多好。彼得為什麼要穿上衣服?這是尊敬,他知道該人是復活的耶穌,他不可赤身露體的去見祂。他為什麼要跳進水裡游過去?那是因為他急切,他要趕到耶穌身邊,等不到這條船划到祂身邊;他怕錯過了機會,他深怕這復活的耶穌剎那間又不在了。當然也可以因為他對祂的景仰、感情,使他立刻跳進水裡游過去。「跳到水裡游過去」這幾個字的描寫,很容易忽略掉其中的文學價值。類似這些,在新約裡邊很不少。

又如,比如說,耶穌被出賣,釘在十字架的前一晚,與門徒最後晚餐時,知道自己要離開了,就突然拿水來,替每一個門徒洗腳。這件事教內教外的人都耳熟能詳,以致後來變成了一種儀式,大家都競相模仿。那麼這儀式的意思究竟是什麼?是把它解釋成替人類服務。然則,如果我們細想,至少我個人想,耶穌最後給人一個替人服務的遺訓,可能性恐怕不大。謙卑的替人服務,這是一般的解

釋。我在想，可能還有別的解釋。我的解釋，是把它視爲另一種洗禮。十二位門徒初初入教時候，耶穌嘗給他們從頭澆水洗禮，臨走時候，再給他們第二次施洗。那爲什麼第二次施洗不也從頭部？因爲，第二次施洗的意義不同。第二次是把這些門徒看成一棵棵樹，要用聖水來灌漑他們。那從哪裡灌漑爲宜呢？從根部灌漑。所以他是在根部(腳部)給予施洗。

如這樣想，就可以兩相比較一下入教時洗禮與現在施洗的意義。剛入教的門徒，只等於是幼苗——幼苗怎麼澆水？當然是從頭上澆。等到這些門徒跟隨他多年，信仰也有了長進，等於這些幼苗已經長成樹了，那麼，現在基督要離開人間，臨走時就再次給他們施洗，希望這幾棵樹能夠高大，強壯，所以這回洗禮從根部來灌漑。我想這才是祂最後施洗的意思。這次的施洗是個恩賜，是要賞給他們能力，好讓他們可以發揚祂的教義，所以才用水給他們這一增強實力的賞賜。像這樣的一段，就是新約裡初讀時易於忽略乃至易起反感的地方。

　　單：你這個耶穌爲門徒洗腳的解釋，我還是第一次聽到，覺得很新奇。聖經裡也說，耶穌是以寓言(parable)的方式來說話，其實不止說話是寓言，甚至有些動作也都有很豐富的象徵意義。

　　王：的確。關於喜歡用寓言這一點，不同的宗教也都相同，常常別的宗教可能寓言更多。似乎天上的神是要用暗示來講話的，人的語言大家都明白，神的語言則爲語言後面的語言，語言表象後面的語言，而寓言就是言外之言，那麼寓言就是神的語言。象外之象、言外之言，這都不是我們凡人的境界和領域。

　　單：你在文學的閱讀與創作方面有多年的經驗，對聖經又有如此獨到的領會，據說有些神職人員對你的聖經解讀也相當推崇，可不可能開一系列的講座，這對一般讀者乃至於神職人員都可能有另

外的啓示。

王：這一點恐怕很困難。原因是我還不能廣闊地了解，我只有一些點式的領悟。點式的領悟如果累積多了的話，或許可以出來解釋，但目前這方面的能力恐怕我還不夠。

單：你讀聖經有這些特別的體驗。你剛剛也提到，自己有了堅固的天主教信仰之後，開始大量閱讀中國的一些宗教文學，請問你在閱讀中國宗教文學時有些什麼領會？

王：首先，我驚訝中國的宗教文學價值如此之高。接著我更驚訝文學史對宗教文學的全面忽略。中國只勉強地接受佛家意味的文學，比如說蘇東坡的禪詩，至於歷代和尚寫的詩，則一概不加理會。中國對道教文學也極矛盾，他們同意王維的道家文學，但真正代表道家神學教義的文學，卻一概不予接受。士大夫認為道士寫的都是叫化子唱歌，道士寫的道情都不接受。所以中國文學史等於抹煞了所有的宗教文學。

單：寒山、拾得呢？

王：以往的文學史幾乎沒有寒山、拾得，一直到很晚才勉強收進去，再說二人也不算太優秀的詩人，應該收入更好的和尚詩人。所以，還是剛才那句話，就是對宗教文學很不公平，根本是歧視。我們舉例來講，中國宗教文學究竟哪方面寫得好呢？嚴格的講，詩詞都寫得好，特別是道教的詩詞；都是傳教、講道用的。可能就因為這個原因，文學史拒絕採納。然則只要是好的文學，就算講道，又有什麼關係？何況此處涉及一個重要的問題，因為我想，宗教的境界本就是文學的最高境界——宗教境界已經是文學境界了，且更是文學的最高境界，那麼道士唱歌、填詞，固然是在宣傳教義，不也正符合文學的最高境界與最高成就？

舉個例說，唐朝的呂巖（呂洞賓），他的詩有不少收入全唐詩，

只要去讀就發覺每一首都精采。呂岩是一個代表，乃至於好幾位五代時期的道士，如果你讀他們全集中的神學詩作，裡面的詩也都是好詩。簡單說，它們又好在哪裡？他們的特點，或優點，就是語言明白，道理深刻——因爲要傳教，用最明白的語言講最深奧的道理，這對任何文人來講都是最大的考驗。任何文人能做到這一點，就是一流的詩人，而這些道士都可以達到這個水準。

在西方亦然，我讀過的宗教詩都有這一優點。然則我覺得西方文學史、英國文學史，這方面固然比我們公平，然則還是有所忽略，並未廣事採納。他們只選了幾位重點詩人的宗教詩，卻忽略其他的。英美許多不大知名的宗教詩都是一流的。這些不知名的常包含教堂裡的聖詩、無量數的聖詩，它們價值都很高。所以這是中外一體的現象，對於宗教文學不太包容，也許這是文學讀者應該有的認識。

單：除了呂洞賓之外，還有沒有其他人？

王：當然佛教裡剛才提到的寒山、拾得也算不錯，寒山的語言除了簡單之外，還有一種近乎野蠻的美，這是他的優點。倒是比寒山早一點的，唐朝詩僧王梵志，可以視爲佛釋宗教詩的表例。我們現在就拿他的一首詩來看看。這一首詩，滿足了語言簡單、佛理深奧兩個要求。這類的詩還有一樣好處，它是百分之百的佛理，不是抒情的佛理。它是正視佛理本身寫下的。它不像另一種禪詩，從佛理引發起抒情，這引發起抒情的詩很容易了解：「哦，那是文學，那是抒情詩。」這個不然，這是講道的詩，根本就在傳道、講佛理。我們可以看看它成就如何。

> 觀影原非有，觀身亦是空。如採水底月，似捉樹頭風。
> 攬之不可見，尋之不可窮。眾生隨業轉，恰似寐夢中。

　　王梵志這首詩在語言上相當完美，他用的全是簡單的語言，沒有一個難字。他在音調調節上也沒有任何缺點，不輸給李白。他每一句都在講佛的基本道理「空」字。第一句，「觀影原非有」，已經一語道破了什麼是空，因為「影」的形狀俱在，但沒有實體。下一句，接著觀看人的身體，領悟到人的身體，或者萬物的身體，跟影子一樣，是相同的空。下面，兩個對句，繼續打別的比方：「如採水底月」。這是說，天空中的月亮是真的，水裡的月亮看來雖然一模一樣，卻虛幻不實，無法採抓。接著，再拿風來做個比方「似捉樹頭風」。樹在搖動，可是什麼在搖動它？是風。但風沒有形體，也看不見，你要怎麼去捕捉樹頭的風？所以樹頭的風又是空的比喻。律詩的三、四兩句，必須是對句，詩人不僅嚴格遵守，而且是這樣的自然，他像講話一樣，輕易的就把每字的對仗都表達出來。

　　先前第三、四是對句，現在第五、六也必須是對句。這裡不只是舉例，而且是解釋了。這裡「攬之不可見」，是相對於「如採水底月」──攬什麼？攬月。你用手伸進水裡去撈月，一撈它就碎，根本撈不到。「尋之不可窮」，則是相對於「似捉樹頭風」：你去哪裡尋找樹上的風？它能飄到老遠老遠，你就是跟到老遠老遠也捉不到它。「攬之不可見，尋之不可窮」兩句話本身對仗嚴格，「攬」與「尋」，「見」與「窮」詞性也相對。

　　結語「眾生隨業轉，恰似寐夢中」，指出了每個人生的一生都是如此，反反覆覆，虛假不實，每一次的輪迴轉世都是一場不同的夢。結尾的七、八兩句遙遙呼應了開頭的一、二兩句。像這樣一首詩，只能用完美稱呼它──自然且復完美。因此，我們對宗教文學應有新的肯定、新的認識。

　　單：你曾說過宗教境界是文學的最高境界，剛剛也說宗教文學是文學的最高境界、最高成就。你自己是一位認真嚴肅的作家，你

認爲自己多年的文學創作有沒有達到你所推崇的宗教的境界？

　　王：我想我不算宗教作家。因爲固然我的主題對乎人生、對乎生死的確有些關懷，與宗教文學相近，但這也都是普通文學的關懷，算不上宗教文學。希望有天我能寫宗教文學的著作。至少目前，嚴格講，應該沒有。總之，我想須是傳道文學才能算宗教文學。所以，一般都認爲，像托爾斯泰晚年的作品《復活》、《黑暗的力量》，還有若干寓言體的短篇小說，才是實實在在，說一不二的宗教文學。

　　單：但一般對於佈道(sermon)、說教(didacticism)之類的文學作品評價不高，認爲它們傳教的色彩太明顯了，有損於文學價值。

　　王：這也許是從受不受歡迎的角度來看，應該要從另外一個純粹文學批評的標準來看才行。這就如你用純粹文學批評的標準來看，你知道密爾頓的《失樂園》是英國文學的最高成就，但是《失樂園》可說已接近佈道文學了。因此，傳道文學只要水準高的話，當可以接受。但我還是常覺得中外都忽略了許多高水準、無名的宗教文學。這大概盡出於偏見，把宗教跟文學之間畫出一條界線，硬規定宗教濃厚的就不算文學。這條界線畫得太嚴格了。只有密爾頓那樣高水準才能認同，其他好的宗教文學就不接納，其結果看來損失實在不小。

　　單：你之所以接受天主教作爲自己的信仰，牽涉到你所閱讀的一些作家的作品。你信奉天主教至今已經二十多年了，在文學與宗教兩方面浸淫甚深，將來有可能創作宗教文學作品嗎？

　　王：這點我還是懷疑。我當然不是輕視傳道的文學，我是了解這方面的能力還不到。我近來確實把這列爲目標，不過這個目標在我現在的計畫裡還看不到。

　　單：如果列爲目標的話，能不能稍微描述一下你將來要創作宗教文學的話，大概是什麼模樣？會有哪些特色？

王：這個目標就是你剛才說的"didactic"這個字。我希望能做到既有宣導意義，又能與藝術互補。這樣的互補真要做到，當然很難。舉個例子，南美作家波赫士（1899-1986）的小說已經到了這一水準。詩人中狄謹遜也算到達這一水準。

單：我覺得很有意思的是，你希望的互補就是一方面有教育、宣導的意義，另一方面又有藝術的作用，這又回到一般人心目中文學的基本功能：中國所謂的「寓教於樂」，西方所說的「教導與取悅」（to teach and to delight）。

王：可以這樣說。但重點是你不能除了這理想之外，排斥別人其他的理想。以往這方面矯枉過正的缺點就是：你要文以載道，就排斥非文以載道的文學。這種態度既抹煞了文學藝術的自由，也容易被政治的暴君所利用。理想的情況應該是文以載道，以其為文學的最高境界，但毫不排除其他的文學，這樣比較健全。那麼文以載道的最高境界，剛才說，像托爾斯泰的晚年著作，比如《復活》，還有戲劇《黑暗的力量》，就都能兼顧兩者，既符合於教育的功能，又兼有崇高的藝術價值。

單：你曾經提過自己的藝術良心高於社會良心，宗教良心又高於藝術良心。宗教強調捨除欲望，但創作就某個意義來講也是一種欲望，這兩者對你來講有沒有衝突？像弘一大師原本是多方面都很高明的藝術家，但在投入宗教之後，除了以書法與人結緣之外，其他方面的藝術都捨棄了。

王：純粹從一個人的修行來講，像弘一大師這樣的作法是應該的。但除了靈修，如就文學價值本身言，我還是相信宗教應放在文學的第一階層。什麼是最高文學？讓我再重講一遍，應該像托爾斯泰那《黑暗的力量》，這樣的劇本才是理想的文學。

單：宗教經驗講求深入，而且目標在真善美聖，你會不會想在

文學方面呈現這些？你過去的作品像《家變》是在探討中國社會不太願意面對的一面，有人認為《背海的人》比較是描寫黑暗的一面。這些跟你的宗教關懷與經驗關係如何？

王：這樣的追求還不能算是宗教的文學。求真、求美連同求善，只能算是藝術的基本要求。講得明白、簡單一點，宗教文學必須加上傳道才能算。要露骨的、絕不遮掩的傳道，這樣才是宗教文學。

單：有人說心專注的時候會出現類似佛教所說的「定境」或「三昧」的狀態，不知道你專注投入寫作時，有沒有什麼特殊的體驗？

王：這方面我不太了解。據我所知，宗教上是有人說有這種神秘體驗，把它看成是超自然的經驗，也許就是你說的三昧的境界。或者有人認為打坐可以達到這種境界。什麼境界呢？大約是靈魂可以出竅，神遊無限的時空；在無限時空中，靈魂又可以轉化為肉身，同樣可以有肉身的種種經驗。類似這些的神秘經驗，我是一概沒有。不但寫作時不可能達到，就是祈禱時我也從來沒有。所以，我一直懷疑是不是有兩種不同的人，有些人會有這類經驗，有些人永遠不會。

單：有人指出，如果宗教信仰建立在那種特殊經驗上，尤其是靈異經驗上，若是未能如願時，反而會影響到信仰，甚至引人誤入歧途。就寫作而言，有人提到，禪修中偶而會出現一種現象，也就是本來不太寫詩，或者不是那麼靈思泉湧，但修行到某個境界時，突然下筆如有神，一天可以寫出很多首詩，而且品質都滿好的。如果有人羨慕那種境界，可能就會陷溺其中，不再繼續往前。因此，禪宗把它當成是一種禪病。那時候如果有明師出現，就會協助他超越那種執著，繼續往正途精進。

王：的確。我剛才說這些經驗我一概沒有。這些經驗究竟是心理學的現象呢？還是宗教上的現象呢？我不了解。但是我從來不懷

疑別人有，少數人有。例如，中國歷代的民間信仰叫「扶乩」。「扶乩」確實很神奇，而且確實能夠寫出好詩來。連原先不會寫詩的人，甚至不認得字的人，都可以寫出像樣的好詩。這神奇得不得了。也有人能夠在夢裡寫詩，醒來時仍舊是個不會寫詩的人。但夢中的詩句已留了下來。這我也不了解。在西方也一樣，在古代的基督教裡也常有，突然整個教堂的人都在講不同的語言，他們自己不會這種語言，結果外地人聽得懂，說這是他們故鄉的語言。那也很神奇。但是，就像我剛才一再說的，這些我從未遇到過。

　　單：如果我們不講那麼靈異的現象，只說一般人比較能夠接受的，就你個人的宗教經驗中，最想跟別人分享的是什麼？會希望透過創作來反映嗎？

　　王：我到現在還沒想過這個問題。因為我還在摸索中。我的意思是說，我大概希望要走的路就是如何寫出像樣的教誨文學，也就是剛才所說的那種文以載道的文學。我的文以載道並不是間接的側寫，而是明白的直寫，就像托爾斯泰的劇本那樣。這是目標，但方向在哪裡都還不知道。

　　單：就身為作家的你而言，在自己的文學的小宇宙裡，當然是一位創造者，也就是小寫的creator，而就你的宗教信仰而言，天主就是大寫的Creator。你覺得兩者之間有沒有什麼相應之處？

　　王：我從來不覺得文學創作本身是一個創造性的活動，我只認為它是學術性的活動。我認為創作絕不是什麼可以得到的特殊技能，它完全是閱讀的累積，或訓練的累積。換句話講，創作跟平常的所有學術一樣，跟科學一樣，必須是勤學的累積。

　　林靖傑(以下簡稱「**林**」)：我一直想了解你對於世俗欲望的捨棄，當然這一方面是因為你希望更專注於寫作，另一方面這其實跟宗教的情懷又很接近，不曉得世俗與宗教兩者之中哪一個影響比較

大？

王：還是世俗方面的比較大。很現實地說，我需要時間，而欲望多的話就會分身乏術，就是這麼簡單。相對的可能是另一頭，就是創作的欲望太高，結果就排擠了其他的欲望，說什麼都還是世俗的。

林：假如是宗教的情懷在減低欲望的話，是不是創作的慾望也會漸漸降低？

王：沒錯。恐怕嚴格講，宗教也是要排斥這種的創作欲望，只能夠把它當成消遣，就像高僧寫詩完全是娛樂而已。對的，這是有所不同的。

林：那你目前對於創作的慾望還是……

王：還沒有把它看成是隨興娛樂的消遣。

林：在這方面會不會感到有所衝突？

王：我是有我個人的看法。我相信人做什麼事，最後都寫在天上。所以說畫一張畫也好，編首歌也好，就算在世間一無所成，沒有人知道你，但是你的這張畫是寫在天上的。那麼寫在天上重不重要呢？重要。因為我相信密爾頓說的，人活在世界上只有一個目標，就是「事奉天主」。怎麼事奉呢？就是盡你所能。用你的工作來事奉天主。工作的成就如何？成敗如何？不是以世俗來看，而是寫在天上的。這樣的話，對於寫作上強烈的追求，現階段我還是覺得可行。因為這是事奉天主的一個方法，也就是，在工作上盡我所能。當然也可以採用別的辦法，不從事文學，改像牛頓一樣從事科學，或根本不進行任何的研究，每天出去奉獻、替人服務，或者賺很多錢，捐錢給別人。總而言之，途徑相當之多，但不能改變的是，其結果就是事奉天主。

林：「盡一己所能地做該做的事以事奉天主」，這樣的觀念跟

佛教是不是不太一樣？

　　王：跟佛教不太一樣？

　　單：其實也未必那麼不一樣。佛教的主旨在慈悲智慧，也就是自利利人，一方面希望把自己的能力發揮到最高，另一方面其目的並不只是為了自己，而是希望他人也受益，有時甚至先人後己。我想任何宗教對於去除我執的看法基本上是相近的，只不過事奉的方法、對象或目標可能不太一樣。

　　王：應該可以說，修道德也是事奉天主的方法。乃至於不是修助人的道德，只是修自身潔身自愛的道德，在我看都可以寫在天上。至於救世助人，這一定要寫在天上的。

　　單：提到自利利人，你曾經開設「詩文慢讀」系列講堂，將自己細讀中國古典文學的心得分享社會大眾，等於是從事更寬廣的文學教育。另一方面，就文學與宗教而言，如果你把聖經當文學做一系列的演講，讓喜歡文學的人能接觸到宗教、讓對宗教感興趣的人能進入文學鑑賞，應該也是很有意義的事。

　　王：我想過，但這條路我能走的還是有限。新約雖不多，但我要做到句句了解的話，還有一段距離。我現在讀新約還不能每句都看穿它背後的意思（要看穿也有種神祕介入，恐怕），不知道什麼時候才會靈光一閃，突然看穿。目前這樣的累積還不夠，還早得很。我們教文學的人都知道，要教一本書，要全面掌握之後才能教，才敢上台。一知半解是不敢上台的。不要說新約的全部，光是新約的某一章某一篇，我恐怕都很難完全了解，我只能片面了解。

　　林：像是最後的晚餐，光是洗腳這件事就可以講很完整的一篇。

　　王：對，但這也只是一章裡的一句話，同一章裡其它的文字應該也不會浪費，只是我還沒看出來。

　　單：就佛教來講，尤其是禪宗，講求「不立文字」，就是對文

字本身並不是那麼執著。

王：對。

單：佛教還有另一種說法，就是開悟了之後就跟佛陀的見地是一樣的，在那種情況之下看佛經，就像儒家所講的，「六經皆爲我註腳」，如果澈悟的話，看佛經基本上就是印證自己的經驗。

王：應該是說法門很多，方便不同的人。如果有一個人很不幸，不認得字，那你怎麼叫他通，是不是？他就不能走文字這條路。當然也不一定，六祖慧能不認識字，你就不知道他是怎麼通的，他就能留下文字來。這真的很神秘。但我還是這樣看，這種神學讀得好的或者了解多的，最終和信仰畢竟無關，對於信仰未必有幫助，只能當作信仰之外一種娛樂上的收穫，或是樂趣。

單：佛教也一樣，佛教學者不一定就是信徒，因此有所謂「佛學」與「學佛」之分，前者講求知性的增長，後者著重實修。佛教有個說法，「說食數寶」，就是說如果只是知性的了解，而不去實修，到頭來沒有得到佛法的實益，說來說去、數來數去，都不是自家的東西。

王：是，這有兩種說法。一種就像我讀完別人的名作後，我就去考試，我每一題都答得出來，但這是「說食不飽」，因爲都等於是別人的，根本沒消化。即使消化了，也不覺得飽足。最重要的是要自己想，不是靠別人想，那種是借來的，不是你的。但，就算自己想了，老實說對信仰都沒有幫助。就算你是一個高手，是個上好的傳道人、牧師或著名的神父，出書，讓很多人讀，但我不認爲這對你的信仰有幫助。

林：真正的宗教體會是意會，實踐，卻無法言說。

王：沒錯，他只要信仰強，就不在乎能不能說得明白，也不在乎能不能告訴別人。這就跟家庭關係一樣，有人對父母那麼好、那

麼孝順，可以賣命等等，這些是他講不出來的，解釋不出來的。那這怎麼來的？是因讀通了四書五經來的嗎？絕對不是。

林：一個人也許通曉四書五經，但不見得孝順父母。

王：沒錯，因為那是另外一條路。至少東方、西方的宗教都同意這一點，宗教可以不立文字。

林：這還滿殊途同歸的，宗教……

王：很多地方可以完全相同。

單：宗教一方面有它不可言說或者不可思、不可議的地方，但另一方面如果沒有文字的話，比方說沒有宗教經典的話，很多人就喪失接觸宗教的機會。

王：這也是。沒有經典就跟沒有教堂、沒有制度一樣，佛教也要有制度，要有經書、法師，否則如何傳教？另外，我附帶一句，聖經還有一個用處，是我們讀聖經的人所不解的：聖經就是符咒，放在身上或哪裡，或者手按在上面等等，就是有效。許多人相信如此，我自己沒試過，但也不懷疑，因為這種神秘經驗光靠文字是無法了解的。

林：聖經就是符咒，這種說法實在蠻有意思的。

單：驅魔趕鬼是不是也用聖經、十字架……

王：……佛教也有，佛號本身也是符咒。還是一句話，淨土宗在這方面已經做到底了，只要一句佛號就能解決一切問題，別的都不需要。我們基督教也近乎如此。

單：《阿彌陀經》裡也說，如果臨終時能一心不亂……

王：就可以昇天。

單：但是那要善根、福德、因緣配合。所以有些人說往生時只要能念佛就能往生西方極樂世界，但要是平常不念佛的話，臨終時已經非常痛苦了，哪裡還會想到要念佛？

　　王：一方面可能沒機會念，另一方面可能還有機會念。往生那條路也不是那麼簡單，不是過了那一關就一切無慮。我相信後面的路還長得很，還有很多債要還，很多的罪惡要洗，每洗一次就是一個懲罰，洗淨的過程並不好受，但能洗淨已經算不錯了。

　　單：依照佛教密宗的說法，一般往生之路有四十九天，他們甚至把路上可能遇到的情況以及因應的方式都有清楚的描述。但是你剛剛「洗罪」的說法很有意思，能不能再加說明？

　　王：我所謂的「洗罪」，指的是值得洗的靈魂。有些靈魂可能早被打到萬劫不復的地獄。這方面的參考資料不多，所以一般知道的也不多，多半是依推想，各人想各人的，說法不一。我個人則相信，後頭的路還很長，而且是上上下下，不是一步登天——沒有那麼好。就算登天，恐怕也是九重天；佛教的天也不是都一樣的，其中也是有過程。其實九重天和十八層地獄一樣，上也有階段，下也有階段，這樣比較合理。乃至於往上的階段恐怕輪迴都可以放到裡頭去，說不定輪迴只是往上的第幾重天而已。我們基督教對天堂好像解釋不多。

　　林：我看法鼓山出版的《無盡的身教》DVD，天主教的說法跟佛教不一樣。與談人之一單國璽樞機主教說，人只有一世，這一世結束之後，就可以回到天主愛的大海裡。一般人會恐懼死亡，其實死亡只是個隧道，人在進去隧道之前心裡會毛毛的，因為不知道隧道那一頭是怎樣。其實，對於天主教徒而言，那只不過就是經過一個隧道，到那邊就進入了天主愛的大海裡。

　　王：醫學上對於瀕死經驗已經有了一些研究，很多臨終又救回來的人，他們的經驗都是相同的，每一個都是經過一個隧道，遠處有一個亮光。這不能看成是幻覺，因為雖然有人說那是吃藥的結果，但不吃藥的人也有這個經驗。

單：你剛剛談到個人有關天堂、地獄的觀念，跟一般基督徒的觀念好像不大一樣，一般認為天堂、地獄高下立判，馬上就上天堂永遠與主同在，或下地獄萬劫不復。但你剛剛的說法比較像佛教的輪迴說，反正都有機會，這一輩子不行還有下一輩。

王：我的意思是說，不但是天堂路很遠，而且進天堂之後還要修，修不好的話，降得比人間還要低都有可能。既然你是一顆靈魂，那總要事事負責的。

林：在天堂做壞事也要被懲罰？

王：恐怕也要受懲罰。

單：淨土宗則有九品之分……

王：什麼樣的九品？

單：也就是說，即使往生淨土，也會依照個人不同的修持而往生不同的品位，從上品上生一直到下品下生，共分九品。品位比較低的可以慢慢修、慢慢晉升。

王：道教也一樣，很多道教的神仙到後來是被打下來的，因為後面還沒修好。

單：佛教也有「天人五衰」之說，也就是說，即使壽命非常長、非常長的天人，在壽命要終結時，還是會出現五種衰老的現象。

王：所以神仙也會衰老。

單：是的，即使是天人依然如此。

林：我還是想追問一個問題，就是說你的宗教體會和文學創作的關係。你在宗教裡應該會體會到一些生命中比較光明、美好的事，會不會因為這樣的宗教體會，而讓你在文學創作中也趨向去描寫比較光明、美好的事？

王：理論上應該如此，理論上也可以看出好的、美的來。如果真就是美、善的話，那麼從事文學藝術的人就很容易一味地堅持真。

如果美、善是狹義的，非顯現美好、善良不可，那也是很好。不過整體看，因為人的缺點是這麼多，罪惡是這麼多，拿比例來講，美善跟醜惡在世界上是不對等的。所以這種時候，你如純粹求真的話，就很容易暴露黑暗，或者說，討論黑暗的機會要更多。

林：可不可以說揭露黑暗是邁向光明或者美、善的一個方式？

王：是可以這麼說。

林：因為醜陋、黑暗本來就存在，假如視而不見，只想看漂亮的、美好的、表面上善的東西，那也不真實。

王：嗯，有關善，當然是很嚴格地必須真正地寫善；至於美，則有各種方法來寫。除了剛才所說的寫真就是美之外，寫暴露罪惡的形式也可以是美的。比如說一首詩是暴露罪惡的，而這首詩的音韻、格律等等在格式上又可以表達它的美，所以也算兼顧。

林：我想講自己的一個例子。我念大學時，有一門劇本寫作的課，老師是一位七十幾歲的神父，他人很好，給學生的分數平均都八十分以上，每學期都放《真善美》那部電影給學生看。我還記得那一學期大家的成績都八十幾分，但我才七十分，為什麼？我想來想去，可能是我的題材的關係，因為我寫的是「大學生之死」，裡面有性、有暴力、有死亡、又有同居，可能對他來說不符合真善美。當然，我在大學階段滿叛逆的，即使到了現在我還是不很贊同他，但我比較能體會他希望的是以一個宗教的情懷，呈現美好的事物。

王：假如果真是你說的原因，那他的要求是比較狹義的。他可以說最高的理想是如此，但是不宜排斥其他的藝術、其他的文學，這樣等於是唯我獨尊，是「一黨獨大」的寫作方法。真要達到那樣的理想，整個英國文學史除了密爾頓之外，還數不出第二個人來。把托爾斯泰全部作品拿來看的話，恐怕也只有一個劇本真正有資格這樣算。你能不能因為托爾斯泰的一個劇本，把他的長篇小說全部

抹煞？沒有必要。

　　單：不曉得你最後還有沒有什麼要補充或特別強調的？

　　王：我只想再強調一下，就是，信仰除日日對自己有利之外，最重要還是能夠一天比一天更體認到神的存在。這是有生之年信仰的目標。這個目標完成之後，就可以進到下一步，能夠更堅定的相信永生之存在。從體認神的存在，才能夠跨到體認靈魂不滅，永生的存在，這是我目前所追求的。

2010年4月25日

國立台灣大學總圖書館旁

　　單德興，中央研究院歐美研究所特聘研究員兼所長，研究比較文學、亞美文學、翻譯研究、文化研究。近作有《與智者為伍：亞美文學與文化名家訪談錄》(2009)、《翻譯與脈絡》(2009)與《薩依德在台灣》(2011)。

　　林靖傑，導演及製作人，執導之《最遙遠的距離》獲2007年威尼斯影展國際影評人週最佳影片，製作之紀錄片《我的綠島》獲2001年法國馬賽紀錄片影展最佳新人獎。其他執導的重要作品包括《我倆沒有明天》(2003)、《嘜相害》(2006)與《尋找背海的人》(2011)。

思想
評論

思想即處理自身黑暗

崔衛平

1999年3月，我在一份叫做《文論報》的報紙上發表文章〈批判，以什麼名義？〉，針對余杰不久前發表的文章〈昆德拉與哈威爾——我們選擇什麼，我們承擔什麼〉中對於哈威爾和昆德拉的理解，以及他對於「中國知識分子」的整體批評，提出了「哈威爾爲什麼要批判極權主義」、「到底我們批判是爲了什麼」的問題。這篇文章是我從事社會政治表述的一個起點，在這之前我主要寫作詩歌與小說評論。

強調「爲什麼」要這麼做，「爲什麼」要批判、要反抗，而不是簡單地去批判和反抗，其中包含了一個延展性的視野，即對於我們從小所處革命傳統的反思，是希望不要再重複前人所走過的彎路，不要重複他們的錯誤。某種既定的思維方式，比人們想像的還要頑固。即使在那樣「極左」的歷史結束之後，它還會存在很長時間，尤其是同樣會存在於新一代批判和反抗的人們身上。

這個反思性的立場，開始於1980年代。更準確地說，來自1970年代末期。我是文革結束後考入大學的第一屆77級學生，1978年春天進校。我們能夠上大學這件事情本身，就是一個「撥亂反正」的結果，在這之前中國大學十年沒有正常招生。我本人在1974年高中畢業之後去農村插隊三年，在江蘇沿海的射陽縣種棉花。

　　上大學最初幾年，始終沉浸在一種思想解放的熱烈氣氛當中。1978年3月我們進校沒幾天，中共中央和國務院召開了全國科學大學，重新肯定了科學的權威和知識分子的地位，也是重新肯定了理性而不是迷信在民族生活中的位置。接著胡耀邦先生主持平反了一系列「冤假錯案」，將一大批人從各種各樣的污名狀態中解救出來，他們在不同時期因為不同罪名從公共生活中消失。同時，大量被掩蓋的歷史真相從各個角落裡走出來。

　　我與同學們如饑似渴地閱讀王蒙、張賢亮等那批右派作家的歸來之作，我的古漢語老師在教授先秦諸子百家的同時，不時插進安徽大饑荒餓死人的議論，好像那是一些必不可少的插曲。南京大學南園的報紙欄裡，一連多日陳列著張志新烈士的美麗照片，她被塑造成堅持真理的新英雄，一種思想英雄。

　　1978年我22歲，正是思想成型的時期。每天與周圍人們一道經歷新的發現、新的真相、新的話題，經歷「開禁」所帶來的希望以及新的失望，就像從一條長長的黑暗隧道中走出，抬頭感受到了刺目的陽光。一位與我年齡相仿的詩人王小妮（當時是吉林大學學生）在一首叫做〈我感到了陽光〉的詩中所描寫的情況，很能代表包當時許多年輕人的心情：

　　　我從長長的走廊走下去……
　　　——啊，迎面是刺眼的窗子兩邊是反光的牆壁陽光，
　　　我 我和陽光站在一起！
　　　——啊，陽光原來是這樣強烈暖的人凝住腳步，亮的人憋住呼吸。
　　　全宇宙的陽光都在這裡聚集。
　　　——我不知道還有什麼存在只有我，

靠著陽光站了十秒鐘十秒，

有時會長於一個世紀的四分之一。

終於，我衝下樓梯，

推開門，

奔走在春天的陽光裡。

　　經歷過那個年代，有兩件東西深深印在了我的腦海裡：第一，真相是埋藏在地下的，真理並不流行，相反，它們需要有人堅持，這種堅持有時候需要頂著很大的壓力，現實的未必就是合理的。第二，這個國家曾經走過的一段非常彎曲的道路，尤其是在思想上，很多從前被奉為圭臬的，只是一些十分荒謬的東西，它們或許已經深深進入了我們的思維方式，進入了我們的血液，需要不斷反思才能加以清除。

　　我在一種混亂、晦澀的傳統中成長起來。

　　1966年夏天的一個中午。天氣很熱，祖母帶著我們在樹蔭下吃飯。飯菜上桌時，飄來一股非常難聞的味道，像是什麼東西燒焦了，聞著這種不祥的味道很難下嚥。循著味道找過去，原來是有人將當地淮劇團五顏六色的演出服抬到大街上點起火來燒，那些色彩鮮豔的袍子、裙子、腰帶，被伸著長長的火苗漸漸吞沒。不時有一兩個毛絨繡球滾到腳邊，沾滿了髒土。而那些美麗的頭飾和繡鞋曾經寄託了我幼年時許多夢想。我母親愛看戲，於是我們孩子有許多機會跟著她進劇場觀看那些「帝王將相、才子佳人」的古裝戲，雖然並不懂什麼意思。

　　從「破四舊」開始，這是我頭腦中有關文革記憶最初的鏡頭。我所居住的是當地政府的機關院子，院子裡有一個漂亮姐姐參加了這次燃燒的行動。她原先經常穿一件黑色燈芯絨上衣，紮兩個小辮，

臉上始終掛著笑容。她有個妹妹叫小毛，與我年齡相仿，我們都叫她「小毛的姐姐」，應該是初三或者高一的學生。很快，她戴上了紅衛兵袖章，走路的樣子勁頭十足。她也是全院子第一個去北京天安門，接受偉大舵手接見的人。

在《早晨八九點鐘的太陽》這部紀錄片裡，有位當年北京101中學學生、現在美國某大學教書的楊瑞教授，她這樣談到當年的情況：此前作為小孩子，說話沒有人在意，但是成為偉大領袖指引的革命小將之後，在家裡的地位突然提高了，父母開始對你刮目相看，自己也覺得神氣起來了（大意）。楊瑞所說的，與我們院子裡「小毛的姐姐」情況十分吻合。此前這個姐姐在院子裡眾多孩子中並不突出，但是很快她成了全院子人矚目的「明星」。與我們住得更近的還有一位哥哥，我們知道他在學校成績不好，但是成了學校紅衛兵領袖之後，也是突然神氣起來了，有人有一些事情需要求他。

當時我的眼裡，這些哥哥姐姐們，就像是一群「天兵天將」。他們突然從天而降，來到人們中間，彷彿在某個神秘的時刻，接受了某些神秘的指令，並擁有一些神秘的特殊使命。他們還掌握著一些特殊的語言，這種語言中有一些特殊的規則和邏輯，這些邏輯有一種無可辯駁的力量，「敵人不投降，我們就叫它滅亡」、「天下者我們的天下，我們不幹誰幹？」諸如此類。他們「天不怕，地不怕」，有點像我們課本中的孫悟空和哪吒，在天庭中翻滾打鬥，俯瞰人間一切。當然遠非「俯瞰」，而且是「怒目」和「蔑視」。

令人透不過氣來的是，被他們稱之為「敵情」的，就在我們身邊的角落，「敵人」原來都是一些熟悉得不能再熟悉的面孔。「叛徒」、「特務」、「走資派」就是同學或者自己的父母，還有一些陌生的難以理解的專用名詞，比如「階級異己分子」。我們聽人說，大前門香煙的包裝紙裡面，藏著一條「蔣介石萬歲」的標語，長我

一歲的哥哥帶著我,在昏暗的路燈下試圖找出它來,心裡緊張得不得了——想要發現一樁秘密,又怕自己若是真的看到了怎麼辦。

所有的事情都發生在大街上。五顏六色的大標語,那上面將人的名字倒過來寫,再劃上叉叉;沿街的大字報欄上面,還會有一些「少兒不宜」的內容,比如我們院子裡的某位叔叔有幾任妻子之類;有將這些走資派的頭像放到一起,冠之以「狗頭集」,我的小夥伴喊我去看「你的爸爸在上面呢」,我趕去之後很快發現:「你的爸爸也在上頭」,我們一同羞愧地離開了。「毛澤東思想宣傳隊」在大街上搭台演出,台下人山人海的,白天和晚上都在演出,那些歌舞所表達的感情不僅是憤怒,還有一種悲憤、悲愴、被遺棄的感情在內,比如那首著名的歌「遠飛的大雁」,聽上去是紅衛兵本身被圍困了,他們正處於無助當中,非常Kitch。

夜晚人們突然湧上街頭,因為要慶祝新下達的毛主席指示。所有的喇叭都在大聲播送,一遍一遍,還有記錄速度的播報,很慢,很莊嚴,就像是天庭裡傳來的聲音,那種時候就會覺得作為一個人不僅渺小,而且需要為自己感到羞慚。毛澤東接見紅衛兵的紀錄片在全國各地播出,在紀錄片中充當解說的女紅衛兵的音量尖銳、急促,聲調要多高有多高,幾乎是聲嘶力竭,表達一種不要命的忠誠與犧牲。

沒有人能夠抵擋得住這種東西的誘惑。雖然不能理解那些大字報的內容,自己也沒有趕得上寫一張大字報,但是我學會了當時流行的幾乎所有革命歌曲,用現在的話來講,就是「紅歌」。這些東西強而有力地塑造了我們的思想感情,尤其是那種毋庸置疑、無可辯駁的口吻和氣勢,流進了我們的血液。後來我們都清晰地記得80年代初聽台灣歌手鄧麗君的那種震撼,原來還這個世界上還有許多別的東西可以唱啊,尤其是可以唱得不一樣啊。

當然生活中也有一些裂縫。我們半夜起床大街上排在長長的隊尾，不只是購買毛主席像章，還要購買緊缺的煤炭。實際上，當父母在「監管室」裡，家裡的保姆、祖母被驅逐，我們還要承擔所有的家務：白天買菜做飯，晚上熄滅煤爐關好門窗，秋天給父母送棉衣等。我們是日常生活的承擔者。有一年多的時間，13歲的哥哥帶著我過日子，家中沒有大人，我們所在的地方，被父母稱之為「家」。

我母親(1925年生)年輕的時候，也見過「天兵天將」，那是真正的、帶槍的「天兵天將」。她當時16歲，比我在文革中大一些。

1941年1月發生了著名的「皖南事變」，本來聯合抗日的國民黨，對安徽南部共產黨的軍隊新四軍發動突然襲擊，扣押了軍長葉挺，軍隊的其他主要將領被殺害，隨後這支軍隊殘存的餘部來到了江蘇蘇北。這年的夏天，重整之後的新四軍軍部來到了我母親所在的村莊，新軍長陳毅也住在這裡。新四軍是共產黨在長江沿岸的抗日部隊，如同總部在延安的北方的八路軍。

「一個叫停翅港的地方，多麼美麗的名字」，隨軍部同行的電台女記者戈揚在日記裡寫道。她本人正好住在我母親的家裡。在日記中她記載了入住我母親家的情況：堂屋裡住著一對四十幾歲的中年夫婦，應該是我的外公外婆了，他們的臉上顯出不歡迎的表情，但是從門背後閃出一個十五六歲的小姑娘，兩隻大眼睛撲閃撲閃的，她也不說話，拿起笤帚就開始掃地，意思是說「我把地掃好了，你可以來鋪草打地鋪了。」

這位新四軍的女記者比我母親大十歲，她是我母親參加「革命的引路人」。為了打掩護，這位女記者也稱呼我的外公外婆為「爸爸、媽媽」。新四軍在這裡進行抗日動員，發動群眾依賴文藝演出，我母親加入為其中的一員，她背著二胡在附近四鄉八鄰奔走。她還是村裡的婦救會長，佈置做軍鞋、送軍糧等。前幾年我回家過年她

回憶說，當時她的父母對說她：「你現在跟共產黨走，國民黨回來你要被殺頭的」。在一次勝仗之後，我母親在鄉間萬人大會上作為抗日積極分子代表發言，她至今記得「場面盛大」。

在這篇有關我母親的日記的結尾，戈揚特地寫道，後來這個女孩「也出來了」，她指的是我母親最終離開家鄉出來幹革命了。戈揚是共產黨報界鳳毛麟角的女強人之一，1957年被打成右派，1978年恢復工作之後在北京主編一個叫做《新觀察》的刊物，提倡政治體制改革。1989年初春天她所舉辦的改革派會議被看作是「八九動亂」的根源之一，因此在64歲高齡流亡，後來病逝於美國。在那部叫做《天安門》紀錄片的開頭，她回憶道：戰爭期間，革命者能夠住在老百姓家，得到老百姓的保護，但是後來進城了，老百姓卻無法住進他們家了（大意）。1980年代初我從南京大學分配到北京工作，一度因沒有住房而住進作家協會一家雜誌社的辦公室，與她在同一棟樓上，我經常去看望她。

至少在當時，共產黨的部隊是受到當地群眾歡迎的，是能夠在人民當中生根的。我父親的家鄉很快也來了新四軍。父親的家庭是地主，按說算是「剝削階級」，但是父親他們弟兄四個連同我姑母全都參加了共產黨。應該是1972年春天，父親作為下放幹部重新調回城裡工作，臨別時與家裡三個稍大的孩子做了一次談話。他認真地向我們談了當年為什麼要加入共產黨。對於一個地主的兒子來說，這是經過觀察和深思熟慮的結果：當時國民黨十分腐敗，貪圖自己的利益，不管老百姓的死活，而共產黨的新四軍處處為老百姓著想，儘量少打擾老百姓，人來了先打掃庭院，臨走時收好睡覺用的門板。父親用「看不慣」來形容他心中對於國民黨的態度，這是他的個人用語。其中的「老百姓」是他的工作術語，這放在稍後談。

父親的家庭屬於典型的中國鄉紳階層。這個階層處於皇帝與普

通人民之間，實際上是鄉村秩序的維護者和道德擔當者。族譜裡記載著比如我祖父如何辦起了村裡的第一所小學等。他們雖然是秩序愛好者，但是信奉儒家「君輕民貴」的思想，由於距離底層百姓比較近，因此他們的同情和立場放在了普通人民一邊。1922年出生的父親，是受過20世紀初新文化影響的一代，父親的父親早逝，但是他的兩個叔叔在北京學法律，一個叔叔學數學，他們假期從京城帶回來國民政府的律法小冊子以及魯迅、朱自清的著作。父親本人還是一個科學愛好者。

祖母說，父親曾經帶著弟妹，爬到自家的房屋上，看看有沒有藏起來的「浮財」（金銀首飾之類），需要交出來。他們對自家財產採取一種漠視的態度，因爲他們相信一個更好的世界就在眼前不遠，這需要他們放棄個人的一切。這種自我犧牲的想法應該在儒家的思想裡也能夠找到源頭：「士弘毅而道遠」。父親性格溫和，偶爾也會突然嚴厲起來。

我時常提醒自己，我們沒有第二個出身。對於這樣一種傳統，不是簡單丟棄的問題。很有可能在你想要把它們丟棄的時候，已經在重複它的錯誤。革命傳統曾經用「封資修」來稱呼所有過去的人類文明成果，認爲它們是「大毒草」，棄之不顧。因此，我們所需要的是時時記起自己的出身，承擔起其中的錯誤和黑暗，乃至運用其錯誤來培育新的開端。

我甚至不認爲在目標上我的追求與我父母親的追求有很大的區別，我們都接受平等、自由、公正，都在促使那樣一個前景的出現，但是很可能他們採取的路徑錯了，他們抵達目標的方法有問題。我認識一位十幾歲在太行山參加革命的老先生、老共產黨員，他在去世不久之前對我說：「我到現在也還說不清楚我們這個時代人是怎樣變異的。爲什麼人追求的東西最後轉而反對他自己。人的智慧不

足以應付他們造成的問題。」他叫何家棟。我希望他奮鬥一生的終點以及他所思考的終點，是我的起點。我願意負擔起他——也是我父母一代人——的全部困惑，擔負起他們的失敗、他們的理想，包括他們的宿命。我願意將他們的道路，看做我自己的原罪和我的起點。

今天的我已經不像當年那樣，始終需要爲自己感到羞慚，甚至爲自己的存在感到羞恥，覺得自己是如此空洞、蒼白和無力，而是感到需要某些自我肯定，意識到自己身上也有某些值得肯定的東西。因此，我們也需要在某種意義上肯定這樣的傳統和背景，肯定在這樣的環境中我們也學到了某些東西，它並非像有人所講的那樣一無是處，年輕人僅僅在狼群中喝狼奶長大。實際上我們並沒有長成兩顆頭、六條胳膊、八條腿的怪物。我們能夠理解世界，世界也能夠理解我們。當然，我這樣說的時候，不應該忘記，不管是改革開放之前還是在這之後，我本人都是這個社會的受益者，是社會資源的享受者，而肯定有人感受會不同。如果有人表示非常不同意我的這個看法，我也能夠理解。

這個傳統中包含了很多難以理解的自相矛盾，它不僅與共產主義有關，也與中國傳統文化尤其是儒家思想有關。在某種意義上，中國的共產主義是在中國儒家文化的基礎之上被理解、接受，從中又發展出了別樣東西。這種文化既有對於平民的體恤，對於百姓受苦的同情，有那種將心比心的悲憫，但是這種態度中，很可能包含了一種看待風景一樣看待他人的心情，窮人被看做構成眼前環境的一部分，而不是與自己分享共處的一部分。漢語中「人民」這個詞，意味著不能溝通的兩個部分「人」與「民」：前者是受過教育的、主動的、應該受到尊敬的；後者是缺乏教育的、被動的、供驅使的及不能自己做主的。我父親經常用的那個辭彙「老百姓」，其中既

有對於底層人民的同情理解，又將自己與這些人劃分開來。這之間
的不同在於——許多事情不在老百姓掌握之中，老百姓也不知道。

　　那麼就是說，在最好的情況下，這些人們會將同情的眼光落在
老百姓身上，需要的時候也可以以老百姓自居，與老百姓同甘苦，
學習老百姓的語言，穿上老百姓的衣服，但是他們歸根到底不屬於
「老百姓」。他們還有一套自己的語言、思想，身處另一個不同的
秩序，這個秩序屬於一些特殊的、先知先覺的人們，「老百姓」並
不在其中，他們不與老百姓分享同樣的權利以及資訊。因此，出現
在「老百姓」當中的他們，總有一種「扮演」的味道，彷彿質地不
同的兩個物種。

　　而一旦有可能，他們又會過一種有保障的或受庇護的生活，享
受在等級秩序之內的種種好處。所有等級秩序中的「特權」被看作
是對於他們的回報，不同的特權位置體現了他們各自不同的價值，
讓他們感到找到歸宿。這之後在一般情況下，他們很少能夠向自己
這個圈子之外的這個世界再看上一眼，有意無意認為那裡都是不值
得信任的，是藏垢納污的，是危險和需要警惕的。在很長時間之內，
「社會」這個詞代表了「體制之內」對立面的存在，因而擁有了許
多負面含義：「社會上不三不四的人」、「社會閒雜人員」、「社
會盲流」、「社會渣滓」。

　　在民族生活中，擁有一個「先鋒隊」是十分可怕的。它更像一
支「別動隊」，凌駕於整個民族生活之上，把整個民族的目標替換
成它自己的目標，將民族數億人的生活變成它的途徑和工具，甚至
不惜人的生命。它變得不受約束，像一頭野獸橫衝直撞滑進民族的
生活，沒有任何力量能夠加以限制，沒有有效的法律來加以制止。
所有那些不合理的事情不能夠得到及時調整，「老百姓」有理沒處
講，有怨沒處申。國家部門本來是為「老百姓」解決問題的，他們

如今成了這個國家最成問題的那部分。普遍道德感和責任感的喪失，成了我們民族精神面貌的特徵。而這一切僅僅是為了維護少數人的權力和特權。

這是一個怎樣的過程：從理想主義開始，最終走向徹底的實用主義功利主義；從拯救開始，最終將民眾再次陷入水深火熱的災難之中；從擁有無限遠景開始，最終落入毫無目標無所適從；從追求自由開始，最終變成專制的維護者和專制本身。所有這些當事人不是魔鬼，也曾經有一個熱血的開始。這是怎麼回事？

這條道路不應該被重複。我們的任務遠非只是批評當下的專制，在這種批判中，應該始終包含一個命題，如何不讓那樣的悲劇再度上演。的確，我經常看到一些激烈的批判者，在思維方式上只是在重複他們批判對象的錯誤。他們與其批判對象之間，存在拉康所說的那樣一種「鏡像關係」。那麼熟悉的一種東西，也許太容易上手了。

哪裡是我們的起點？從這個起點開始，我們才能夠發展出新的生長空間，擁有一個可能性的未來，讓未來從現在開始取得雛形和加以培育，不要等到所謂「天翻地覆」的某個戲劇性的日子之後，在很大程度上，那個日子並不是最重要的，甚至一點也不重要，最重要的是從現在開始每天每時的變化。而實際上每天都令人眼花繚亂，問題是往何處去變。

前面提到關於余杰的文章裡，我指出他喜歡使用「必須」、「只有」這樣不容商量的句式。比如他理解哈威爾認為「必須簽名」，「他覺得只有承擔了歷史的苦難，才能擁有對祖國的發言權」。實際上哈威爾是將昆德拉所強調的個人自由作為一個前提，包含在自己的言行當中。而且哈威爾反復強調，他與朋友們選擇這條道路，並不是因為知道必定取得成功，不是為了獲得某個發言權（支配

權），而是出於自己的良知，感到需要這樣去做。余杰的說法，讓我想起曾經流行的那種高音及個人道德制高點的意味。

最初的這篇文章，也表明了我的工作起點：比較起來，我對於人們的思維方式更爲敏感，對於人們在言論和行爲背後所蘊含的思維定勢更爲敏感，尤其是當我看到某些做法，表面上看起來是一種強烈反對的聲音，但其背後，卻拖著一條濃重的過去的陰影，是在複製對方的思維方式，這種時刻我就會感到特別不安。比如2006年余杰與王怡見美國總統布希時，臨時拋開本來說好一起見面的郭飛雄，理由是他不是基督徒，這讓我感到十分驚訝。在我看來，作爲「民主的反對派」工作的唯一理由，是反對當權者容不得異己的做法，那麼爲什麼在我們自己身上，還要重複同樣的錯誤呢？

事情需要在兩個方面同時進行。一方面，所謂「後極權主義社會」，允許人們有吃有喝，用哈威爾的話來說，即僅僅擁有選擇電冰箱與電視機牌子的自由，而不能自由地在公共事務上發言，並不擁有真正意義上的政治生活，某些政治性的話題被禁止公開談論，在網路上也不行。比如「六‧四」，比如「劉曉波」、「艾未未」，還有許多被監禁的人們，他們的名字隨同他們的身影一同消失在公共光線之下。人們也不能就這個國家的去向、就解決社會矛盾的途徑，提出不同的方案，以供討論和參考，比如08憲章。誰要是想「突破禁區」，罰單很快就會到來，遭到嚴厲處置。在這種情況下，人們的能量便越是選擇阻力較小的地方去釋放。因此，知識分子參與公共生活、擴展公共話題，尤其是不去迴避那些不能迴避的公共話題包括政治話題，是十分需要的。

另一方面——它十分容易被忽視——那就是除了建設我們的公共生活，還要同時建設我們的「個人」，這裡指的是有責任感的個人，而不僅僅是消費的個人。我們國家從前很長一個時期之內，「個

人」被視爲危險的和罪大惡極的一個辭彙，任何個人的要求、利益、想法，都被認爲是腐朽的西方思想，是需要剷除的。這種情況不僅造成個人利益、個人自由的缺失，同時造成一種不負責任的習慣，那就是將一切都向外推，碰到任何不順心都是國家不好、社會不好。在食堂飯菜裡吃出一條蟲子來，都是國家的問題。有些事情比如生產安全，是同時需要當事人本身也要警覺和負起責任來的，而人們會習慣性地認爲這是別人應該做的事情。

1990年代初期，當我讀到哈威爾以個人良心作爲立足點，感到這既是一個道德的立場，也是一個個人的立場——通過個人內部的覺醒，將個人從一種麻痹、癱瘓狀態下解放出來，恢復個人的身份、個人的起點、個人的獨立性和個人的責任感。在我們這樣有著長期遮罩「個人」的地方，提倡一種「個人的特立獨行」，永遠都是有意義的。有「個人」在先，才會有「平等地尊重每個個人」在後。當個人意識到自身的不同意見，他才有可能慢慢去學會傾聽別人的不同意見，認爲它們也同樣重要。

比較起來，捷克的反對派運動，帶有更多知識分子的色彩；而波蘭的反對派運動，則紮進廣大社會之中，與工人階級的要求齊頭並進。波蘭反對派知識分子庫隆（J. Kuron）、米奇尼克（Adam Michnik）所提出的「重建社會」，同樣切中了這種制度的要害。在這裡，「社會主義」分成兩個互不相干且互相對立的辭彙：「社會」與「主義」。結果是要「主義」不要「社會」，盡可能切斷人與人之間的任何平行聯繫，將這種聯繫當做一種挑釁，不管是行業的還是宗教的或者是大學聯盟，都被視爲有潛在危險，從而把人們陷入徹頭徹尾的原子化狀態。前面說過，這種體制從根本上就不信任社會。最近最高當局正在試圖用「社會治理」一詞代替被詬病的「維穩」，然而在其表述中，「社會」仍然是一個被「管理」的對象，

而不是需要尊重、學習、聽取的主體。在他們看來，政府是老師，社會是學生。甚至「公民社會」一詞，從2010年10月份也開始從報紙上消失。

在種種箝制之下，不管是社會還是個人，都有一個自我發育、自我建設的過程。個人自主性與社會自主性一樣重要。尤其是對於每個人來說，都得由自己動手，來解除加在自己身上的那些看不見的符咒。如果不是曾經舉行過這麼一個類似的「手續」或者「儀式」，哪怕到了美國、英國、瑞典、墨西哥，這個人仍有可能保留很多那樣的東西，比如恐懼、冷漠症、搶奪道德制高點、患了關節炎的病態自尊心，以及不善於與那些不同意見的人們相處共事等。因此，在今天關注民主、人權的人們，包括那些被官方視為敏感的人們，他們實際上與這個社會中的其他人們一樣，並不擁有某種天生的免疫力，並不擁有任何特權，稱自己不需要警惕和剔除自身專制的陰影。他們並不會因為走在民主的道路上，受到官方壓制，就免除了學習民主以及向他人學習的過程，免除了聽取不同意見和自我修正的過程。

我在那篇〈我為什麼要在憲章上簽名〉的文章中寫道：「我們也是可能犯錯誤的，也有可能在這件事情並非恰當，所發表的看法、憲章中的表述也許是可以進一步討論的，因此，我們是願意隨時傾聽批評的，來自各方面的批評，包括來自官方的，來自我們社會方方面面的，所有不同意見都值得我們認真對待，從而可以調整自己的立場，知錯就改。對於將自己所做的事情說成多麼了不起，想方設法為自己唱讚歌，那樣一種做法人們並不陌生，也不是我們所認可的。」我們不能是一批新的「天兵天將」，不能再來一次——懷揣著自己認為正確的真理，從而強加於整個社會。相反，我們需要回到社會和公眾中去。在接受種種限制的條件之下，拓展思路和開

闗工作。

　　在這篇奉命作文的題目是「我們到底要什麼？」的文章中，我最後想說的是，當然我們認同民主、自由、人權的理念，但是面臨自己所處的社會和公眾，我不想回答「我自己要什麼」，我自己是如何「非要什麼不可」，或者我(與我的朋友們)設想中國未來一定是個什麼樣子，那麼就得按照這個方向去做。不是這樣的。我最希望的是能夠有一個暢所欲言的制度平台和公共言說的平台，在這些平台上，不同的意見和觀點能夠得到平等的對待和充分的討論，不同的利益尤其是弱勢人們的利益能夠得到平等的尊重和體現。至於中國往何處去這樣的問題，如何解決社會矛盾的問題，以及各種具體的政策，則需要允許不同立場、意見衝突的人們來討論，讓大家來選擇，而不會因為有人發表了不同的看法而遭遇牢獄之災。言辭是行動的引導，沒有身處其中人們的充分討論，誰能夠知道事情應該怎麼辦？

　　作為一個知識分子，在這種情況下應該做什麼和能夠做什麼？我非常贊同台灣學者錢永祥先生的這個表達，錢先生本人經歷了台灣民主轉型，有著許多切身的經驗，這些經驗對於漢語世界的知識分子極具警醒意義。他說：「如果社會還不允許差異存在、不容許非權威的方式形成共識，知識分子該怎麼辦？我想，除了協助差異的論述出現、協助非權威的說理方式之外，並沒有什麼事是一定需要知識分子做的。」(〈略談「公共型」知識分子〉)

　　崔衛平，原北京電影學院基礎部教授。研究和寫作的興趣在於公共文化、反對文化、電影及詩歌等。

文學作為一種認識：
從曹征路的「底層小說」所想到的

黃　悅

一

　　曹征路是近幾年中國大陸出現的所謂底層文學的最重要的作家，2004年他的中篇小說〈那兒〉（《當代》2004年第5期）的發表，引起了很大反響，以後陸續發表的作品有中篇小說〈霓虹〉（《當代》2006年第5期）、〈豆選事件〉（《上海文學》2007年第6期），長篇小說《問蒼茫》（《當代》2008年第6期）等。與以往的寫到底層人生活的小說不同，曹征路的這幾部小說，不僅寫到了底層的苦難以及由此反映出的社會問題，而且把底層人爭取和維護自身權益的群體性抗爭作為小說的重要內容。這類政治小說的出現，可以說是自1949年以來，在中國大陸未曾有過的文學現象，因此，圍繞著這幾部作品的討論也顯得特別多。這裡首先涉及到似乎已被邊緣化的現實主義的理論和實踐的再評價問題，而這一問題的實質，是「真實性」作為認識社會的一種方式，是否還能成為文學存在的一種基本價值，或者說，成為某一類的文學的基本存在價值。中國現代文學從其誕生之日起，似乎就與現實主義結下不解之緣，在幾十年的血雨腥風中，這一「主義」曾不斷被完善、發展、定格、扭曲，在相當

長的一段時間內，成為中國大陸文學創作的基本準則，使一切文學創作必須運用社會主義現實主義或革命現實主義與革命浪漫主義相結合的「創作方法」進行：文學必須反映社會生活的本質和規律，因而文學所反映的不僅僅是「現象的真實」，尤其是「本質的真實」。而假如社會生活的本質被定格為「光明」，則所謂本質真實的文學，就不能不只是一首首「光明」的頌歌。至此，文學的「真實性」本身，已經隨著現實主義的逐漸「經典化」而從內部瓦解，「寫真實」論遭到這一「經典」現實主義的嚴厲批判，不能不成為現實主義文學史中最弔詭的一幕。1970年代末1980年代初，在「回到五四」的召喚下，文壇上雖一度出現向「原教旨」的傳統現實主義的回歸，但時隔不久，那喊聲也就隨著「先鋒文學」的迅速出現而銷聲匿跡。從表面上看，這似乎是與西方現代主義、後現代主義文藝思潮的汩汩湧入密切相關，然而先鋒主義在中國的日益形式主義化，卻未必與「帝國主義的陰謀」有多少關聯，反而是與當時中國大陸自身的現實狀況相關密切。這倒不是說在當時，強調文學「內容」的「真實」已無意義，恰恰相反，現實主義的邊緣化，正是「真實」作為「內容」在現實中構成了「意義」、因而被那現實政治所逼退的結果。

　　這也可以看出這類小說與政治之間的關係。看重文學與社會政治的關係，雖然可以上溯到梁啟超時代，但真正主張將文學作為階級鬥爭的一翼，為當下政治革命服務，是始於1930年代的左翼文學運動。在這一文學運動和思潮的影響下，反映階級鬥爭等「革命的政治內容」的文學作品，在左翼文壇嶄露頭角，並逐漸取得統治地位。而當現實中「革命的政治內容」由「奪取政權」進入「鞏固政權」階段，「為政治服務」的文學也就進一步成為單純為政權服務的工具。至此，文學內容中的革命，也同現實中的革命一樣，不過

是「遵命」罷了。因此，當1970年代末、1980年代初，人們對政治
運動以及「爲政治服務」的文學深爲厭惡，試圖使文藝擺脫政治的
干擾，成爲一種獨立的價值的時候，他們所厭惡的「政治」，其實
是有著特定的內容的。而且，早期「傷痕文學」、「反思文學」等
的出現，不也正是自覺不自覺地以與這類「政治」的對抗爲「真實」
的內容，表現自己的政治態度嗎？因此，儘管這類「回歸五四」的
文學自身還存在著不同程度的「藝術」上的問題，然而其退潮卻與
「藝術」的成敗無多大關係，在我們還在爲文學的「介入」而興奮，
沒有來得及認真反思藝術與政治之間可能形成的諸多關係之前，藝
術已經在現實政治的「介入」下退到了一個被允許存在的「純文學」
的圈子內，自說自話，或者，捨身一躍，融入「主流」。

　　由此看來，儘管左翼文學也打出革命現實主義旗號，並在一定
時期使這一主義獲得幾乎是唯一的合法席位，但在其形成和發展
中，這一經典現實主義卻與對社會現實具有揭露、批判和抗爭意義
的傳統現實主義距離越來越遠，終至背道而馳。「五四／傳統現實
主義」與「左翼／經典現實主義」的斷裂，使文學創作在表面上形
成一種「真實」與「政治」的對立：似乎作家越試圖使其作品具有
政治性，它也就越遠離真實的內容，因爲真實是需要以政治上的自
由爲支撐的。在1934年發生的關於「文藝自由」的論爭中，被左翼
批評家指爲「自由人」或「第三種人」的胡秋原、蘇汶就是以「自
由」和「真實」爲武器，與左翼文人展開論爭的。這不能不說在相
當程度上看到了自覺作爲政治鬥爭的一翼的左翼文學，在理論和實
踐中的嚴重問題。然而這種將「政治」與「真實」相對立的觀點，
卻迴避了一個簡單的問題，即對於當時的中國來說，什麼是「真實」？
如果一切與現實密切相關的政治內容都與真實無關，還有多少「真
實」可言？而如果這一切與政治有關的真實都不在文學的表現範圍

之內，或者不允許在其範圍之內，那麼文學的「自由」又從何談起？魯迅正是在這一點上對蘇汶展開批評的，在他看來，想要擺脫殘酷的現實政治而獲得「自由」的文學家，他們並沒有生活在「真實」之中，而只是生活在自己「心造的幻影」中，他們想「用自己的手拔著頭髮，要離開地球」，但那不過是自欺[1]。如果政治壓迫就是在現實生活中佔有相當成分的內容，那麼，以真實爲己任的現實主義文學，難道應該對此閉眼不看嗎？然而魯迅似乎也在有意迴避一個簡單的事實，即以反映政治內容爲己任的左翼文學，何以沒有出現多少令人滿意的作品？對此，僅僅歸於統治階級的言論限制或左翼文學的歷史短暫似乎還遠遠不夠，左翼內部出於政治性目的而對文學「真實」性的限制，不能不是更爲內在的原因。文學所表現的「真實」的政治內容假如有違或被認爲有違始終「光明」的政治目標——這一更爲「本質」的「真實」，假如觸碰到或被認爲觸碰到，比如，爲達此目標而不得不採取的並不總是「光明」的手段——這一非「本質」的「真實」，那麼，這一文學的內容，就可能被政治所屏蔽。在此，不是寫了政治是否就不真實，而是是否可以真實地寫政治。如果不能，左翼文學就無法真正成爲左翼現實主義文學；如果能，左翼現實主義文學就與非左翼的現實主義文學沒有根本區別，它只是現實主義創作所應涉及的一個重要範圍。

　　而今，當「真實」早已被文學家美學家們排除於文學創作的視野之外，「形式」差不多已成爲評判文學作品的唯一標準的時候，文學的真實性與政治性及其關係，自然也就無從說起。但是，曹征路等人的底層文學及其在一定範圍內的影響，卻使久違了的現實主

1　魯迅，〈論「第三種人」〉，《魯迅全集》第4卷(北京：人民文學出版社，1981)。

義和左翼、真實和政治等問題，有了重新思考的契機。在此，我想從自我追問入手，談談從這些小說中所想到的一些問題。

二

　　曹征路的幾篇小說是我在這樣一種狀態下讀的：一、事先對他的小說並無知曉，只是〈那兒〉恍有所聞，也沒有讀過其他作家的同類題材的作品。二、沒有對這類小說抱有多少期待，正如對其他當代小說一樣。三、我本人對底層問題和工人鬥爭雖有著近乎本能的同情，但對其具體情況並未能有較多了解。就是說，我在閱讀之前幾乎沒有受到什麼直接的先入的影響，這既可使我在閱讀過程中能保持較多的自主性，又可能由於缺少對當代小說的整體感受而造成某種偏執。在閱讀過程中，我對他的小說感到了很大興趣，有些地方甚至十分感動。但當我讀到一些有關批評文章時，卻不甚滿意。幾篇小說中，我最喜歡的是《問蒼茫》和〈霓虹〉，然後是〈那兒〉。我為什麼對這些小說感興趣，反思起來，原因有三：

一、對小說所涉及的內容和立場感興趣

　　我對這些小說所涉及的內容，特別是關於工人──無論是原國有企業的工人還是農民工──的命運感興趣，也對小說所表現出的基本傾向──站在底層立場上對現實的批判性介入──表認同。

　　小說的題材和所體現出的思想傾向都是我所喜歡看到的，這一喜歡除了個人的偏好外，還包括一種「突破禁區」似的快感。對我來說，同類快感最早出現在1970年代末1980年代初，當最早的一批傷痕文學等出現的時候。那些小說無論現在看來多麼稚嫩，在當時都深深地感動了我，這感動主要不是靠著動人的故事，而是靠了對

於現實的(在我看來是)真實的描寫,這使我第一次感受到了現實主
義的力量,明白了「真實」不是別的,只是一個由於種種原因,特
別是政治的和意識型態的原因,使我們不能看到,不敢看到,甚至
不想看到,然而與我們密切相關,一旦看到即豁然開朗的東西;「說
真話」並不意味著怎麼想就怎麼說,而是意味著能設法說出那些怎
麼都不能說的話。因此,儘管底層文學可以從1990年代的「現實主
義衝擊波」和「新寫實文學」中找到其源流,但是從這類小說的批
判精神和介入意識上看,我以為,卻是與1970年代末1980年代初對
現實的社會政治有介入趨向的一些文學作品有著意識上的淵源關
係,儘管那類作品是常常以人性的普遍性作為武器,對現實的「階
級鬥爭」持批判態度的。

　　能在小說中讀到反映現實的社會問題的內容,由此產生的快感
未必總是審美的,然而,在我所讀到的不少關於這類作品的批評文
章中,卻只簡單地將這類小說的題材和傾向歸入文學作品的「思想
內容」,加以肯定或否定,而完全把它們排除到被作為「形式」的
「藝術」之外。這一將內容與形式截然分開,僅以形式論藝術的思
維邏輯,表面上受到現代西方理論影響,其實是經典現實主義理論
中本有的。對「革命的政治內容」與「盡可能完美的藝術形式」的
統一的要求,本身就意味著文學的內容和形式的認識論上的斷裂。
在這一斷裂性認識中,「政治內容」雖然高居「藝術形式」之上,
成為衡量文學作品的第一甚至唯一的標準。然而1980年代以後,隨
著情況的逆轉,當「藝術」重新登基,本來就沒在藝術中取得身份
的「政治」便一落千丈,終於以「標準」缺位的方式來保證「藝術」
的純潔性。然而這一在「純文學」中缺位的「政治標準」卻正是一
種隱含的標準,這一隱含性意味著純文學對於「政治」的統治形態
所達成的默契:經過前期的懸置性的消極抵抗,過渡到了後期的懸

置性的積極默認，以排斥政治的中立方式表達了自己的妥協的政治立場。同時，一當內容被排斥於藝術之外，形式也就蛻變爲技法，文學創作的問題於是被簡化爲技法問題，只要掌握了技法，內容是什麼都無所謂——那是說，只要不危及隱含的「政治標準」。

　　政治與藝術、內容與形式的表層斷裂，卻隱含著它們之間的深層關聯。當藝術欣幸於以形式的「自由」而脫離政治的控制的時候，卻不知它不過是被政治推搪到一個狹小的圈子內，扭動著其乾癟的身軀，變換著有限的花樣，點綴太平，依然離不開政治的掌控。文學的形式不是可以脫離內容而獨立存在的實體，被榨乾了內容的形式不但依然無法脫離那乾癟的內容，而且也使形式自身變得有氣無力。其實，所謂「形式即內容」並非指脫離了內容的形式本身就是某種意義上的「內容」，而是說，形式就是使內容得以顯現的方式，有了形式才有內容。這也同時意味著沒有脫離形式的文學內容——游離於形式之外的內容，作爲(比如)政治觀念的堆積，也同時游離於文學藝術之外。在文學作品中，正像不能有獨立於形式的內容一樣，也不應有獨立於藝術的政治。

　　因此，問題在於，當我說到對這類政治題材和傾向感興趣的時候，意味著什麼？如果僅僅是一種偏好，就是說，只要遇到這類內容，無論作品怎樣都會喜歡，那麼，的確與作品的「藝術感染力」無關。但是，如果我的感受是建立在這樣一個基點上，即，小說對底層社會和工人維權的描寫，以及由此產生的思想傾向使我感興趣，問題就不再是何種主題或題材本身，而是涉及到主題與題材的具體內容，這一具體內容並不是可以被從作品的形式中簡單地抽出的，它們就形成在形式之中，形式的每一變化都同時是內容的變化。

二、小說引起我對左翼文學及相關問題的聯想

　　使我感興趣的第二個原因，是小說的內容引起我對1930年代左翼文學及其相關問題的聯想和反思。

　　1928年無產階級革命文學運動中誕生的左翼文學，以當時社會的「階級鬥爭」和「人民革命」的內容為最具特色，由此，五四文學革命時期誕生的帶有思想啟蒙和社會批判性質的現實主義，一變而為左翼的「革命現實主義」。左翼文學公開宣揚文學的階級性、黨派性、政治性和功利性，將文學作為中國「無產階級解放鬥爭底一翼」[2]。左翼文學運動中誕生的文學作品和理論，對1940年代的解放區文學，1949年後的新中國文學發生了重要的影響。其中茅盾、丁玲、張天翼、葉紫、吳組緗等左翼作家的小說，以及沙汀、艾蕪、巴金、蕭紅、蕭軍等準左翼作家的小說，都對「革命現實主義」文學起到奠基作用。儘管如此，1930年代以及1940年代國統區的左翼革命文學，與以延安時代的解放區文學為前奏的「新中國文學」，卻有著極其明顯的不同，這類文學試圖站在當時的「受壓迫的勞苦大眾」一邊，以文學的方式描寫和聲援勞苦大眾對統治階級的革命和反抗，這種以暴露和反抗黑暗為主要內容及傾向的文學，因此似乎就與五四現實主義文學有著較為密切的淵源關係，而與延安及「十七年」的以讚美、歌頌為主調的文學大異其趣。因此，儘管這類作品中已經存在著不少觀念論或「冷情主義」傾向，存在著如前所說的為了政治性目的而在一定程度上有違現實主義「真實性」原則的傾向，但從其對現實社會的積極的批判和介入方面看，其中的一些重要作品，依然在相當程度上保持了傳統現實主義文學的基本精神。然而，這種批判和介入通常不能引起我們更多的關注，相反，

2　魯迅，〈對於左翼作家聯盟的意見〉，《魯迅全集》第4卷（北京：人民文學出版社，1981），頁236。

倒是作品中流露出的某些較爲複雜的東西更能引起我們的共鳴。比如，對我來說，葉紫的《星》由於寫到了貧苦農民的家庭壓迫，並將革命者與農家妻的私情作爲正面描寫，遠較單純寫農村階級矛盾和鬥爭的《豐收》等複雜得多，因而也就更多著些喜愛；茅盾的《蝕》三部曲，由於寫到了知識分子在現實的革命面前的艱難選擇和矛盾痛苦，較之《子夜》鮮明的階級立場和清醒的社會分析，也有著更多的吸引力。

產生此種傾向的原因有二，一是對左翼小說中的觀念論，特別是那種對階級鬥爭的常常是出於政治目的的比較公式化的描寫的敏感。顯然，這一敏感來自與我們自身成長密切相關的當代史[3]的血和淚的經驗，在這經驗中，以政治迫害爲主要內容的「階級鬥爭」的殘酷性，使我們不能不總對這類寫階級鬥爭、具有鮮明的政治色彩的文學保持警惕；表現此類內容的「三突出」的創作方式[4]，又使我們對簡單化、概念化的危害性感觸甚深。二是由這當代史經驗所造成的對於現代史的隔膜，使我們頗難對那個年代的左翼革命文學獲得理解的契機。儘管現實的社會變動已使我們有可能對革命文學時代的階級革命的行爲和語言的意義，獲得新的、較爲「原初」的理

---

3 中國大陸稱1949年以後為「當代史」，此前1919年至1949年為「現代史」。現代文學史則一般從1917年的文學革命算起。我這一代人是在當代史中生長的，因而對其有著直接的理解、感觸，而對現代史的理解則比較間接，缺乏切身性。

4 「三突出」：文化大革命時期被官方認定的創作原則，即一、在所有人物中突出正面人物；二、在正面人物中突出英雄人物；三、在英雄人物中突出主要英雄人物。這差不多成為當時一切創作的指導原則和評價標準。所謂「革命樣板戲」，據稱就是在這一原則指導下的產物。文革結束後，則常用來泛指一切公式化、概念化的創作方式。

解和闡釋，儘管在理性上對我來說，對文學與政治之間存在的互動關係已經有了比較清醒的認識，但是畢竟從感性上對左翼革命文學較缺少一種理解深度。

因此，我需要有一個現代左翼小說的當代「等價物」，才有可能以類比的方式對那類小說獲得一種感受性理解。曹征路的底層小說正起到了這一效用。工人與企業家的矛盾，工人的維權活動等等在小說中的具體體現，非但沒有減少情節的吸引力，相反，正是吸引讀者的重要內容。在《問蒼茫》中，正是工人罷工將我們一下子吸引到小說的情境之中。〈霓虹〉中的妓女們為了維護自身權益而進行的鬥爭，也隨著下崗工人的積極援助而將小說推入高潮。在此，首先不是小說的複雜性，而是「集團意識的覺醒」本身吸引了我們。怎麼回事？工人鬥爭(政治)不再是小說中一個非藝術的因素，它似乎就是構成小說的藝術世界的重要內容！因此，對我來說，小說《問蒼茫》等的出現，以一種新的姿態，不僅將1930年代的左翼文學傳統重新啟動，使我們有可能在一種新的接受場中重新解讀左翼文學，而且以小說的方式為已經變得面目全非了的革命時代的一些言語和行為「去蔽」。小說以其在這方面的成功向我們發問：鮮明的階級立場和政治傾向是否就天然地與文學性構成對立？如果不是，那麼當年的左翼文學為何難以激發當代讀者的閱讀熱情？是本就不具備激發力，還是時過境遷，不再具有這樣的能力？

問題將我們一步步逼向左翼現實主義文學的文學性的思考，這一思考已經先行將文學作品的「政治內容」植入「藝術」的語境內，因為如果這類作品的政治內容只能外在於文學，成為一種可有可無，甚至會造成對文學性的干擾的附加物，如果政治內容所能引起的閱讀興味與藝術無關，那麼無論這些作品是否擁有讀者，從文學角度看，都不能說是成功之作。

三、小說為我開啟了一個真實世界

　　如前所說，底層題材與作品傾向的確可以成為引起閱讀興趣的因素，但是，這些因素假如不能成為作品整體感染力的有機組合成分，那麼，由此產生的興趣就是外在於文學性的，比如，由於主題、題材或思想傾向的政治敏感性所造成的偷吃禁果般的閱讀快感。在這個時候，作品的「政治內容」就從「藝術形式」中游離出來。不能完全排除這類非藝術因素在作品中可能產生的興奮劑作用，但是，真正引起我興趣的「敏感題材」，卻是在小說敍事中表現出來的，作為小說所敘之事，通過言語的描述我們身臨其境。在此就出現了兩類「真實」：一類是外在於作品文學性的真實，它是說真話的，為我們打開了現實生活的禁區——在此，不是作品內在力量打動了我們，作為一個政治符號，是打開禁區的行為本身引起了我們的興奮；一類是內化於作品文學性的真實，它通過真實的描繪，為我們開放了一個所未曾見到的真實世界。這兩類「真實」可以共居於一部作品中，這增加了對作品文學性辨析的難度。前一種是對象性的真實（「感性的對象」——胡風），除了符號作用外，它與我們無法產生生存論意義上的互動關係，而在後一種情況下，真實不再是一個與我們無關的現成的對象，而是我們生活的一部分，我們與它「活」在一起（「感性的活動」——胡風）[5]。在此，題材的「敏感性」等並非毫無意義，相反，禁區的開放，正可以成為世界的敞開性的一個重要資源，因為所謂敞開，就是要把那些被遮蔽被囚禁的東西解放出來，使我們認識它們的真面目。不是解「禁」行為的符

5　見胡風，〈論現實主義的路〉，《胡風評論集(下)》（北京：人民文
　　學出版社，1985），頁315-318。

號性意義吸引了我們，而是被「禁」的內容存活到作品中，使我們
在與它們的交流中獲得自由。當海德格爾說自由就是「讓……存在」
的時候，我想，他的意思是說，就在我們使事物以本來面目出現的
時候，我們自己就獲得了自由，因為我們發現了真實，不再被蒙蔽。

　　什麼是文學作品的真實？通常，判斷一個精神產品是否「真
實」，是看它是否符合客觀實際，在此，我們首先假定有一個外在
於我們的真實世界，精神的生產是對這一世界的模仿。看一部作品
是否真實，就看它模仿得像不像。儘管經典現實主義將「模仿」替
換成「反映」，但這種主體對客體的依存關係依然保持著。但是，
一個虛構的作品，如何能成為對世界的真實的認識？當我們說到
「像」（符合）的時候，它意味著什麼呢？當我們說，比如，〈那兒〉
中的「小舅」寫得像一個工人，或者不像一個工人，並不是我們將
作者寫「小舅」的原型拿來與「小舅」相對照——即使真有這樣的
原型，這一對比也毫無意義；創作的目的不是要使作品「像」某一
實在物，而且就算我們知道這個作品中的「小舅」與現實中的「小
舅」一模一樣，也不意味著這個人物「真實」，我們依然可以認為
它寫得不「像」。同樣，現實中沒有哪一個維權運動或群體性抗爭
與《問蒼茫》中的一模一樣；「像」或者說「符合」，根本不是指
與現實中某一具體現象的相似程度。因此，按照經典現實主義理論，
文學是以典型化的方式對現實生活的綜合概括，就人物創作來說，
典型人物綜合了某一類別的人物的共同特點，同時又是高度個性化
的「這一個」。這一恩格斯的觀點[6]被經典化為共性與個性的高度統
一：每一典型人物既代表了其所屬階級、集團的某些共同特點，同
時又具有其自身的與眾不同的個人特點。正是在這裡，胡風看到了

6　見於恩格斯1885年11月26日致敏·考茨基的信。

斷裂：一個與眾不同的「這一個」，怎麼可能同時又代表了某些共同特點，成爲與眾相同的了呢？如果共性和個性在人物中不能真正統一起來，人物就會成爲階級性與個別性或曰概念與癖性的疊加，而要達到真正的統一，則須設法彌合共性與個性之間的斷裂，使共性本身成爲「這一個」，或者說，使文學作品中的「這一個」成爲對一類人的模仿。因而儘管它不可能完全「像」某一個人，但因爲它「像」某一類人，所以同類中的任何一個人，都可能從它那裡發現某種相似性。在胡風看來，似乎現實主義不是對個別物的簡單模仿，而是對群體的類的相似性的追求，而且，這種相似性的取得，不能借助於概念，否則，沒有「這一個」可言。

　　這是可能的嗎？類不具有直觀性，與類相似，實際上只是與作者心中某一對現象的綜合認識相似。而綜合認識，假如它是一種抽象，它就無法被模仿成爲具體的「這一個」，對它的「模仿」實際上只是觀念的演義；假如它不是一種抽象，由於它是「綜合」的，它就不是來自對現實中具體物件的模仿，因而它（綜合認識）本身就可能是對現實的觀念的演義。然而這豈不是說，除非作家想模仿一種抽象的觀念，否則，現實主義創作在其過程中並無一個真正可供模仿的原型，在現實的世界中沒有，在作者內心的世界中也沒有？

　　但是，當我們的思考回到現實的所謂存在者狀態的層面，就會發現，現實主義作家在其創作過程中依然有理由不斷地向自己發問：寫得「像」嗎？事情可以是這樣的嗎？一部令他滿意的作品誕生了，他可以說：這部小說表達了「我個人對時代生活的理解」，它「真實地記錄下我能感受到的時代變遷」[7]。理由何在？就在於有

7　〈曹征路訪談：關於〈那兒〉〉，《文藝理論與批評》2005年第2
　　期。

一種「感受」或者「理解」，已經先於作品存在於作者心中，創作就是使作品符合這一感受。這一感受產生於作者與現實世界的互動，既與對某些具體事物的認識有關，又與對整個人生的認識有關，然而它既沒有形成固定的觀念，也沒有凝成清晰的形象；它可以被作者感知，卻尚未被賦予形式，像個尚未萌發的種子；它是無，然而有。它是一種開放的可能性，在作品成形之前，誰也不能預知作品會是什麼樣子，然而它又是確定的：在創作過程中，它可據以判斷作者「虛構」的內容是否「真實」；當創作完成之後，它可據以判斷作品是否「真實地記錄下我能感受到的時代變遷」，判斷這一記錄是否表達了作者真實的感受。但是，作者在創作之前並不能確定他所要寫的是什麼，在他心中只有一個大概的輪廓，只是隨著創作過程的推進，這一輪廓才逐漸清晰，而此前，他所唯一能把握到的是它不是什麼。作為「無」，感受以否定的方式「發言」，正是在多重否定的肯定之中，作品才變得清晰化了。

　　類似的「感受」也同樣可以存於讀者心中。閱讀的理解過程也是不斷與自身感受的互動過程。儘管讀者可能對維權運動或群體性抗爭所知無多，但他依然有理由在心中判斷，這樣的描寫是真實的嗎？不是因為他認識那個人物的原型，不是因為他見過那次維權活動，而是因為他對日常生活中的各類人物和事件有著感受，這感受的精度和深度，隨著他閱歷的擴大、對生活的理解的加深而增加。當我們說某部作品中的人物寫得「像」或者「不像」的時候，就是依據了那感受。感受也可能被作品所修改，隨著情節的深入，小說世界以其自身的邏輯在說服我們，感受在要被說服的可能性中掙扎。通過閱讀主體與閱讀物件之間的緊張互動，新的「感受」將誕生。這一過程同樣出現在創作之中，作品的不斷深入的過程，就是不斷形成的作品世界與作者原初對現實世界的感受的緊張互動過

程，胡風將這稱爲主客觀之間的「搏鬥」。搏鬥的實質，是主體內部那個假定的作爲創作源的「感受」，在創作的生產過程中獲得形式。這是一個痛苦的過程，也是一個在痛苦中涅槃的幸福過程。正是在這個過程中，文學誕生了——這是形式和內容的共生，美與真的共生。「美是作爲無蔽的真理的一種現身方式。」[8] 這一共生性意味著形式與內容，美與真的不可分割性；美並不是一個可以游離於真之外的方法，而只能是一個表現真理的方法。這意味著，在文學作品中，不能設想一個美的形式蘊含著一個不具真理性的內容；也不能設想一個真理性內容，可以用醜來表現。

對於現實主義文學來說，這一真理性內容產生於以緊張互動的方式爲來自現實世界的感受賦形。我將這一感受稱爲「原型」，但它既不是結構主義意義上的原型，也不是經典現實主義意義上的原型，它只是現實主義文學想像的起點，以「無」的原始形態存在於人的意念當中，因而是「意念中的原型」[9]。作爲「無」，它以否定的方式指引著文學世界的誕生。這一誕生的文學世界並不是與真實世界無關的幻覺，而是我們對現實世界的真實性的認識，這一認識的成功，意味著真理在作品的世界中現身。

從這個意義上說，不是文學反映了生活，而是文學爲生活擬構了一個真實的世界。文學認識世界的方式，就是建立一個虛擬的世界，讓世界的真實性顯豁出來。由此現身的真實，既不是一個與我們無關的現實中個體的等價物，也不是一個與我們無關的現實中類

8　海德格爾，〈藝術作品的本源〉，孫周興譯，《海德格爾選集(上)》
　　(上海：上海三聯書店)，頁276。

9　「意念中的原型」這一說法，是我在思考胡風典型論時提出的，參
　　見拙作〈意念中的「原型」：胡風「典型論」的背後〉，《鄭州大
　　學學報(哲學社會科學版)》2005年第2期。

的等價物，而是一個我們可以進入其中、與之對話、碰撞的與我們
息息相關的世界，世界不是一個對象物，而是我們的存在方式。因
此，這樣的作品中的工人維權，就不再是一則新聞報導，也不再是
一些研究素材，我們對它的關心，不是一個站在外面的觀察與思考，
也不是一個站在上面的憐憫與同情，我們就在其中，不僅替那些工
人擔憂，爲他們流淚，被他們鼓舞，而且當他們在與我們的碰撞中
被我們所認識的時候，他們就不再是他們，而是我們中的一部分；
同樣，我們（讀者）也就從自身的物的軀殼中蛻出，存活到他們之中
去。只要這個虛構的真實存在，與這世界有關的屬於這個世界的一
切也就都活到我們之中，即使是抽象的論理，似曾相識的斷片，也
可以至此獲得生命。

三

　　讓我舉個未必恰當的例子，《子夜》裡的工人罷工無論規模還
是氣勢，都比《問蒼茫》中大得多，但《子夜》裡的罷工並未引起
我的震動，《問蒼茫》裡的罷工卻使我感動，這當然與小說創作的
年代與我們的時間距離有關，但尤與小說創造的世界與我們的空間
距離有關。《問蒼茫》中的罷工，與死去的毛妹，活著的柳葉葉等
女工密切相關，也與工廠負責人常來臨密切相關，正是通過罷工，
不單毛妹的撫恤金得到補償，柳葉葉找到了新的生活道路，就連常
來臨的性格也在這中間得到了比較充分的展示和完成。而由這些人
物的命運、人物間的關係組成的作品世界，在閱讀之中，已經屬於
我的世界，無論我是否喜歡這個世界，是否喜歡這世界中的每一個
人，它和他們都與我密不可分，而且似乎正是有了這樣的「活」的
文學的世界，現實世界的碎片才被連綴起來，所有的新聞報導，社

論宣言，街談巷議，蜚語流言，股市房價，車禍震災，井下出水，樓上冒煙，都被拉近到我跟前，與我那簡單枯燥、日復一日的日常生活合成一體，構成一個意義的世界，並在這世界的意義的發現中，感喟自己的無意義的苟活。而《子夜》裡面的工人世界，從某種程度上說，對我還是一個陌生的世界。我並不覺得《子夜》的工人運動寫得「不真實」，像有些評論中所說的那樣。其實，事件的過程，一些工人及罷工領導者的表現，我覺得都是現實中能有的，但那是從「符合」的意義上說的，從這個意義上看，《子夜》中的工運也許比《問蒼茫》中的更真實。但是，對我來說，這些真實只是外在的客觀物，由它們組成的世界沒有對我敞開。而《問蒼茫》中的世界是對我開啓的，我可以懷疑它細節上、情節處理上的真實性（合理性），也可以對小說的技術方面以及作品所表現出的作者的意識方面提出若干質疑，但是，這些都無法使我從那個世界中走出來，似乎是它把我內心中對於當代現實的感受啓動了。不是說我事先對作品中所涉及到的內容有多少了解──如前所說，我對底層的現狀所知有限，我願意相信作品的真實──是因為作品開創的世界「符合」我對人生的整體感受，我覺得世界應該是這個樣子，但並不是我在看到作品之前已經有了一個「樣子」。不，我不知道那個世界是什麼樣子，我無法用自己的語言進行描述和概括，直到我讀到這部小說，世界才向我走來，在我與它的糾纏中對我開放，由此產生的不僅是我對小說的認識，也是通過小說而對現實的認識。我們所以能討論作品的「真實」問題，首先不是因為這裡有多少細節與現實相符，而是因為作品的世界就是按照作者對真實的認識虛構的，對這認識的真實性（正確性）的評價因而也就可以成為對這類小說成功率的評價。在此，「真實」既標誌著小說是否「符合」我們心中對這一世界的想像──這一想像被小說閱讀所啓動，又標誌著小說所虛

新的理解才可能誕生。在我看來，文學作為一種認識，既不是對生活現象的直接模仿，也不是對它的概念理解，而是一種對生活現象的整體的直觀感受，這一感受作為「意念中的原型」，成為現實主義小說虛構的基礎，由此開啓一個真實的世界。從這個意義上，與其說文學反映了真實，不如說文學將「真實」賦予了世界。這不是說世界本來沒有真實可言，而是說，文學以文學的方式將被現實以種種方式掩蓋著的世界真相揭示出來，在此，形式與內容同樣重要，因為正是這樣一種揭示真實世界的「形式」，使我們能夠發現那世界的真實（內容）。假如這內容是「政治」的，文學也就以這樣一種形式將那「政治」以「藝術」的方式彰顯。

黃悦，北京語言大學漢語學院副教授，從事中國現代文學方面的研究。發表探討胡風、魯迅的論文多篇。

恪守與超越：
《宅茲中國》探討的問題及其相關的意義*

丘慧芬

一、引言

　　《宅茲中國》是葛兆光教授新近出版的力作[1]。在書中，作者根據他本人對於當前一些研究中國歷史的言說，提出了反思的質疑，並且採用了「重建有關『中國』的歷史論述」來標示出此書的問題意識與研究目的，因此，該書可以看做是出於現實關懷而進行的學術對話。香港城市大學教授張隆溪先生在《思想》第18期上發表的專文，已經提供了他認爲本書是「擲地有聲」的深入分析[2]。同時，城市大學中文學系在6月中旬，也舉辦了該系創立的首屆書評研討會議，邀請葛兆光先生和相關學者，以此書做爲討論和互動的焦點，反映出此書受到的重視。筆者承邀，參與會議討論。囿於時間限制，

＊　本文的完成，要感謝蔣經國基金會提供的研究經費，使筆者得以出席香港城市大學中文學系舉辦的首屆書評研討會。與會期間，得與張隆溪、葛兆光和戴燕三位教授交換意見，獲益良多，特致謝忱。

1　葛兆光，《宅茲中國：重建有關「中國」的歷史論述》（台北：聯經出版公司，2011）。引文頁碼皆列入正文。

2　張隆溪，〈擲地有聲：評葛兆光《宅茲中國》〉，《思想》，第18期，2011年6月，頁287-314。

當時的討論發言，粗疏略漏，未盡周延。故而撰寫本文來討論《宅茲中國》處理的一些我個人認為相當重要的問題，也藉以說明當時自己發言涉及到與這些問題有直接關聯、然而書中未能明確剖析的幾點看法。

　　具體的說，我的看法可以歸納在兩個互有交集的範疇來討論：一、如何理解《宅茲中國》呈現的中國論述，以及由此衍生傾向國族中心主義的問題；二、如何透過歷史實例來理解學術與政治互動的複雜關係，以及糾纏其間有關學術獨立與學術自由的問題。我認為從這兩方面切入討論，可以更清楚的掌握葛兆光「在世界或亞洲的背景中重建有關『中國』的歷史論述」旨意（頁3-4），也可以進而探究此一旨意可能具有的相關歷史意含（implications）與時代意義（significance）。

二、回歸歷史脈絡的文化立場

　　張隆溪的書評已經指出，《宅茲中國》質疑的主要對象，是晚近運用區域研究和亞洲中心單元以及後現代與後殖民主義理論來研究中國的論說。張隆溪本人也對於這樣的研究提出了他的評析，此不另贅。然而，一個浮現的問題是：既然葛兆光意欲「重建有關『中國』的歷史論述」，他本身是否能在闡明涉及現實關懷的議題同時，又意識到他自身所處現實場域的局限，並且嘗試去超越此一限制？雖然，主觀的追求超越，不一定就能和客觀的背景完全脫鉤，但是任何任何人志在建構中國論述，如果能夠自覺到這種可能隱含的「我族中心」意識，至少在書寫的過程當中，可以盡力避免落入這樣的陷阱。

　　值得重視的是，葛兆光本人清楚認知到，歷史工作者有必要超

越客觀境域的限制。在這本新著的〈自序〉部分，他依據《宅茲中國》一詞是出現在目前所知最早的西周銅器何尊銘文的這個事實，簡要說明了因為「宅」字可能含有的雙重意思，使他在面對自己意圖重建的中國論述之時，產生了「一個身在『中國』的學人，應當如何既恪守中國立場，又超越中國局限」的省思（頁3）。他的省思，導致他的論著「不是從政治意識型態角度」來討論一些他認為是重要的議題，而是選擇對於他質疑的言說，「從歷史脈絡和文化立場上」進行反思的「回應」（頁3）。顯然，他是要「超越」政治意識型態，回歸到「恪守」以歷史和文化做為立論的正根。這個正根的來源，至少可以追溯到中國知識分子在春秋時代就已經形成的以文化做為規準來區隔「諸夏」與「夷狄」的歷史傳統。這當然不是說當時的人沒有「我族中心」的強烈傾向，而是強調，種族血統基本上無法取代文化的優先位階[3]。

任何涉及國族歷史的書寫，無可避免地都會預設以自身國族做為書寫的中心對象。重點在，書寫者是否能夠主動意識到這個「先入為主的關懷」，之後，又能夠不斷警惕自己這個「關懷」可能引發出不自覺的「偏見」或是「曲解」。如此，在進行研究的過程當中，即使材料有限，仍然會努力針對參與那個歷史場域互動的「他者」，給予合理的想像敘述和恰如其分的同情了解[4]。

3　見余英時先生專文，〈國家觀念與民族意識〉，收入余先生的《文化評論與中國情懷》（台北：允晨文化公司，1988），頁17-32，特別是頁17-21和頁19對於古代中國人和4世紀羅馬人有關看法的同異之處。

4　請參考林毓生先生對於史家天職的解釋。見林先生〈臨時性的歷史主義者〉，收入朱學勤編，《熱烈與冷靜》（上海：上海文藝出版，1998），頁54-55。

　　眾所周知，西方學界近二、三十年來盛行的社會與文化史研究，側重的正是傳統歷史書寫中面目模糊、聲音微弱、甚且失聲無語的「他者」。一般的庶民階層，尤其是受到關注的研究對象。這樣「去中心的歷史（de-centering history）」書寫觀，涵蓋了上面提到的區域研究，和受到後現代以及後殖民理論影響之下，發展出來的性別，國族與身份認同的各種論述[5]。由於「去中心」的史觀認為，傳統歷史書寫呈現出來的歷史真實，基本上只著重處於權力中心的一小部分精英，根本忽視了歷史上曾經出現過和精英互有依存的常民百姓，以及其他有可能出現過，卻因為各種因素沒有形成事實的人物情狀，因此主張，必須根據這些過去存在、或是有可能存在過的聲音，來重新建構他們認知的歷史真實。許多這方面的研究已經取得重要的成果，並且為史學園地開出了多元的研究路徑。但是，這樣的論式取向，究竟能夠推進我們理解歷史到何種程度，西方學界並非完全沒有爭議[6]。即使像美國已故的偏左著名歷史學家施勒辛格（1917-2007），也認為去精英論的史觀，根本是反歷史的虛妄廢話。因為人類歷史上的政治組織，從來都是由精英統治領導的。雖然施勒辛格的焦點，集中在討論民主社會中政治領袖的人格品質，但是

5　讀者可參見 *History and Theory*, vol. 50, no. 2（May, 2011）的一期，中有討論書寫去中心歷史的幾篇專文。特別是：Natalie Zemon Davis, "Decentering History: Local Stories and Cultural Crossing in a Global World," pp. 188-202.

6　去中心的史論，可見上引 *History and Theory* 中 Davis 一文。另見同期 Hannu Salmi, "Cultural History, The Possible, and The Principle of Plenitude," 171-187. 學界對於文化史與社會史的貢獻和評論可參考 Georg G. Iggers, *Historiography in the Twentieth Century: From Scientific Objectivity to the Postmodern Challenge*（Wesleyan University Press, 1997）一書中有關後現代主義理論挑戰的部分，特別是 pp. 126-133, 137-140。

由此提出對於去精英論的批評，的確說出了「簡單的歷史真理」。[7]
從這個角度來看，葛兆光在「恪守」正根歷史文化的立場上，對於
引用仍然還有爭議的西方理論來研究歷史中國的言說產生了質疑，
無寧是十分自然的。

　　需要指出的是，葛兆光同意近年來運用上述西方理論來進行的
一些研究，事實上為學界提供了理解中國的多元視角和不同於傳統
中國學者的闡釋觀點（頁31）。也就是說，他觀察到，這些闡釋，的
確彰顯了不能簡單的把歷史看做單線直進的發展，也突出了站在弱
勢群體的立場來解析邊緣與權力中心關係的看法。即便如此，葛兆
光仍然質疑這些研究呈現的中國論述，是否滑落到只是在引用當代
西方的某種理論概念來確認個人本有預設的正確性，不是要嚴肅的
「從歷史中」去了解中國，結果造成了他們研究的歷史現象脫離了
那個現象何以產生，並且又如何發展的原初歷史場景，因而有可能
過度的「淡化」、甚至消解了，歷史上真實存在的中國與中國性。
一個例子就是，人們認為這個歷史上真實存在的中國，不過就是安
德森（Benedict Anderson）研究近代新興民族國家時提出的「想像的
共同體」的流行概念（頁23）。

正確的歷史與歷史真實的辯證關係

　　我們當然也可以質疑葛兆光對於這些研究提出的疑問是否合

7　有關施勒辛格無懼學界潮流的批評，請參考余英時先生的專文：〈民
　　主觀念和現代中國精英文化的式微〉，收入余先生的《人文與民主》
　　（台北：時報文化公司，2010），頁115-141，特別是頁135-136。施
　　勒辛格原來的討論，見 Arthur M. Schlesinger, Jr., *The Cycle of
　　American History*(Boston: Houghton Mifflin Company, 1986), ch. 14,
　　esp. pp. 428-430.

理。不過，他的觀點和張隆溪書評中表達出的類似看法，至少都顯示出他們對於學術研究走向有一個共同的關懷。在我看來，他們的關懷應該是想要說明：意欲建立己身認爲正確歷史的努力，和追求還原歷史眞實的研究，不一定產生必然的對等關係。我認爲前者的意圖，比較傾向英語學界一般說的「糾正歷史」（making history right）。後者，則應是更加著重「寫好歷史」（getting history right）[8]。進一步來看，「糾正歷史」的研究路徑，更多是聚焦在歷史書寫本身應該含有恢復歷史正義的責任問題。當然，藉歷史書寫來尋求建立與恢復人間應有的正義秩序，和中國著重褒貶的史學傳統之中，內蘊伸張「天理」或是「公道」的信念，其實並不牴觸，甚至相當接近。但是，在中國史學傳統理想的敘寫脈絡之中，這樣的信念，應該是和秉筆直書的堅持，互爲表裡，相輔相成。也就是說，不能任意切割，重此失彼。如果在恢復歷史正義的考量之下，還原歷史眞實的努力受挫，甚至有所曲解妥協，那麼由此建立的歷史書寫，恐怕和歷史的正義也就無甚相干了[9]。

　　如果上面提出的解釋是合理的，我們也許就可以進一步推論，葛兆光對於援用西方理論的預設來解釋中國歷史發展的質疑，根本的關鍵還是在於他認爲這些研究，受到預設的強勢主導，特別是那些政治意識型態和西方理論概念混雜成類似宗教信仰的僵化預設，往往容易忽視了史料本身和預設之間本來應該具有的辯證關係。比

8　感謝錢永祥先生將這兩句看似簡單，其實非常麻煩的英文，譯成相應的中文文句。必須說明的是，採用中文譯句，完全不意味「糾正歷史」之作，就不可能「寫好歷史」。反之亦然。

9　關於歷史書寫與歷史正義的問題，可參考Antoon De Baets, "The Impact of the *Universal Declaration of Human Rights* on the Study of History," *History and Theory*, vol. 48, no. 1(2, 2009): 20-43; 另見上引 Hannu Salmi, "Cultural History..."一文，特別是pp. 176-177。

方說，當史料和原初的預設發生牴觸的時候，如果能夠服從史料指引的方向去探索歷史的真實，就有可能修正原有的預設，甚至可能形成和原先預期完全不同的結論。反過來說，如果預設被研究者用來曲解史料，或是漠視史料對其預設產生的挑戰，那樣得出的研究結果，當然也就無助於挖掘歷史的真實，反而有可能遮掩住真實歷史之中各種複雜的多層面向了。

　　或許，正因為他不願意將歷史化約成為政治意識型態的論證工具，葛兆光才進一步主張應該從歷史、文化與政治三個方面來重建有關中國的論述。不過，他也同時建議學界，應該去了解中國學者為什麼比較偏重接受文化意義上，而不是政治意義上的中國（頁35）。他的理由是，從文化意義上認知的中國，可以避免將國家、政權和祖國三個不同的概念夾雜一起，建構出混淆的認同意識。此外，政治意義上無法選擇的國家，和個人認知的祖國，也不一定能夠互相替代。也就是說，對於不同的概念，在不加分辨之下，被當作是具有相同指涉的符號，並且進而形塑出來的政治認同，比較容易造成理解「歷史上的中國」的困擾和偏差，甚至還有可能泯滅了人們本來應該具有的歷史認同與文化認同（頁32，299-300）。

斷裂與延續

　　對於葛兆光來說，「歷史上的『中國』，是一個移動的『中國』」（頁31），它的疆界經常隨著不同的統治王朝在前沿境域的變動而有所改變。這個看法在學界當然早就已經是常識。不過，葛兆光如此強調這個常識性的認知，可能是要提醒讀者，避免在有心無意之間，把繼承了滿清疆域的現實中國，等同於「歷史上」邊界更迭不斷的中國。其實，正是因為疆域領土的淪陷喪失，引發精英階層出現的普遍危機意識，使得葛兆光認定，中國到了宋朝，已經出現了接近

現代「民族國家」的「國家意識」與「民族認同的基礎」。這個看
法似乎和日本學者內藤胡南認爲宋朝是中國歷史上「現代性」萌芽
的論說相同；也好像和汪暉在《現代中國思想的興起》一書中，主
張宋代道學家建立的「天理觀」可以看做是現代中國興起的觀點相
近[10]。但是，葛兆光的論證和他們的看法是有基本區別的。簡單的
說，雖然他和汪暉一樣，都強調將本身的論證建立在中國歷史的發
展軌跡上，但是他的討論，是根據宋代中國發生了一個根本變化來
開展的：當時人們普遍認知到，自身不再是當時東亞秩序中惟一文
明天朝。當然，學界也很清楚，這個根本的變化從中唐安史亂之後
就已經出現[11]。區別在，相較於安史亂後中晚唐眾多文本揭示的一
般士子心態，葛兆光發現的是，宋初知識分子，在當時通過各種書
寫形式完成的文本敘述，湧現了前此未有的一種更加廣泛普遍的危
機意識(頁60-62)。正因爲這種普遍共有的深刻危機意識，當宋朝中
國面對周邊民族成爲對抗的「他者」，而且又有必要與這個「他者」
簽訂互相平等的條約以便維持和平的時候，一個接近現代的「國家
意識與民族認同」就順理成章的發展成形了。在這個認知意義上，
我們可以說，宋代中國的精英階層對於朝代疆域的認同，和之前的

---

10 請參見筆者對於汪暉《現代中國思想的興起》的討論專文：〈沒有
    生機的出路：論汪暉《現代中國思想的興起》〉，上海《季風書訊》
    191期，2010年6月8日，頁23-33。wwwjifengshuyuancom/manage/
    download/jifengshuxun NO 191pdf，另見節本〈基本人權和西方民主〉
    刊香港《開放》雜誌，2010，6，頁54-58。

11 這方面的討論，請參見Jo-Shui Chen, *Liu Tsung-yuan and Intellectual
    Change in T'ang China, 773-819*(Cambridge University press, 1992);
    Josephine Chiu-Duke, *To Rebuild the Empire: Lu Chih's Confucian
    Pragmatist Approach to the Mid-T'ang Predicament*(State University of
    New York Press, 2000).

歷代精英，的確有了一種進入「現代」而出現的斷裂。也正是在這
樣的解釋脈絡之下，我們可以了解，葛兆光爲什麼不同意將「天理
觀」的出現，當作是現代民族國家在中國歷史上興起的關鍵。他顯
然認爲，抽離了宋代中國與周邊「他者」互動之下產生的普遍危機
感與憂患意識，就等於架空了做爲當時理學思想產生的客觀「背景」
和「平台」（頁57，65）。將內部思想嵌在和外部因素互相回應互動
的解說架構之下，葛兆光自然也不認可日本學者運用西方的理論概
念，企圖在中國歷史上尋找一個朝代去做爲印證現代民族國家興起
的論述範例了。

　　葛兆光雖然清楚觀察到宋代中國是在國勢衰弱的時候，形塑出
接近現代的「國家意識與民族認同」，但是，他沒有特別討論道學
或是理學的出現，和其成爲宋明儒學代表的事實，顯示的爲什麼正
好不是知識分子在文化理念上失去了他們對於當時中國所承載過去
價值體系的基本信念。相反的，他們的價值世界呈現出來的，是那
個信念得到強化而產生的更新圖象。這樣的結果，毫無疑問是因爲
宋朝的知識分子，自覺的爲儒學開出了新的理學路徑，所以能夠延
續了儒學的生命，也重建了他們認同的文化價值體系。正因爲這樣
的更新與重建，讓我們可以更加肯定的說，文化意義的中國，在他
們的認同意識中，沒有出現根本的斷裂。

　　根據上面的討論，我們可以將葛兆光重建的中國論述做一個小
結式的界說：從斷裂的觀點來看，他同意歷史上的中國，不是一個
連續不斷的單一整體，所以呈現出朝代興亡，分合迭起的景觀。但
是，轉從延續的觀點去看，他著重的就不是來去無常的歷代政權，
而是文化意義上始終綿延不絕的中國。

　　一般稍微涉獵中國歷史的人，也許會立刻將這種文化意義上的
延續，看做是和書寫歷史的傳統，特別是與書寫官方歷史的傳統始

終沒有間斷過，有密切的關係。不過，葛兆光突顯的，卻是另一個他認爲是關鍵的原因。對他來說，中國社會到了宋朝，已經在通過「國家，中央精英和士紳共同推動的儒家理學的制度化，世俗化，常識化」之後，形成了「相對穩定並且又清晰的文化共同體」，而且，這是建立在以漢族爲中心，從中心到邊緣，從城市到鄉村，從上層擴展到下層的共同體（頁26，32）。這個說法，並不能讓我們斷定葛兆光有意否認中央與地方，或是地域之間存有的文化差異。因爲，他強調的認知視角，是一個由「儒家倫理的文明意識」形塑而成的文化中國。透過這個視角，他觀察到中央與區域之間的社群，很早就已經建立了一種「文明的同一性」。換句話說，有一種共同的文化，已經將中央和地方連在一起。就算區域之間有各種文化的差異，也不會因此影響到互相認同的共有文化價值。職是之故，葛兆光才會認爲他堅持的文化中國，沒有像區域研究學者所批評的，只是局限在知識與政治精英意義的中央範圍，更沒有因爲政治上的斷裂就跟著消失泯滅。事實上，和安德森勾勒出的新興民族國家經常需要從斷裂的文化廢墟中去建構一個「想像的共同體」，有基本差異，不能完全等同視之（頁25，26，32）。

　　當然，從區域研究或是後現代與後殖民主義理論的觀點來看，可以提出的問題或許是：這樣以漢族爲中心，而且從中心到邊緣發展而成的「文化共同體」，是否正是扼殺了那些曾經有過的一些邊陲族群和地域文化存活發展的主要原因？這樣的精英中心史觀，是否也正是從歷史結果出發，卻忽略了歷史發展過程當中曾經出現的歷史真實？因此，是否也有可能受到先入爲主的國族關懷影響，造成無法去探討另一個曾經是更爲複雜多元的歷史面向？雖然我們可以質疑《宅茲中國》爲什麼沒有將這樣的問題列入討論，我卻不認爲可以據此斷定葛兆光是一個傾向國族中心主義的倡言者。

三、區隔國族中心主義的論述

　　之所以做出上面的判斷，是因爲葛兆光顯然不支持最近學界興起的將亞洲或是東亞做爲一個區域中心來界定中國的研究取徑。他指出亞洲和東亞本身就有複雜糾結的歷史。其次，從意義層面來看，亞洲和東亞，更是相當含混曖昧的兩個概念。誠如張隆溪所說，葛兆光對於17世紀之後東亞文明秩序瓦解的剖析相當重要。因爲他提醒讀者，當時的日本與朝鮮，都不再以滿清統治下的中國盛世做爲東亞文化的認同對象，甚至還認定日本與朝鮮才是中華文明的繼承載體。提出這個不無諷刺的歷史現象，至少反映出葛兆光尊重史料呈現的事實，允許史料的內在邏輯去引導他做出合理的結論，因而解構了東亞在17世紀以後仍然有以中國爲文明中心的認同的說法。這樣憑藉著歷史證據來進行的敘述，和國族中心主義的論說，實有本質的不同。

　　尤其需要重視的是，葛兆光對於清末到民初，日本學界浮出的「亞洲主義」如何與日本近代帝國主義發生「連帶」的關係，同時又捲入支持日本侵略鄰國狂潮所提出的持平闡釋，具有相當發人深省的價值。透過他的敘述，我們更加清楚的看到，「亞洲主義」包裝的，不但是和西方文明當時的正流爭霸對峙的意圖，也將侵略鄰國的野心，裝飾在日本企圖要領導亞洲各國成爲現代國家的強勢話語之中(4、5、6、&7章)。這樣看來，葛兆光會質疑以亞洲或是東亞做爲研究中國的論述單元，實在是因爲他了解到亞洲主義在過去的日本學界，和日本極端偏狹的國族主義，具有事實上互相援引聲張的密切關係。一個明顯的例子是，葛兆光注意到在當時的日本歷史場域裡，出現了像著名學者津田左右吉那樣的個案。津田在當時，

一面不斷貢獻他的中國知識去支持日本政府的亞洲主義政策，一面
卻仍然想要忠於研究資料呈現出來的，關於日本天皇制度可能受到
中國道教影響的歷史真實。如果按照津田的認知邏輯，當時日本致
力鼓吹自身是亞洲文明代表的論述，勢必造成爭議。統治階層，當
然也不會接受。在這種情況下，政治與學術的互動，顯然不可避免
的會產生極大的衝突和張力。津田的內心世界，究竟如何，我們不
得而知。但是，當學術成為政治俘虜的年代，津田最終失去教職，
甚至遭到被捕判刑的可悲下場，是不需要太多的想像就應該可以預
料的到的結局(第6章，頁210)。

　　葛兆光對於津田命運的描繪，只是他討論道教與日本天皇制度
關係章節中的一小部分。對我來說，這一部分的材料，不但引發我
們去思考學術與政治權力互動之下的複雜曲折關係。也促使我們反
思民族主義本身所蘊含雙面刃的吊詭性質。一方面，關愛鄉土的素
樸情感，是凝聚現代國家和社群不可或缺的民族情操。但是另一方
面，我們也看到，這種可貴的情操，在歷史上卻經常受到政治野心
和利益集團的不當操控和炒作，甚至鼓動成為狹隘狂熱的極端國族
主義，給自身與人類社會都帶來災難性的後果。日本學界當年興起
的亞洲主義，和其後發動的軍事侵略行為，仍然是一段離我們並不
太遠的現成歷史。我們不禁追問，這樣的歷史案例，對於目前經濟
強勢的中國，和它不乏鼓譟喧囂的國族主義論述者，有沒有什麼可
以互相參照的時代意義[12]？其次，日本學者處在當時沒有選擇餘地

---

12 有關國族主義的論述和可能的影響，可參考成慶，〈當代中國「國
　　家本位」思潮的興起〉，《思想》第16期，2010年10月，頁211-232；
　　Christopher Hughes, "Reclassifying Chinese Nationalism: the
　　Geopolitik Turn," 引自 *Journal of Contemporary China*, http://
　　wwwtandfonlinecom/loi/cjcc20 July 15, 2011.

的政治環境,如果還想要維護自身的學術良知,究竟應該如何面對
那樣的兩難困境?我們當然沒有權利要求任何人,在面對那樣隨時
會有威脅和危險的困境中仍然堅持學術良知。不過,歷史經驗也顯
示,在不同的時空場域,即使政治已經將學術圈在權勢和利益的網
羅裡,還是會有一些高貴的靈魂,因為繼續堅持而遭到殘酷的待遇
和處置[13]。對於有心重建關於中國歷史論述的學者來說,如何讓這
些可敬的聲音,在歷史上找到他們應有的位置,恐怕是一個無法迴
避的重要課題。

四、文史研究的時代課題

提出上面課題的一個相關原因,是因為重建關於任何歷史的論
述,都應該是一個需要根據新材料、新觀點,或是舊材料新解讀,
不斷的去反思論證與自我修訂的開放過程。從這個角度來看,葛兆
光在這本新書的結論部分,對於文史研究表達自己的期許和建議,
自然必要而且合理。簡單的說,他希望為中國的文史研究,在國際
學界,重新建立起像清華國學院和中央研究院歷史語言研究所在
1920-1930年代那樣富有特色的漢學領航中心。他期待能藉著這樣一
個中心,揭示文史研究在國家民族和歷史文化認同方面的關鍵角色
與重要意義。由於他提倡「從周邊看中國」,並且建議要「在多面
鏡中認識自我的時代」,重新去理解歷史的、文化的、和政治的中
國(頁286),他應該無意將學術研究局限在維護狹義民族與文化認同
的角色之中。此外,他也建議文史研究的視野,需要超越中國歷史

---

13 陳寅恪先生的際遇,就是眾所周知的一個例子。請參考余英時先生
《陳寅恪晚年詩文釋證》,增訂版(台北:東大圖書公司,2004)。

上曾經有過，或是現在仍然不缺的「天朝中心」心態(頁284)。在這樣的敘述框架之下，雖然他堅持文史研究，必須是聚焦在「以中國這個『民族國家』爲中心的研究」(頁298)，這個說法應該是在突出研究的焦點對象。換句話說，相對於企圖以區域做爲研究的中心單元，他認爲「民族國家」，無可替代的仍然會是這個時代研究中國的主要分析範疇。因此，他有關文史研究對象的陳述，和那些走入「我族中心」迷陣的言說，是有實質區隔的。同樣值得考慮的是，既然葛兆光堅持恪守文化中國的立場，他不可能不了解中國文化的儒學傳統，並不缺少超越性的人文理念和實踐典範。我認爲，真正嚴肅對待這個傳統的人，有責任將這樣超越的價值，做爲文史研究的寶貴資源，從而進行「創造性的轉化」來與現代世界中理性的文明價值接軌對話[14]。因此，更值得討論的問題應該是：如何去培養和開展這樣富有時代意義的文史研究？

　　葛兆光的具體文史研究方案，基本著眼在: 重建上面提到的類似1920-30年代的領航研究機構，效法當年傑出文史大家的學術風範，努力參與世界學術的新潮流，以及建立具有規模優勢的一流資料庫等。可是問題在，如果不能重新建立當年那種具有規範的學術環境和學術秩序，以及傑出文史學者那種具有自主尊嚴的獨立研究精神，僅只憑藉著技術層面的資源優勢，或是只專重在表面形式的效仿，都不可能恢復當年那種蘊有開創性生機的學術傳統，自然也無法和國際學界共同接受的「公平與公正」的學術規範和學術秩序來產生真正的接軌，更遑論進一步發揮實質的領航意義。要建立國際

---

14 「創造性的轉化」是林毓生先生1972年提出來的一個概念。之後，林先生在不同的著述中，提出了許多進一步的解釋與分析。有關的釋文，可參考朱學勤編，《熱烈與冷靜》(1998)，頁24-41。

共識的學術規範和學術秩序，明顯需要具有法治與制度保障下的學術自由環境。沒有這樣的學術自由，很難去真實的體悟為什麼學術自由與學術秩序以及學術成果，含有一種根據內在邏輯構成的「良性循環」關係。換句話說，在沒有學術自由的環境中，就會造成學術秩序與學術成果囿在各種有形和無形的限制之中，前者容易變質為指令式的秩序，後者也不免是缺乏創意的泛泛成果，結果，這三者之間，就自然會在彼此互相強化的過程中形成連鎖反應的惡性循環關係，因此根本談不上建立起具有真實意義的「公平與公正」的學術規範和紀律[15]。在這樣的情況之下，冀望能夠激活文史學者進行真正無憂無懼的多元探索，並且提出具有原創性問題意識的一流研究，幾乎也是難以實現的。

舉一個簡單的例子來說：葛兆光在書中引用了丁文江1935年一篇談論〈中央研究院的使命〉專文，來說明文史研究的意義與民族文化認同的關係。文章中，丁文江談到中國民族文化的認同，必須「把我們民族的過去與現在都研究明白了，我們方能夠認識自己」（頁299）。丁文江的文章和當時艱難的大時代背景分不開。但是，他看重的，是誠實的研究自己「民族的過去與現在」，而且必須要「都研究明白了」。這種研究，如果沒有真正的學術自由來提供一個不受外力干擾和控制的學術環境，解除使用不合乎法治原則的法律，對於資料蒐集和出版歷史真實的種種限制，卻一心期望研究者能夠

15　請參閱林毓生先生有關學術自由的論證專文：〈學術自由的理論基礎及其實際含意—兼論消極自由與積極自由〉，《開放時代》2011年7月，頁45-53。此處的討論，受到林先生精闢論證的啟發，特別是頁49-50有關「學術自由的最有力的理據」部分。引用的文本，是林先生惠贈的簡體版本，謹此致謝。此文繁體版將在中央研究院出版的《知識的饗宴》第7集，2011登載。

發揮學術獨立的精神，去進行研究，並且實踐「都研究明白了」的
目標，必然也會是緣木求魚，無所著落的[16]。

不可否認，學術自由與學術獨立不一定具有絕對的相關。上面
提到，在最令人窒息的學術環境之中，也總會有「富貴不能淫，威
武不能屈」的知識分子，採用各種隱晦曲折的書寫策略來堅持自己
的研究，從而保持自己獨立完整的人格。但是，上面討論的惡性學
術循環，以及過往的歷史經驗，都不斷的提醒我們，缺少了學術自
由，提升文史研究的整體學術水平，幾乎不太可能。更嚴重的是，
知識本身應該有的探索與批判精神，也必然日益枯竭衰頹，造成知
識分子的「自我取消」。中國歷史上明太祖的高壓學術政策，和當
代文化大革命造成的學術秩序崩潰，都是現成的歷史鏡子[17]。即使
個別的知識分子願意為學術獨立付出代價，那個代價，無寧是高昂
的，而且也不是多數人能夠，或是願意付出的[18]。在這樣的認知前

---

16 關於法治原則的討論，可參考林毓生，〈法治要義〉，收入林先生
《政治秩序與多元社會》（台北：聯經出版公司，1989），頁99-105；
亦請參考顏厥安，〈司法改革的思想問題〉，《思想》第18期，2011
年6月，頁1-17。有關的英文經典專著見 Friedrich A. Hayek, *The
Constitution of Liberty*(The University of Chicago Press, 1960), chs.
9-11, esp. 11.

17 余英時先生在一篇有關學術自由的訪談中，特別談到明清兩代的高
壓學術政策，對於學術傳統和知識分子的摧殘，引人深思。見其〈從
中國傳統看學術自由的問題〉，收入余先生，《史學與傳統》（台
北：時報文化公司，1982），頁125-164，特別是頁137-148。

18 台灣戒嚴時期的殷海光先生，和注釋13提到中國大陸文革時期的陳
寅恪先生，都是具有典範意義的例子。陳先生詩文用典的曲折隱
晦，如果沒有余英時先生做出精微獨到的解碼闡釋，陳先生完整的
獨立人格與其彰顯的精神意義，能否為學界所知，很令人懷疑。殷
海光先生可敬的人格，請參考林毓生，〈殷海光先生一生奮鬥的永
恆意義〉，收入林先生的《思想與人物》（台北：聯經出版公司，
1983），頁309-323。

提之下，我認為，文史研究要發揮出實質意義的領航作用，葛兆光「恪守」歷史文化的立場固然重要，不過，建立上面討論的學術自由與學術秩序和學術規範，也實在有必要進入他反思之後希望獲有的「超越」視域(vision)。更關鍵的，當然是要有落實保障「超越」目標的學術制度來配合。只有這樣，才比較有可能一方面思考具體可行的方案，來逐漸彌合當代中國歷史上出現過的學術與文化的大斷裂，讓文化中國本來已有的可貴人文傳統，能夠獲得「創造性轉化」的重建，一方面也才有可能進一步將這樣發展出來富有生機的文史研究，提升到維繫和探索人類文明中普遍共有的超越價值範疇。惟其如此，文史研究深遠的終極意義才有可能在時間的累積中逐漸展現出來。

丘慧芬(Josephine Chiu-Duke)，加拿大英屬哥倫比亞大學亞洲學系副教授。英文論著見*To Rebuild the Empire: Lu Chih's Confucian Pragmatist Approach to the Mid-T'ang Predicament*, 2000，以及有關唐代婦女與國家互動等的論文。中文著作見所編之《自由主義與人文傳統：林毓生先生七十壽慶論文集》，2005，及其他相關之專文。

擲地有聲還是高舉輕放？：
評葛兆光《宅茲中國》

姚新勇

一、引言

　　葛兆光先生的《宅茲中國》無疑是一本重要的著作；他以廣博的視野、豐富的知識，試圖回應中國所面臨的現代民族國家合法性的質疑與挑戰。葛先生將這一挑戰的來源大致歸納爲五個方面：一、「區域研究」所引出的對中國同一性的質疑；二、由「亞洲思考」而來的「消融中國中心觀」危險；三、臺灣中心觀的「同心圓理論」；四、「蒙元與大清帝國對『中國』歷史的挑戰」；五、後現代歷史學的「複綫歷史說」[1]。葛先生把這五大方面的挑戰基本界定爲有關「中國學」研究中新的學術潮流或說範式的變化。但是就所涉諸觀點背後的政治立場、意識型態勢力來看，其實中國合法性問題的壓力來源遠非單純學術性的，而是可以概括爲來自於五個方面的內外壓力：一是傳統的西方（包括日本）反華或恐華勢力的壓力，或可稱之爲西方資本主義的壓力；二是包括西方左翼在內的後現代、後殖

1　葛兆光，《宅茲中國——重建有關「中國」的歷史論述》（台北：聯經出版公司，2011），頁6-27。

民批判話語的壓力；三是台獨、疆獨、藏獨乃至蒙獨分裂力量的衝擊；四是近十餘年來國內日漸高漲的文化多樣性「政治正確」及少數族群民族文化本位性的訴求[2]；五是國內日益增強的社會矛盾及政治民主化改革訴求的壓力[3]。雖然這五個方面並非是作為天然統一戰線向中國施壓，其實其中的某些力量還是衝突性的，比如後現代、後殖民批判話語的原初目標就是指向資本主義西方的，但是它們卻在複雜的國際、國內環境的作用下，一起構成了對於中國國家合法性的嚴峻挑戰。尤其是來自於內部族群衝突和社會矛盾的壓力，更使得中國不再可能如以前那般置國際中國學、後殖民理論的挑戰於不顧，必須嘗試從學理上進行回應，從而讓中國從「殖民帝國」、「內部殖民主義」、「專制極權」等等的道德審判上解脫，穩固或重建中國國家合法性的認同基礎與道義基礎[4]。

當然，葛兆光先生並不是孤身奮戰，近些年來，有越來越多的

2　中國少數族群的民族本位文化訴求，從1970-80年代之交就開始了，一直蔓延擴大至今。但是很長時間以來在中國大陸較少受到關注，即便是1988年費孝通先生的「中華民族多元一體」說發表之後，關注的人依然很少，只是在近幾年中情況才發生了一定變化。相反倒是西方學者很早就對此給予了關注，比如說*Dislocating China*一書的作者杜磊（Dru C. Gladney），早在1980年代初，就深入一些中國大陸的少數族裔地區進行相關調查。本人近十年來的一系列的相關論文，也對中國少數族裔文化回歸思潮做了多方面的闡釋。另本人的《前路渺茫還是柳暗花明》（未刊稿）對這方面的相關問題也做了集中論述。

3　近些年來中國社會的一個重要現象就是，族群問題與其他社會矛盾日益緊密地交織在一起。關於此，本人的〈「清真」何以清，「國家」有無「國」？〉（http://blog.sina.com.cn/s/blog_60f25ed 70100o21p.html）做過一個個案性的分析。

4　參見姚新勇，〈前路渺茫還是柳暗花明：中華民族認同的危機與再造之反思〉。

中國學者，投入到了這一「保衛中國」的學術戰役上[5]，而葛先生的《宅茲中國》被張隆溪先生視為此類言說所中的極為重要的成果，所以對於《宅茲中國》的解讀，就具有了標本性的意義。

張先生對《宅茲中國》評價很高，認為「它突顯了中國學者的立場」，具有為中國「『聚共識、確立認同』的重要作用」。而其論述之所以能夠令人信服，「不僅是因為有明確的立場和情感，而且更是因為有充實的文獻和史料，有嚴密的邏輯和清晰的思路，有問題意識和把握學術動向的敏感，有理性的分析和論述」。「無疑是當代中國學術一個相當成功的範例，不僅為我們提供知識，而且刺激我們去深入思考」。所以張先生「相信《宅茲中國》在國內和國際的學界，都會引起反響，在重大學術問題的探討上將會產生巨大的影響」[6]。

然而果真如此嗎？反復閱讀《宅茲中國》，我感覺葛先生的廣徵博引、侃侃而論，未必盡如張先生所言那般擲地有聲，相反卻存在著不少或暗或明的重大迴避，大有高高舉起輕輕放下之嫌疑。欲以不信，請看下文分析。

二、「想像」抑或「實體」？

《宅茲中國》所論的知識領域雖然非常廣，但其核心論點則是，中國歷史悠久，與歐洲和其他亞非地區的民族國家不一樣，並不是

5　早前有費孝通先生的「中華民族多元一體格局說」，近年則有趙汀陽的〈天下體系：世界制度哲學導論〉、汪暉的〈東西之間的「西藏問題」〉、王銘銘的〈作為世界圖式的「天下」〉等。

6　張隆溪，〈擲地有聲：評葛兆光新著《宅茲中國》〉，《思想》第18期，頁313-314。

想像的共同體,而是實體性的歷史存在。「中國」這一概念至少早自三千多年前的西周就已經出現,

> 中國古代雖然也有分裂,但因為一是有覆蓋更廣的「漢文化」,二是經歷了秦漢一統,習慣認同早期的「華夏」,三是中心和邊緣、「漢族」和「異族」有大小之差異,所以,政治、文化與傳統卻一直延續,所以既無所謂傳統「文藝的復興」,也無所謂「民族國家」的重建。[7]

退一步言,如果說一以貫之的中國也經歷了所謂的現代民族國家的轉型的話,那也早在宋代就已經完成,而且是在源遠流長的漢文化儒家文明的引導下完成的。也就是說,所謂的現代或近世中國的誕生,要比安德森所說的18世紀才開始的世界性的「想像的」民族國家共同體建構的發生史早700年之久。因此實體的中國與那些「想像的」有「爭議的偶然的民族建構」、所謂的被「複線歷史」所困惑的「虛假的同一性」的民族國家歷史編制等,統統都沒有什麼必然的關係[8]。既然如此,葛先生既不諱言自己的思考與中國認同建構之間的關係,同時又對自己的客觀性信心十足,好像自己並不是在進行話語建構,而是在進行歷史事實的陳述或再現。

然而情況果真如此嗎?中國與其他國家存在相當的歷史差異不假,但這種差異真的形成了「歷史實體」與「想像虛構」那樣大的差異嗎?葛先生是否片面地理解了安德森所謂的「想像」或杜贊奇的歷史複線說?

7　葛兆光,《宅茲中國》,頁25。
8　葛兆光,《宅茲中國》,頁24。

《想像的共同體》幾乎是在一開始就批評了蓋爾納：

> 太熱切地指出民族主義其實是偽裝在假面具之下，以致他把發
> 明等同於「捏造」和「虛假」，而不是「想像」與「創造」。
> 在此情形下，他暗示了有「真實」的共同體存在，而相較於民
> 族，這些真實的共同體享有更優越的地位。事實上，所有比成
> 員之間有著面對面接觸的原始村落更大（或許連這種村落也包
> 括在內）的一切共同體都是想像的。區別不同的共同體的基礎，
> 並非他們的虛假／真實性，而是他們被想像的方式。[9]

而且《想像的共同體》整本書，也就是在具體探討現代民族國家、
民族主義思想，是如何在具體的歷史條件下被想像性地建構起來、
生發出來並不斷傳播的。不僅如此，某種特定的民族共同體被建構
起來之後，也不意味著想像性建構的結束，為了讓這一共同體被其
成員不斷地意識、認同，以保證其穩定地存在，國家也需要通過各
種方式，不斷地再生產有關自己民族共同體的想像。雖然由於《想
像的共同體》「強調的是民族主義在新世界的起源」[10]，所以沒有
太多關注民族主義意識型態的再生產的問題，但其第二版所做的修
訂與增補，就有這一方面的補充。至於說民族國家利用「紀念碑」、
「博物館」、「民俗風情園」、「國旗」、「文學藝術」、「體育
運動」等多種形式來生產和再生產民族意識、國家意識的手段，更
早已是學術常識了。

9　安德森，《想像的共同體》，吳叡人譯（上海：上海人民出版社，
　　2003），頁6。
10　安德森，《想像的共同體》，頁27。

　　杜贊奇對安德森的理論做了一定的修正，不同意「那種認為民族主義代表著統一的意識或身份認同的觀點」，強調民族主義話語內在的「包容差異性」、矛盾性、競爭性[11]，但他關於中國現代歷史的複綫性研究，也根本不是要說明，民族國家的主流歷史敘事、民族國家的建構是簡單的有「爭議的偶然的民族建構」、「虛假的同一性」。他想說的是，「一個民族，即便它確實不是新近才創造的，也很難說是一種原初本質的實現，相反，它是一個旨在容納某些群體並常常以暴力的形式排斥其他群體或將其他群體邊緣化的歷史建構」[12]。「歷史連續性是建構一個理想的統一體來實現的，而這個統一體絕非是普遍性的東西」，「作為歷史的主體，民族必須天天進行複製、復原民族本質的工程，以穩固它作為無所不在的民族空間的透明度，尤其是在面臨內部外部的挑戰的關頭」。「因此，民族國家一方面歌頌民族古老的、永恆的特性，另一方面又努力強調民族國家的空前性，因為只有這樣人民—民族才能成為自覺的歷史主體」[13]。

　　很顯然，安德森與杜贊奇等人所使用的歷史認識範式，基本屬於廣義的後現代、後殖民話語建構理論。這類理論從根本上對於客觀／主觀、真實／虛構的二元歷史觀是持懷疑態度的，它既否定所謂歷史的客觀實體性，也否認虛假編造性，它所強調的是作為敘事話語之被建構歷史的「居間性」(in-between)存在、話語的實踐性。如果我們不同意這種歷史觀，而且我們也認為無論是安德森還是杜贊奇

11 杜贊奇，《從民族國家拯救歷史：民族主義話語與中國現代史研究》，王憲明譯(北京：社會科學文獻出版社，2003)，頁5-16。
12 杜贊奇，《從民族國家拯救歷史》，頁14。
13 杜贊奇，《從民族國家拯救歷史》，頁16-17。

可能也都沒有擺脫所謂客觀歷史與話語建構性歷史之間的內在矛盾[14]，我們首先也應該從認識論、方法論的基礎上去進行質疑、反駁，而不應像葛先生這樣，以中國歷史特殊論曲解、置換他人言說的基本邏輯，簡單地分出兩類所謂不同的（實體的／想像的）民族國家。這樣的做法，有悖於最起碼的論辯邏輯。而且這不僅無法排除葛先生也是在通過歷史的回溯，建構中國作為一以貫之之歷史主體的話語實踐性質，而且恰恰證明了他之歷史建構邏輯的封閉、武斷、排他的意欲。

三、中國：轉型完成了的民族國家？

　　葛先生關於「實體中國」特殊論的論證建立在「雙重中國時間」相互印證的邏輯基礎上，即長時段的中國時間（由「宅茲中國」這一既為西周銅器銘文又為葛著書名所表徵）與近代轉型中國時間（即宋代漢民族國家形成觀）。前者所指的是「實體中國」的「天然性」、「自古以來性」，而後者不僅以早於世界民族國家啟動史的700年的提前量，繼續印證中國的特殊性，同時又暗中吸納、回應了「由傳統王朝國家轉型為近代民族國家」這一現代性命題，通過這樣的方式把被「古老中國時間」排除了的現代時間，又曖昧地納入[15]了進

---

14 比如後殖民理論發展史就可以說成是一個不斷克服各類或明或暗的「實體性存在」與「話語性存在」之理論困境的歷史。可集中參閱吉伯特，《後殖民理論：語境、實踐、政治》，陳仲丹譯（南京大學出版社，2001）。

15 之所以說是「暗中吸納」、「曖昧納入」，並不是說《宅茲中國》中沒有相關的直接表述，相關內容的確不少，但是由於這兩種時間的內在矛盾以及與中國現代歷史、當下狀況的不一致性，使得葛先生並沒有去正面強調這一點，而是用「就算是」的語式，實質是間

來。就此而言，葛先生並不是簡單地否定歷史的話語建構性、民族國家的(認同)建構性、以及傳統與現代轉型的世界性命題。但是當葛先生將中國近代民族國家轉型的時間前提到宋代，賦予其過去完成時態時，則一方面實際取消了傳統中國現代轉型這一重大問題，另一方面又遮蔽了所有相關討論的當下問題語境，而正是在此深刻地暴露了葛先生的中國合法性言說的意識型態性、犬儒性。

無庸置疑，「現代」的含意非常龐雜，從不同角度出發思考中國現代性的發生，自然可以追溯到不同的時代。就現代民族國家的「邊界性」、「族裔身份認同」這兩個指標來說，將中國民族國家的生成史回溯到宋代是有道理的(前人甚至還有追溯到晉代的)。但現代民族國家的另一個重要指標是「主權在民」原則，它確定了民族國家中「民族＝人民」這一特質，也即民族國家所認同的民族性的本質不是「種族」而是「人民」。所以葛先生一再強調在宋代由不斷遭受的北方胡族壓力刺激而形成的「漢族身份」認同，實際是以種族意義上的民族性替代了人民意義上的民族性，因此，中國民族國家宋代生成說，就並沒有解決、而且完全迴避了「由王朝國家向人民主權國家」轉型這一關鍵點。從歷史來看，這一重大問題真正出現是在晚清。這也正是為什麼在清末民初，民族主義成了中國思想界乃至整個中國社會的基本話題之一；所以也正是在這個時期，不僅存在著側重於種族意義上的驅滿復漢之說，更有「新民說」、「大小民族主義之分」、「三千年未有之大變局」的嘖歎，也才會發生推翻帝制建立共和之巨變，以及由「驅逐韃虜，恢復中華」向「五族共和」的民族想像綱領的轉變。所以，從民族國家的「人民

(續)————————
　　接、曖昧地論及傳統中國與現代中國轉型這一重要問題。下面的討
　　論，將會進一步明確這一點。

主權」這一核心理念來看，傳統皇權帝制中國向民族（人民）國家之中國的轉變，只能是發生在清代而不可能是宋代。

其實這是再明顯、簡單不過的歷史事實了，只不過葛先生為了強調中國的特殊性，硬生生將歷史閹割、取消了——儘管《宅茲中國》中有關晚清、民初的內容並不少。被葛先生民族國家宋代生成說所取消的不僅是清末民初的歷史內核，不僅是梁啓超、康有為、孫中山、五四前輩諸先賢建構現代民族（主）國家的努力，更重要的是還取消了「中國合法性」議題的歷史語境，取消了寄含於這一重大現實議題中的核心問題。

以動態、發展的眼光來看，以人民主權觀為基本原則的現代民族國家理念之於民族國家合法性的重要意義，並不是一次性就可完成的歷史指標，而是一個隨歷史發展不斷修正、不斷遞進的過程。因此，一個特定的民族國家，是否能夠得到內部與外部雙重合法性資格的證明、認同，就是一個持續的歷史認證過程。因此國家合法性資格的問題，對於今天中國的挑戰，就不在於「中國是何時形成了『（準）現代國家』」形態這一問題，而在於「繼承了帝國遺產的現代中國是否合法」的問題。具體而言，這又可以分成兩個方面：一是帝國遺產繼承的合法性問題，二是內部民主制度與否的合法性問題。雖說看上去前者偏重於歷史，後者側重於現實，但兩者實際是互為合法性條件的，後者尤其關鍵。因為根據世界現代民族國家發展的歷史看，即便是一些當初建國明顯缺乏合法性或有重大合法性缺陷的國家（如那些以白人文化為主導的建立於海外殖民擴張基礎上的民族國家），通過不斷地民主化進程改造，擁有了更高程度的內外合法性承認，當今最強大的美國亦是如此。具體到今天的中國，民主制度與否的問題直接指向中共國家執政的合法性問題。這既表現於「是資本主義民主還是社會主義民主」、「憲政民主還是人民

民主」、「有無普世民主價值」、「國家民主法制建設」、「公民
權利制度保證」等一系列的觀念之辯、路徑選擇、制度建設上，同
時對於原邊疆區域、少數族群來說，則關係到「是否認同中國、中
華民族」與「是否能夠得到與主體族群同等發展」的問題。因此我
們不難看出，帝國遺產繼承的合法性與內部民主制度與否的這兩個
核心問題，不僅全面地發生於清末民初間，並延續至今，而且在今
天的中國，表現得更為嚴峻、緊迫。而《宅茲中國》充其量只是很
不完全、避重就輕地回答了第一方面的問題[16]，而完全迴避了制度
民主性問題的思考。這樣，所謂從歷史、文化、政治三個方面思考
中國問題之「三足鼎立」之方法論，就被實際砍去了政治思考的一
足或半足，變成了「兩足(半)傾斜」之勢，至於葛先生不要將國家
等同於政府的說法，就更淪為空洞的倡議。

四、漢族中國：積極建構還是自設陷阱？

　　葛兆光先生用雙重中國時間觀，來應對主流民族國家理論所討
論的傳統王朝向現代民族國家轉型的歷史斷裂與轉型，得出了這樣
一個結論：

> 把傳統帝國與現代國家區分為兩個時代的理論，並不符合中國
> 歷史，也不符合中國的國家意識觀念和國家生成歷史。在中國，
> 並非從帝國到民族國家，而是在無邊「帝國」的意識中有有限

---

16 請注意，《宅茲中國》很正式地提到了元、清兩大王朝是否屬於中
　　國這一問題，但卻並沒有真正結合歷史與現實進行正面的討論，給
　　出自己具有啟發性的觀點，而主要是通過學術史知識介紹的方式，
　　對相關問題做了「觸而實避」性地處理。

「國家」的觀念，在有限的「國家」認知中保存了無邊「帝國」的想像，近代民族國家恰恰從傳統中央帝國中蛻變出來，近代民族國家依然殘存著傳統中央帝國意識，從而是一個糾纏共生的歷史[17]。

如果先不細究怎樣既繼承又克服帝國遺產的負面性等問題，僅就傳統帝國性國家轉型為現代民族國家的中國特殊性來看，葛先生的這一結論無疑是相當符合中國情況的，是很有啟發性的；在我所知的所有從歷史（天下）中國來證明現代中國合法性的論述中，這一結論無疑是更為辯證有力的。但問題是這種「糾纏共生的歷史」觀究竟是誰的？是所有或各族群中國人的，還是只是部分或某個族群的？無論是根據葛先生的近代民族國家宋代生成說還是根據其對漢族、漢族中國的反覆強調，答案很清楚，擁有這種帝國－現代國家糾纏意識的只能是「漢族中國人」，而不可能是所有各族群中國人。然而這樣一來，葛先生可能就不僅未能證明當今中國存在的合理性，反而可能讓中國陷入到了更深的合法性危機中了。

因為很明顯，現代民族國家之所以是想像的，不僅是因為構成特定共同體成員生存的彼此空間的分散性，也是因為它實際上是通過共同民族意識的話語建構，將存在個體差異和族群差異的人、人群結合成「共同」的民族國家共同體，傳統王朝國家與現代民族國家之間的歷史斷裂、永恆時間與有限有時間的鴻溝、不同人（族）群時空及心理的差異，都要通過共同民族歷史的想像來克服、消弭。而葛先生將中國民族國家的生成史提前到宋代的漢族中國的誕生，只不過是將民族主義話語所涉及到諸多矛盾、斷裂、困境的發生時

---

17 葛兆光，《宅茲中國》，頁28-29。

間提前了而已，並沒有克服、解決這些問題。不僅沒有，相反由於
對中國「漢族性」的強調，只能加深中國當下所面臨的內部族群矛
盾，給外部質疑「殖民性中國」提供更充分的口實。

　　共同體的想像，民族話語的建構，是通過有選擇的記憶—遺忘
來完成的，林林總總表像各異實質相同的共同體認同建構的記憶—
遺忘選擇之話語實踐，雖然帶有相當明顯的意識型態性，但在文化
多元化價值日益流行的今天，應該不會有哪種理智的、不否認文化
多樣性的民族認同的建構者，會如此適得其反地強調國家與主體族
群之間的同一性關係、加深主體族群與少數族群之間的差異吧？根
據葛兆光先生總體的思想來看，他絕對不應該是一個狹隘的漢民族
主義者，也不應該是儒家文化至上主義者，僅僅是在《宅茲中國》
中，就不難發現諸多非儒家文化或漢文化的歷史材料。但為什麼他
會犯如此嚴重的錯誤呢？難道是潛意識中存在的「漢族中心論」在
作怪嗎？如此博學、對日本近代史如此熟悉的葛先生，難道會不知
道他所謂的宋代漢中國，恰恰與具有帝國野心的日本人所主張的「中
國本部說」大體是一致的嗎？難道他會看不出自己給中華民族認同
建構所挖的這一陷阱，實際上早就由各式各樣的殖民主義者掘成了
嗎？顯然不應該是如此。那是不是由於葛先生潛意識中所存在的大
漢族主義，經由本質主義民族觀的作用而發酵、膨脹之結果了呢？
我以為也不是，至少主要不會是這個原因。因為雖然在《宅茲中國》
中，中國=漢族中國、中國民族=漢民族的本質主義觀點非常突出，
但實質上，葛先生不僅很熟悉話語建構的理論，而且對它的使用也
很嫻熟，沒有許多食洋不化者常可能出現的僵硬、生澀。這只要看
看他對古代「職貢圖」、「地圖」之於他者想像、自我定位重要性
的生動考察就會十分清楚了。

　　從深層來看，我以為促使葛先生犯下上述如此明顯問題的根本

原因，很可能在於前面已經提到過的面對現實嚴峻問題的迴避。打個直觀、淺顯的比喻，由這種迴避所帶來的思想觀念的呈現效果，就如我等大陸觀眾收看「鳳凰台」新聞時政節目時的感覺一樣，往往是一出現（甚至還沒有出現）所謂敏感內容（國內族群問題往往又是最為敏感的內容）時，畫面就會被遮罩，觀眾只能被迫地「有選擇性」地收看。這種選擇性播放—遮罩，當然是自覺、有意識的，且內在性的，決非任意。雖然，葛先生是一認真、嚴謹的學者，不是操縱輿論控制的權力，但他給我們「播報的新聞時政節目」，無論是對於「敏感內容」的判定、還是播放—遮罩選擇的內在結構，與赤裸裸的權力操縱沒有太大的區別。

　　例如《宅茲中國》談及中國古代天下觀時，例舉了異質性的佛教宇宙觀來說明中國思想、觀念的複雜性一面，但是他卻沒有談及中國伊斯蘭世界的宇宙觀。所有讀過《突厥語大辭典》的人，恐怕都不會忘記這本聖書一開始所給出的那個由真主的光芒照耀而成的無邊的圓形宇宙圖景吧？而它就出現在葛著頁150的插圖上。顯然這一「圓形世界」想像的聲音之所以被播放又被消音化處理，與知識欠缺無關，也肯定與「播放時間有限」無關。因為葛著中幾乎所有插圖至少是所有種類的插圖，都得到了或詳或略的闡發、解釋，唯獨這一表現伊斯蘭宇宙觀的圖片，沒有得到解釋，而且它在書中被安排的位置也非常可疑：它沒有出現於最應該出現的第一或第二章中，也沒有出現於可能是勉強也合適的第八或第七章中，卻恰恰安排在了最無關聯的討論日本天皇制與中國道教關係的第六章中。這難道是葛先生或編輯人員偶然的失誤嗎？恐怕也不是。我猜想這最大的可能，是為了達到「無害化」效果而做的「播放—消音化」處理。

　　很顯然，無論是在元、清兩大帝國是否屬於中國的問題中，還

是在中國當下所面臨的族群衝突現實語境中，中國西部邊疆都是繞
不過去的硬核，因此追求綜合性、全面性看歷史觀現實的葛先生，
就很難不提及這些地方。但與這些區域相關的知識、問題又是最敏
感、最具衝突性的，而不是已經中國（儒）化了的佛教知識，也非基
本已經成爲奇聞異事的山海志異，亦非相對單純的域外西洋或東洋
的知識，也不是在大陸已經基本可公開討論至少部分公開討論的台
獨問題，當然更不是正典的儒家漢族文化知識。所以更爲異質性的
內部伊斯蘭知識既難以不提，又要控制它可能的「敏感性」、衝突
性，最簡單的辦法就是向政府學習，做「無害化」的消音處理。而
這種無害化處理絕不只隱含於對一本書或一幅插圖的處理，更體現
於《宅茲中國》多聲部結構關係中。

　　《宅茲中國》的「漢族中國主聲部」非常清晰，同時與之相配
的其他「次級聲部」的聲音也相當豐富。它們大致可以按照地緣來
劃分，除了作爲主聲部的中原核心中國這一區域外，其他的次級聲
部大致有以下幾種：西方聲部，東亞聲部，中國西部[18]邊疆聲部。
在所有這些主次聲部中，中原、西方、東亞等都有自己的聲音，哪
怕是東亞聲部中的越南，也被給予了較爲細緻的考察，發出一定的
「自己」的聲音。可是我們仔細辨聽，卻唯獨聽不到中國西部邊疆
的聲音。不錯，《宅茲中國》是談到了不少西方殖民者與新崛起的
日本帝國主義當年有關蒙、新、藏等地的「學術考察」、「政治野
心」，以及中國對此的相關反應，但是在緊迫的中國現代（邊疆）危
機的這場大戲中，我們卻幾乎聽不到一句真正來自西部土著的聲
音：蒙古草原，中亞西域、西南高原，不過是夾在新老列強與中國

18　這裡取「大西部」的概念，它包括北部內蒙、西北新疆、西南的西
　　藏雲貴等地。

之間的無聲的世界，幾塊沉默的大陸，被動地靜默於列強瓜分與中國守衛之間的喧嘩間。不僅如此，作者還置歷史與現實本土的衝突不顧，借助「中古西域」研究與「近世東亞海域研究」之比較，言而未言地將西域歸爲「不存在感情波瀾」的、時不時會引發「思古之幽情」的「寂靜的遺址」；而將東亞區域歸爲容易引起歷史記憶、國家情感、民族衝突的糾葛之地[19]。

五、結語

我想上面的分析應該可以較爲充分地說明，雖然葛兆光先生以其淵博的知識，試圖回應來自歷史與現實、內部與外部的對於中國國家合法性的質疑，但是由於其思想深處對於官方言論界線的自覺遵守，對於所謂「敏感問題」的自覺規避，再加之漢族中心主義的偏見，不僅導致了將問題高高舉起卻輕輕放下的結果，而且也導致了立場觀點與「政府—國家」意識型態的一致性，可以說是內部批判性全無。這樣的言說，對於中國危機的解決、中國內部民族關係緊張的緩和、中華民族認同的加強，不僅可能幫助有限，而且還可能適得其反地加劇內部的族群矛盾，將中國推向更危險的境地。

更爲嚴重的是，表現於《宅茲中國》中的問題，絕非葛先生獨有，而是相當普遍地存在於許多爲中國合法性辯護者那裏。我從汪暉的「西藏研究」和「琉球研究」、汪銘銘的「三圈觀」、趙汀陽的「天下體系」之世界制度哲學導論中，都發現了類似的問題，更不必說那些儒學的積極宣導者們了。對於這樣的問題，大陸內部是有批判聲音的，但基本都局限於「左」「右」之爭的範圍，往往都

---

19 葛兆光，《宅茲中國》，頁270-276。

是從相對單向性的自由民主制度的原則來展開批判。雖然這些或可歸之於「右派」的批評，對於公民權利的強調、對於憲政民主制度的提倡、對於「新左」或儒學持論者與專制權力曖昧關係的揭示不無犀利與正面的價值，但是他們又經常會走向另一個極端，簡單將中國與中共政府相等同，一味地站在對立的立場上發言，這樣一來，中國往往似乎就成了「天然非法」的存在。不僅如此，也極少有批判者將中國的民主問題、中國合法性問題與國內族群關係問題結合在一起，進行綜合性的把握。就這一點來說，批判者與其所批判對象一樣，至少潛意識中也是漢族中心主義者；而那些站在少數族裔立場上的不多的發言，往往不是陷入極端族裔民族主義的立場，就是不加批判地片面地站在所謂少數民族一邊，批判漢族或中國[20]。

那麼我們應該如何跳出非左即右、非中即西、非漢即少的片面立場去言說中國的合法性呢？由於篇幅所限，這只能另文討論了。但我想有幾個原則應該是明瞭的：

首先，我們必須直面現實、直面問題、直面來自於各方面的內外合法性挑戰，即便是受言論自由度的限制，我們的言說難免採取某些策略性的對策，但也不能在重大方面做選擇性地迴避。

其次，以傳統中國論證現代中國的合法性是合情合理的，但我們不能只言說帝國遺產繼承對於當下中國的合法性理由，而避不談在由傳統國家向現代國家轉型的過程中所發生的「國家之惡」(所有

20 請參見姚新勇，〈族群衝突與失焦的言說：從汪暉關於西藏問題的思考談起〉(http://www.frchina.net/data.php?id=16368)；〈「清真」何以清，「國家」有無「國」？〉、〈「民族英雄」或慎為：以安然先生的文章為例〉(http://blog.sina.com.cn/s/blog_60f25ed70100etyr.html)、〈傲慢與可憐的「偽民主原教旨主義」〉(http://jiangzhaoyong.blshe.com/post/4370/497145)

現代民族國家的建構，都難免國家暴力，難免國家權力對於個體、地方性、邊緣性的壓制），更不能迴避正在發生的國家之惡。

再次，傳統「天下(朝貢)中國」歷史的援引，對於當下中國來說，不應只是中國特殊性的歷史引證，同時還應該是對當下高度集權中國之弊端的歷史之鏡的映照。也即我們還應該以傳統國家的「中央政權─地方政權」、「核心區域─周邊區域」、「中央皇權─地方王權」所存在的彈性關係、地方自治的傳統來反思大一統體制的弊端，並進而思考如何將傳統遺產、當下現實、普遍性民主訴求、後殖民批判倫理、文化及自然生態多樣化倫理等諸因素結合起來思考中國問題，爲中國探尋一條切切實實的既符合普遍人類價值，又適合中國特殊國情的制度建設之路，爲中華民族的認同建構起真正包容性的堅實基礎。

姚新勇，任職於廣州暨南大學文學院中文系，主要從事中國當代多族群文學及文化關係研究，以及大陸當代文化現象的觀察與批評。

思想人生

張灝：
探索時代

李懷宇

一、「殷門餘孽，班門弄斧」

多年前讀到張灝先生的文章，如品醇酒，可以想像一位沉潛型的學者，自由博雅而不輕易下筆，心懷天下但不空發議論。我在普林斯頓和余英時先生夫婦聊起這種讀後感，即刻得到共鳴。當我打電話給張灝先生預約訪問時，他說：「余先生已經告訴我了，歡迎你！」

2007年12月6日，華盛頓剛下過一場雪，郊區的天空格外明朗。我來到張灝先生家，頓覺一室皆春氣也。客廳裡掛著于右任的書法，一聊起來，才知道張灝的父親當年除了在中央大學教書，還擔任監察委員，與監察院長于右任相交多年。

我好奇張先生原在俄亥俄州立大學，後在香港任教七年，爲何選擇在華盛頓安度晚年？「我到華盛頓來住也是偶然，我的女兒在附近讀法學院，我太太的妹妹住在附近，所以我們買了這幢房子。我在這裡認識的人很少，深居簡出。」張先生笑道，「我現在華盛頓主要的生活是看書。只有通過書，我可以進入另一個世界，裡面有山有水，神遊其中，不亦樂乎。」

　　張先生與台灣學界頗有淵源，卻有獨到觀察：「現在台灣去中國化，對我們這些東西，只有少數學者有興趣，一般人沒有興趣。不只是去中國化，也是現代化。現代化之後，人的思想越來越通俗化，台灣和美國一樣，現在年輕人對歌星、政治家的興趣遠遠大於對學者的興趣。」2009年夏天，我赴台灣訪問之前，專門向張先生請教。他推薦的幾位先生，我都拜訪，頗受教益。

　　張先生談到對大陸學界的理解：「現在大陸『後現代』氾濫成災，有點像1920-30年代的馬列主義，兩者的特點是解放與解構，解放是馬克思主義，解構是後現代。兩者都是打擊西方思想主流，中國知識分子受洋氣，有難言之痛，因此覺得很過癮。」後來我們有一次在電話裡聊了一個多小時，我感覺張先生對大陸問題一點都不隔閡。

　　談話中，我印象頗深的是張先生調侃自己是「殷門餘孽，班門弄斧」。「殷」是殷海光，「班」則是史華慈(Benjamin Schwartz)。「當年台灣當道對殷門是有所忌的，而班老師學問大得很，我只是在沙灘邊撿了幾塊石頭。我到了哈佛大學以後，雖然和殷先生在思想上有了距離，但是很懷念他。他後來病了，受迫害。我跟他十年不見，那一年回去，在他床前對話一個月，不久他就去世了。」張先生說，「從哈佛畢業以後，我跟班老師一直有來往，他的談興完全視問題而定，他對我的『幽暗意識』興趣很大。那是一個大怪人，博學深思，很多人博學而不深思，很多人深思而不博學。1999年，我從香港經過波士頓，去看班老師，談了兩三個小時，沒想到一別沒有多久，他就去世了。這是很奇怪的事情，冥冥之中有天意。」

二、大陸記憶

　　1936年，張灝在廈門鼓浪嶼出生，父親張慶楨是廈門大學法律學教授。一年後，抗戰爆發，張家搬到了重慶，張灝在中央大學度過童年。張灝回憶：「重慶郊外嘉陵江畔的沙坪壩，是所謂的重慶文化中心，當時中央大學的教授住宅區在石門村。我父親是學法律的，在中央大學做教授。父親對我影響很大，我的一點古書底子都是他的功勞。他還是老派，教我背一些東西。」

　　抗戰生活給張灝留下了深刻的烙印：「我的記憶從跑警報開始，1939年到1941年，日本人狂炸後方，對重慶造成很大的損害，很多的死亡，半個石門村被毀掉了。我的記憶最新鮮就是五歲時，跟著父母親回家，發現家沒有了，都是斷瓦頹垣。」

　　當時張灝年齡太小，但已有自覺的意識：「打日本人，恨日本人，對愛國主義、民族主義非常熱烈。大學裡常常有學生遊行示威，我就跟在群眾中，這也影響我以後對民族主義的看法。」幾十年後，張灝認為：「現在中國知識界有一個普遍的印象就是民族主義是政府掀起來的，對日本、對美國，為了政治的目的，使群眾支援政府。我在香港教書，教到民族主義，那時候正是美國飛機炸中國駐南斯拉夫大使館，國內有一股反美、反帝國主義的情緒，當時就說是政府鼓勵的，有學生舉手問，一開始政府是如何把民族主義煽動起來的？我說，民族主義已經在中國存在很久了，在1895年以後，就如火如荼地出現。一開始不是政府煽動的，當時滿清認為民族主義是很危險的，因為滿族是少數民族，民族主義是中國人自動自發的。在1895年到1945年期間，每個中國人都是某種程度上的民族主義者，民族主義不是一個潮流，是一種空氣。例如胡適是一個心平氣

和的自由主義者，可是他在1930-40年代看到日本人侵略，完全是民族情緒，出來大聲疾呼。中國的民族主義一直到最近，都是自動自發的，政府有的時候利用民族主義做某些事情，但是民族主義作為一種思想的氣氛，在中國是非常普遍的，用不著政府來煽動。我想，我在那時候是一個民族主義者，你在那個時候也會是一個民族主義者。」

我問：「抗戰時很多人思想左傾是怎麼一回事？」張灝說：「思想普遍左傾是在抗戰後期，抗戰之初，蔣委員長還是受到廣泛的擁戴。全面的左轉，有幾種原因，近因就是國民黨的抗日表現很差，像聞一多在抗戰開始是信奉國家主義，西安事變時還很擁護蔣介石，可是在抗戰四五年以後，他實在看不慣政府與軍隊裡的腐敗。很多知識分子本來支持國民黨的，後來也不支持了，尤其是西南聯大，左傾的思想在中央大學也有，可是不如西南聯大，當時中國的文化學術中心是西南聯大。年輕的學生越來越左傾，但是左傾的潮流不是那時候起來的，而是五四後期知識分子開始大左轉。加上那時候國民黨的表現惡劣，激化與左轉更是急轉直下。」

抗戰勝利後，張灝回到從來沒有見過的家鄉安徽滁州，住了兩個月，遊覽過醉翁亭。張灝小時候會背《醉翁亭記》，記得「環滁皆山也」，一看，都是平原，惟獨西南有山，就問父親：「山到哪兒去了？」父親說：「文人誇大之詞。」

此後，張灝隨父親到上海兩三個月，再到南京住了兩三年，1949年轉到上海，再到台灣。張灝說：「我父親是國民黨員，而且相當保守。他有五個兄弟，除了我們一家，其他人都留在大陸，他們覺得沒有辦法走，也沒有什麼好走的。而且很多人認為根本就跑不掉，我們剛到台灣的時候，也是覺得岌岌可危，共產黨不是來不來的問題，而是什麼時候來的問題，那時候朝鮮戰爭還沒有發生，台灣士

氣很低落。」

三、一顆孤星

在台灣，張灝入讀成功中學，後上師大附中，1953年考入台灣大學歷史系。其時歷史系名師雲集，哲學系的殷海光更是讓年輕學子折服。張灝很快成為殷海光門下弟子，開始對自由主義思想有些認識。

我提起葉嘉瑩和孫康宜兩家人在台灣經歷了「白色恐怖」。張灝說：「那時候台灣彈丸之地，是漏網之魚，驚弓之鳥，當然怕極了，就用高壓政策。所以，白色恐怖是千真萬確的事情，我也經歷過，那時剛好是我由高中進大學的時候，恐懼的氣氛很低沉。白色恐怖跟紅色恐怖還是有距離的：假如那時候有反政府、同情大陸的意向，政府就注意、逮捕，甚至殺害；假如做順民的話，不會有問題，不像紅色恐怖，做順民也不行，必須參與各種群體運動，沒有沉默的自由。」

一進台灣大學校園，張灝就被警告不要寫文章，念書也要小心，像魯迅的文章就不能念。當時殷海光名氣很大，他在《自由中國》寫反政府的文章，對青年很有吸引力。青年在白色恐怖的籠罩下，頗有壓迫感，平常上課念一些死書，「活問題」是不許談的——跟當今社會政治活動有關的叫做「活問題」。張灝聽過殷海光的課：「校園裡的氣氛相當低沉，這時候出來一位哲學系教授，忽然提出一些理想，同時根據這些理想指責台灣當道。我們都訂《自由中國》，每期要看他的文章。在我進大學之後，《自由中國》突然有一篇文章出現，這是聶華苓的〈一顆孤星〉，她那時候在《自由中國》做文藝編輯，殷海光寫社論，他們是鄰居。〈一顆孤星〉描寫這位年

輕的哲學教授多麼不落俗套，就像很沉悶、很昏暗的天空裡的一顆孤星。這篇文章反映當時人們對殷先生的印象。」

張灝第一次由朋友帶去見殷海光，留下的印象是：「他笑一笑，問問我的背景。他給人有一種獨立特行的感覺，他的人很瘦小，眼睛也很小，可是眼睛很有光，平常不講話，講起話來娓娓動聽。」

我問：「為什麼那時候年輕人那麼佩服殷海光？」張灝說：「他是一個有光有熱的人。他介紹了一些理想，我們對自由主義的粗淺認識就從他那兒開始的，我們對五四的粗淺認識也是從他那兒開始的，從五四傳下來的科學、民主、反傳統這些思想也從他那兒來。他講出一套道理來，震服你。」

當年《自由中國》影響頗大，張灝說：「至少在知識分子中，大家爭著看，買不起就傳閱。這份雜誌曾出老蔣的祝壽專刊，殷海光和徐復觀都寫文章很露骨地批評老蔣。當時白色恐怖造成了一些逆反心理，《自由中國》的暢銷跟這很有關係。」

1959年，張灝離開台灣，1960年發生了《自由中國》事件。他說：「我們那時候當然知道遲早要爆發這種事情，因為《自由中國》的言論是相當激進的，你不許我講什麼，我就是要講：反攻大陸到底有多少可能，自由民主在中國的前途到底如何，老蔣已經三任總統，還要做多久？就衝著這些敏感的問題，說了很多話。我們知道政府遲早要下手對付，之所以遲遲不動，其中一個重要原因是礙於胡適的面子。老蔣這人和老毛不同，老蔣對知識分子的領袖人物如胡適，多多少少還很客氣。當時，胡先生兼《自由中國》的發行人，他們看在胡先生的面子，還算是包容的。可是包容有極限，聽說老蔣的副手陳誠就找過胡適，說得很清楚：《自由中國》再這樣搞下去，我們非抓人不可。後來在胡適出國的時候，就抓人了。」

我問：「您見過胡適本人嗎？」張灝說：「我的四叔張慶松是

北京協和醫院的名醫，胡適在抗戰勝利後當北京大學校長，四叔也是他的家庭醫生。到台灣以後，因為這個關係，我父親請胡適吃過一次飯，他這個人沒有什麼架子，任何人請吃飯，他只要有時間就來，聊聊天。我就見過胡適那一次。我也見過胡適在台大演講，他們那一代都是『鄉音不改，功在國家』。」

我問：「殷海光跟胡適的關係怎麼樣？」張灝說：「這個並不太清楚。我想殷先生在大的政治方向當然是同情胡的，但他對胡並不佩服，這我們可以瞭解，因為胡這個人很窄，就是杜威的實驗主義這一套東西，對西方民主自由的思想發展也不是下過很深的功夫。所以殷跟我們講起胡，常常是很有批判性的。胡適是很有容忍精神的，殷海光的思想頗有些五四的原教旨主義的傾向，五四那些基本的東西抓得很緊，他是絕對不妥協的，而且認為放之四海而皆準，在這方面，他是沒有容忍精神的。」

張灝接著解釋：「殷先生是一個非常獨斷的人，假如他認為你的文章跟他的意見不合，他是沒有什麼妥協的。不錯，他醉心五四傳統，但五四傳統裡的問題很多。我後來出國以後，有很多地方也不同意他，可是他對民主、自由主義的詮釋也有獨到的地方。在1950年以前，中國關於民主、自由主義的詮釋，多半是受歐洲大陸的影響，受盧梭、黑格爾、馬克思的高調民主這個傳統的影響。可是從殷先生和顧准開始轉向，各在海的一邊孤軍奮鬥，把中國的民主自由觀念帶向英美傳統。其實殷先生寫的文章在今天看來也許不夠深刻，有很多地方可以批評，但是他功不可沒。殷海光和顧准在黑暗中各走出一條路來，我覺得很可佩服。中國民主自由的發展在那以前是不大健康的，高調的民主觀跟左轉有很大關係。殷先生從前為國民黨的《中央日報》寫社論，他退出國民黨的政治圈以後，自己有一些反思，開始介紹英美系統的自由主義思想，中國的自由主義

開始跟英美接上頭，這是他了不起的貢獻。」

我又問：「殷海光和徐復觀的關係怎麼回事？」

張灝說：「關係很微妙。他們的看法很不同，一個是屬於五四的傳統，一個是屬於新儒家的傳統。比如徐先生對胡適批評得厲害，殷先生對胡適也有批評，可是在大方向上還是同意胡的。因此，在社會、政治、文化上，他們的看法是相左的。殷先生是激烈地反傳統，而徐先生是激烈地愛傳統，可是兩人有一點英雄打架，惺惺相惜之情。我出國十年以後，因為母親生病，回台灣探病，那也正是殷海光重病的時候。我記得徐先生有一次找我吃飯，好像是讓我去勸勸殷海光。

「我在1959年出國以前，是殷先生的門生，對五四傳統完全投入，雖然我對五四並不是那麼瞭解。可是出國以後，我的思想開始有所轉變，其中一個轉變就是政治上左轉，文化上趨於保守，開始受新儒家的一些影響。我從前跟著殷先生反新儒家，但我沒有多看新儒家的文獻。到了海外，我才真正看一些新儒家的文獻，像熊十力、牟宗三、唐君毅的文章。余英時先生是錢穆大弟子，我跟他辯論，發現余先生轉述錢先生對中國歷史的一些看法，不是像我從前的印象都是些老多烘，我就開始看錢先生的一些文章，覺得頗有些道理。熊十力的《讀經示要》不但有些道理，而且有生命力。於是，我的文化思想開始轉向，對殷先生那一套有一些反思和懷疑。

「在這樣一種情形之下，徐復觀先生不知從哪裡聽來的，知道我的思想有點近乎他們的思想。我還記得徐先生在台北一個很時興的羽毛球館請我吃飯，很關心殷先生的病，也跟我談談他治學的思想。徐先生很會寫文章，文章很有力量，我也受他影響。那時我常常去看殷先生，每天差不多都去跟他做床前對話。殷先生死之前思想開始有一點轉向傳統，後來徐復觀先生寫文章說，對殷先生思想

轉變有兩個人的影響，一個徐復觀，一個張灝。殷海光的思想是有一些鬆動，但是我不同意完全是受我們兩個人的影響。更重要的是：殷先生的思想鬆動並未如外界所講的徹底轉向傳統，他當然不像從前那樣反傳統，對傳統是有了一些肯定。徐先生才氣縱橫，有時候講話有些過分。」

四、轉型時代

1957年，張灝從台灣大學歷史系畢業後，在台大研究所讀了一年多，1959年留學美國。張灝回憶：「我幸運地考取了李氏基金，獲得飛機票和獎學金。當時留學是一種潮流，尤其是外省人，在台灣不覺得有歸屬感。同時，那時候台灣經濟也沒有起飛，就業的機會也少，大家都覺得前途只有出國一條路。1959年我到哈佛大學，讀歷史系和東亞研究中心共同發展的學科。」

在哈佛大學，張灝遇見了余英時、杜維明等人，接觸了一些現代儒家思想，漸漸走出五四反傳統主義的思想框子。他說：「我聽到余英時先生的名字，就去找他，從此變成朋友。在私誼上，在學問上，我視他為老大哥，一直到現在。」

赴美不久，張灝的思想開始左轉。他回憶：「主要的思想動因是民族主義，因為那時台灣在政治上是一個小島，就產生了一個國家認同的問題。對岸的大陸跟台灣在政治上是這樣的疏離，我們也自認為是台灣的異鄉人。漸漸地，在海外，我聽到海對岸的消息越來越多。同時，我在哈佛圖書館接觸到1930年代的文學，這是在台灣看不到的。我從台灣到美國，人家問起時，不知道台灣在哪裡，大陸的崛起給我一種民族的認同，覺得自己來自一個大地方，甚至是一個方興未艾的大國，有一種從前沒有的驕傲感，也可以說是一

種大我的認同。」

中國大陸上發生的事情，張灝在台灣聽到的是腥風血雨。在哈佛的中文圖書館裡，當張灝看到畫報上用祁連山上的雪灌溉山下沙漠的照片，激動莫名：「這使我開始有一種政治上歸屬的感覺，原來我們的國家是這樣一回事，這是我從前不曉得的事情，對我震盪很大。」

幾年後，文革爆發，張灝的思想又轉向了：「當時很多留學生被文革捲進去了，我自感不懂文革：學校關門，大批紅孩兒湧現了，傳出各種駭人聽聞的事情。所以，很多留學生到華盛頓去遊行，反台灣，我沒有去。大陸的文革使我轉向再認同自由主義。假如我有什麼思想的話，跟我生長的時代和處境很有關係，我生長在20世紀中葉的大動亂時代，使我產生各種情緒：希望、失望、興奮、消沉、困惑、恐懼等等。我念書的方向，思想上的方向，做學問的方向，都跟20世紀的大動亂很有關係。20世紀的大動亂，一個是中日戰爭，一個是中共革命，我從記憶中有幸可以體驗到，這對我一生治學有決定性的影響。」

留學生涯中，張灝深受中西思想激盪，研究領域為中國思想史，特別是近代思想史，先後獲哈佛大學碩士、博士學位。

在哈佛的教授中，史華慈對張灝影響頗深。張灝回憶：「我叫他班老師。我的博士論文是他指導的。他是一個怪人，挺隨便，教書並不是挺認真。我有些問題去找他談，他有興趣就談，沒有興趣，五分鐘就出來了。他寫東西有深度，起初我的西方思想和中國思想的背景都不夠，受他的影響並不是太大，後來越來越大，他某些有深度的看法，我越來越覺得有道理。總的來說，他的學風，思想的路數，對我有很深的影響。他認為做學問最重要的就是要抓問題，不能輕易下結論，外面時髦的理論、名詞、觀念，僅備參考而已，

要有自己獨立綜合的看法，不能做死學問。學問必須從問題去瞭解，但是問題有很多層，必須長期地思考。如果動不動就提出一個大觀念，下結論，他馬上要問一些問題把你難住：為什麼這樣想，你有沒有想到從另外一個角度看這個問題？使你明白想問題是一個辯證的過程，不是一條直路通羅馬。他在知識上常持一種很『謙虛』的態度，這個『謙虛』，在他有一種特別的意義：這個世界非常複雜，尤其是人文社會科學界，不能輕易下結論，要正視各種現象的複雜性，面對錯綜複雜的人文現象，要有一種謙卑的感覺，不能一網打盡地談問題，下結論。我想五四傳統在這方面是大毛病，提出一些大口號，弄些大觀念，好像煞有其事，但實際上到底想了幾層？班老師的文章是一種盤旋性、辯證性的分析，他的思想綿密、細緻而深刻。在美國的中國學界沒有一個人到達他這個段數。他為人不慕榮利，所以他在美國的名氣並不是那麼大，但是他確有獨到深刻的地方。」

張灝的博士論文是研究梁啓超，後來形成《梁啓超與中國思想的過渡（1890-1907）》一書。張灝特別關注1895年以後到五四時期的歷史：「五四不是中國近代思想轉型的起點，而是1895年，中日戰爭以後。因為我比較熟悉五四以前20年思想的發展，就覺得不能從五四開始。中國的大變化是從1895年以後，中國知識分子認為張之洞的『中學為體，西學為用』不能用，對傳統的懷疑和質問要在更深的層面上進行，也就是由『用』深化到『體』的層面，這樣一來，中國基本政治制度的正當性就動搖了，因此思想開始劇變。1895年是中國的意識型態時代開端，各種主義出現了，新的觀念來了，中國政治基本秩序的危機開始了，思想轉型隨之產生突破。」

張灝由此而提出「轉型時代」的觀念：「很多人講轉型時代是在明清，我覺得明清是有很大的變化，可還是在傳統以內。明末已

有新的思想變化，但是不足以言整個傳統轉型，因爲轉型必須是核心的價值與世界觀受到震盪而解體，這是其一。第二，在1895年以前，思想即使有變化，也大多限於官紳階層的少數人。1895年以後，中國新的文化媒體出現了，新的報紙、雜誌、學校，還有新的學會、商會、社團、政黨組織大量出現。在此之前，這些社會文化上的新生事物是不存在的。新思想文化得以散出去了！我認爲文化轉型是在1895年以後開始的，這是我多年研究的總結。」

五、幽暗意識

1966年，張灝在哈佛大學博士畢業，從1968年到1998年在俄亥俄州立大學歷史系任教。1998年起任香港科技大學人文學部教授。多年來，張灝的研究與教學的重點是晚清思想史。

我問：「晚清遭遇了中國三千年未有之大變局，爲什麼學術界對西方思潮進入中國的看法分化這麼大？」張灝說：「因爲西方的衝擊是非常複雜的，和佛教不大同，佛教從印度進來以後產生了很多變化，但是佛教沒有帝國主義與之俱來。西方的衝擊有兩面，一方面是軍事和經濟的侵略，另外一方面不只是帝國主義，也帶來很多轉型的變化因素，包括新思想、新制度、新科技。有些人看到侵略的方面，而忽略轉化的一面。有些西方學者覺得當年是不大光明的，例如英國人是通過鴉片的買賣，最後訴諸武力進來的；也有些人特別強調西方衝擊帶來近代化的種種好處，不太提帝國主義。我剛來美國的時候，關於晚清西方衝擊的性質，學界爭論得很厲害。現在中外學界嚴肅的討論，是不會否認西方衝擊的這兩面。」

1982年，張灝提出「幽暗意識」的觀念，在學術界影響深遠。他回憶：「1959年我到美國以後，對新中國曾經抱有極大的希望，

後來不斷發生的事件，使我越來越感困惑，尤其是文革的爆發，引起空前的困惑，使我重新考慮我左轉的政治立場。同時也使我在基督教悲觀人性論的影響下，重新思考自由民主的意義，其結果是『幽暗意識』的提出。這期間思想的醞釀是相當長的，至於這個觀念的定型與定名，大約是1980年代初。記得當時徐復觀先生在我發表的文章裡讀到這個觀念，很不以為然，立刻嚴加拒斥，認為民主自由觀念的人性論基礎應該是儒家的性善觀，而我居然把神聖的自由民主觀與性惡論搭上關係，實在是荒謬絕倫。他曾經寫信給我，表明他不同意的理由。他當時病中，說等他病癒之後，會和我有進一步的討論。但是不久他就病逝。不過，據說他死前曾在香港某報刊發表文章批判『幽暗意識』這個觀念。總之，這個觀念一經提出，便受到新儒家不斷地批評。」

　　西方自由主義思想的發展複雜多端，一般人常常不注意基督教對它也有重要的影響。張灝開始注意這一影響是由於偶然的機緣。1960年代初，基督教思想家尼布爾（1892-1971）到哈佛大學客座講學一年。尼布爾以闡揚基督教原罪觀念與西方民主思想發展的密切關係聞名於世。張灝為他的盛名與論旨所吸引，就去旁聽他的課。但聽課很不順利，因為那時西方思想史的背景不夠，張灝常常不得要領。即使如此，尼布爾在堂上講的一些話，當時不得其深意，卻落在張灝的記憶中。幾年後，張灝受到文革的思想困惑時，這些話突然從記憶中湧現，有了活生生的意義，既幫助瞭解文革，也幫助進一步認識民主的意義與價值。特別是尼布爾的一句名言：「人行正義的本能使得民主成為可能，人行不義的本能使得民主成為必需。」張灝從中認識到：「民主有兩面：一面是積極、理想性的民主觀，它是建築在人的善性本能；另一面是戒懼性或警覺性的民主觀，它是針對人性的陰暗面而立意的。我當時對西方民主思想的瞭解，正

如大多數近代中國知識分子一樣，主要集中在其積極、理想性的一面。至於其戒懼性的一面，甚少措意，一直很隔閡。文革的震盪使我對這一面張開了眼睛，看到人性中對權力的欲望是多麼的深不可測，多麼的可怕。若沒有民主制度把它框住，則很容易氾濫成災，造成慘毒無比的人禍、君禍、權禍。一部中國歷史就是最好的明證。我在這方面的想法，被尼布爾的原罪觀念點醒，加以文革的經驗印證，整理出來，就是我的『幽暗意識』。」

所謂「幽暗意識」的觀念，張灝不斷地修正。如今，他的看法是：「『幽暗意識』有廣狹兩意，狹義是指我們需要正視與警覺人世間的種種陰暗面；廣義是指根據正視與警覺去認識與反思人性在知識與道德上的限制。大體而言，二十多年來，我的『幽暗意識』的重點是由狹義朝著廣義發展。我認為，中國近現代的政治走上悲劇迴圈的道路，與中國知識分子缺乏認識人的德性與知性上的局限很有關係。因為缺乏這種認識，中國人常常為理想主義沖昏了頭，走過了頭，走進了牛角尖，最後造成滔天大禍。」

張灝反思現代民主制度：「中國人以往常常對民主有過於理想的看法。我認為今天看民主不能期望過高，對民主最恰當的期望還是前英國首相邱吉爾的一句名言：『民主實在不是什麼很理想的制度，只是人類迄今還未想到一個比它更可行的制度。』就以今天的台灣而論，它的政治確實是民主了，但大家都知道它的民主制度運作仍然時有亂象，令人扼腕。雖然如此，我們不能否認，它的政府，大致而言，權力分置，互相牽制，至少在這種制度下，權力氾濫成災、千萬人頭落地是不大可能了。與一部血跡斑斑的中國朝代歷史對照，這已是了不起的進步。總之，對於一個民主剛剛起步的國家，不能苛求。就是今天一些民主先進國家，例如美國、日本與一些歐洲國家，也不能過於苛求。他們的民主運作時，出亂象，出醜聞，

時有所聞。民主政治也可以弄得很骯髒，很醜陋。但是骯髒、醜陋比血腥總是好一些。多少年來，我一直對民主政治抱著這種低調的態度，因爲只有這種低調觀，才能穩定住我們對民主的信心，才能有一份耐性，在民主道路上摸索前進。」

張灝指出西方民主觀的歷史發展有兩面：消極、警覺性的民主觀之外，尙有一種積極、理想性的民主觀。西方自由主義的主流常常是以警覺性的民主觀作爲前提去發展積極、理想性的民主觀。但是，在認識西方民主觀的演變時，張灝認爲：「它也曾經出現過一些危險性，有其陰暗的一面。那就是時而產生一種高調民主觀的趨勢，不把民主自由的涵義落實於個人或群體可以驗證的實際的意志或利益上面，而是高調地追求民主與自由，以超越群體或個體的現實意志的道德理想，如盧梭的『公意』（general will），或黑格爾的『絕對自由』，或馬克思的『真民主』去界定民主自由的含義。這種理想主義的趨勢在演化的過程中，常常有意或無意地爲集體主義與權威主義趁虛混入，結果是『真民主』、『真自由』的理念弔詭地化爲反民主自由的藉口。最好的例證就是西方以盧梭─黑格爾─馬克思爲主軸的民主思想的傳承中出現專制主義、極權主義的傾向。這個傳承對中國近現代民主思想發展很有影響，因此高調的民主觀在中國近現代的知識分子間很流行。中國後來走上『人民民主』的思想道路，絕非偶然。我提出『幽暗意識』的一個主要理由，就是指出『人民民主』這種高調民主觀對權力氾濫成災的危險缺乏警覺。」

張灝先生主要著作

《時代的探索》，台北：聯經出版公司，2004年7月。

《梁啓超與中國思想的過渡(1890-1907)》，南京：江蘇人民出版社，
　　　1995年1月。

《烈士精神與批判意識：譚嗣同思想的分析》，台北：聯經出版公
　　　司，1988年5月。

《幽暗意識與民主傳統》，台北：聯經出版公司，1989年5月。

《危機中的中國知識分子：尋求秩序與意義》，北京：新星出版社，
　　　2006年2月。

《張灝自選集》，上海：上海教育出版社，2002年4月。

李懷宇，傳媒人，作品有《訪問歷史》、《世界知識公民》等。

致讀者

　　今天的香港有一個突出的現象，就是思想的探索十分活躍，社會上也各種爭論雜陳，其間所呈現的動力令人稱羨。在走完殖民地的階段、完成回歸的歷史任務之後，香港彷彿總算滿足了外來的期待，如今終於可以回來料理自己心底的問題了。這個問題就是：我是誰？我想成為什麼樣的社會？

　　要回答這類問題，不能不去面對各種歷史的積累、環境的給予、自身的想像，以及難有定論的種種嚮往與期待。香港的主體意識，圍繞著「去殖」與「回歸」的歷史主軸浮沉，也受制於殖民與回歸的逼仄現實條件。由於現實條件迥然不同，香港的思想討論與社會發展，與台灣並不相類，但是相互之間又有許多可以參考攻錯的地方。香港要如何發展不以國家為模式的民主制度，如何形成非國族、非族群、非省籍導向的自我認同，如何透過「對話」、「介入」而非「鬥爭」或者「逃離」尋求他者的平等承認，在在構成了高度挑戰性的議題，值得香港內外的人們關切。

　　藉著香港朋友（包括了不克撰文的梁文道以及周保松二位）的熱情協助，本期《思想》以「香港：去殖與回歸」為專輯，展現了當前香港知識界之反思狀況的部分面貌。由於篇幅限制，我們未能邀請台灣以及中國大陸的作者參加這次的對話。但基於本刊促進華人世界思想交流的宗旨，未來一定會積極補足這個遺憾。

　　葛兆光教授的《宅茲中國》出版以來，引起了廣泛的討論。前期《思想》發表了張隆溪教授的評論，本期又刊登丘慧芬以及姚新

勇兩位教授的進一步商榷。張、丘二位都從《宅茲中國》衍伸討論到學術與政治之間的關係,姚新勇教授則指出書中不自覺地迴避了當前中國有關正當性與族群的兩項關鍵議題。從這些文章,讀者可以看出,這本書所引發的討論並不局限在單純的史學爭議,而是無可避免地帶出了民主、認同、多元差異、學術自由等等高度規範性、高度爭議性的議題。這次的爭議充分顯示,在香港、在中國大陸、乃至於在台灣,學術實踐與政治關懷的合一與區分,仍然需要知識分子細緻面對。

「雲門舞集」以及《科學月刊》堪稱台灣的文化地標。它們在台灣出現於同一個時代,由同一個世代所發動、都發揮過龐大的影響,也都致力於塑造一種新的文化。吳忻怡與李淑珍兩位教授,分別撰文追溯這兩個團體的起源、演變、與內外限制,相信讀者會很感興趣。此前討論雲門舞集,大多數只注意到它在藝術上的特色,吳忻怡卻特別注意雲門與台灣社會發展的密切關係,有很獨特的見地。

最後,王文興教授的訪談,特別著意於他在宗教信仰方面的經驗與看法,所觸及的信仰與理性、超越與內在、乃至於文學境界與宗教境界的分隔等糾結,很多人不見得意識分明地思索過,但在某些時刻仍會縈繞在我們的內心。這篇訪談,當能引起你的一些思緒。

編者

2011年季秋

《思想》徵稿啟事

1. 《思想》旨在透過論述與對話,呈現、梳理與檢討這個時代的思想狀況,針對廣義的文化創造、學術生產、社會動向以及其他各類精神活動,建立自我認識,開拓前瞻的視野。

2. 《思想》的園地開放,面對各地以中文閱讀與寫作的知識分子,並盼望在各個華人社群之間建立交往,因此議題和稿源並無地區的限制。

3. 《思想》歡迎各類主題與文體,專論、評論、報導、書評、回應或者隨筆均可,但請言之有物,並於行文時盡量便利讀者的閱讀與理解。

4. 《思想》的文章以明曉精簡為佳,以不超過1萬字為宜,以1萬5千字為極限。文章中請盡量減少外文、引註或其他妝點,但說明或討論性質的註釋不在此限。

5. 惠賜文章,由《思想》編委會決定是否刊登。一旦發表,敬致薄酬。

6. 來稿請寄:reflexion.linking@gmail.com,或郵遞110台北市基隆路一段180號4樓聯經出版公司《思想》編輯部收。

思想19
香港：解殖與回歸

2011年9月初版　　　　　　　　　　　　　定價：新臺幣360元
有著作權・翻印必究
Printed in Taiwan.

編　　著	思想編委會	
發行人	林　載　爵	

出　版　者	聯經出版事業股份有限公司	叢書主編	沙　淑　芬
地　　　址	台北市基隆路一段180號4樓	校　　對	劉　佳　奇
編輯部地址	台北市基隆路一段180號4樓	封面設計	蔡　婕　岑
叢書主編電話	(0 2) 8 7 8 7 6 2 4 2 轉 2 1 2		
台北忠孝門市	台北市忠孝東路四段561號1樓		
電　　　話	(0 2) 2 7 6 8 3 7 0 8		
台北新生門市	台北市新生南路三段94號		
電　　　話	(0 2) 2 3 6 2 0 3 0 8		
台中分公司	台中市健行路321號		
暨門市電話	(0 4) 2 2 3 7 1 2 3 4 e x t . 5		
高雄辦事處	高雄市成功一路363號2樓		
電　　　話	(0 7) 2 2 1 1 2 3 4 e x t . 5		
郵政劃撥帳戶第 0 1 0 0 5 5 9 - 3 號			
郵撥電話	2 7 6 8 3 7 0 8		
印　刷　者	世和印製企業有限公司		
總　經　銷	聯合發行股份有限公司		
發　行　所	台北縣新店市寶橋路235巷6弄6號2樓		
電　　　話	(0 2) 2 9 1 7 8 0 2 2		

行政院新聞局出版事業登記證局版臺業字第0130號

國家圖書館出版品預行編目資料

香港：解殖與回歸/思想編委會編著 .
初版 . 臺北市 . 聯經 . 2011年9月（民100年）.
336面 . 14.8×21公分（思想：19）.
ISBN　978-957-08-3887-9（平裝）

1.中國政治制度　2.政治思想史　3.文集
4.香港特別行政區

573.938　　　　　　　　　　　100018673